동양철학과 교육

동양철학과 교육

이승원 저

보고사
BOGOSA

대학에서 교편을 잡은 지 거의 30년 가까이 지나고 있다. 그동안 무수히 많은 젊은이들을 접하고 만나왔는데도 시간이 갈수록 그들을 제대로 이해하고 그들의 고민들을 공유하면서 살고 있는지 자신이 없다. 과거에 비해 먹고 사는 문제에 있어서 훨씬 풍요로운 시대에 살고 있지만, 학생들의 표정 속에서는 과거보다 행복한 모습을 발견하기란 쉽지 않다. 무엇이 이 젊은 세대들을 옭아매고 있는지, 자신도 없고 희망도 없고, 모든 것을 귀찮게 여기게 만들었는지 마음이 아플 때가 많다.

최근에 소개된 한국인의 평균 행복수준이 32개 나라들 중 꼴찌수준인 31위라는 결과 역시 어떻게 받아들여야 할지 어렵다. 무엇보다도 행복이란 마음의 평안과 관련된 것이라고 단순화시켜 보았을 때, 무엇이 한국인들의 마음을 병들게 하고 있는지, 특히 젊은 세대들의 행복한 삶을 어둡게 만드는 마음의 짐들은 무엇인지 당황스럽기까지 하다. 태어나서 죽을 때까지 남과 비교해서 남들보다 나아야 잘 살 수 있다고 주장하면서 지나친 경쟁 사회로 밀어붙이고 있는 우리 사회의 풍토가 모두를 병들게 하고 있지는 않은지.

이 저서는 필자가 대학에서 담당하는 '동양철학의 이해'라는 교양 교과목의 교재로 우선 강의의 편의성을 위해 집필하게 된 것이다. 필자는 교육학 전공자로 특히 교육철학 및 교육사 분야를 전공분야로 연구하고 있으며, 주로 교직과목인 '교육철학 및 교육사', '교육학 개론'을 담당하고 있다.

동양철학 분야는 철학분야 중 동양철학 분야 전공자들이 담당하는 것이 훨씬 자연스럽고 당연한 것이라고 필자도 여기고 있다. 그럼에도 직접 전공자라고 볼 수 없는 필자가 관련 강좌를 자원하여 맡게 된 것은 필자의 오랜 관심의 발로였다고 할 수 있다. 교육철학 및 교육사 전공자이지만 일찍부터 동양철학에 관심이 많아 학부에서 철학을 부전공으로 이수한 이래, 한국교육사상사와 동양교육사상사 등에 꾸준히 관심을 기울여 왔다.

그러는 과정에 동양철학의 관심사 중 하나가 철학의 깊이 있는 이해를 통해 인간의 마음문제, 수양문제에 접근하고 해결하고자 하는 것에 있다고 판단했다. 그리고 바로 그 점이 교육학의 고민과도 맞닿아 있다고 여기게 된 것이다. 그러면서 과거에 비해 물질적으로 풍요로운 시대를 살면서도 그다지 행복해 보이지 않는 젊은 세대들에게 동양철학의 이해를 기초로 행복을 위한 마음 다스리기, 자기 마음 이해하기, 세상을 제대로 바라보기 등을 함께 고민해 보는 것이 중요하다고 판단하고 있다. 동양철학에 관심을 보이는 수강생들에게라도 혼란한 세상에서 실재하지 않는 유령들과 같은 환영, 허상, 헛것들에 마음 빼앗기지 않고 자신의 마음 판의 주인으로 살아갈 수 있도록 도울 수 있는 강의가 될 수 있기를 바라고 있다. 동양철학에 대한 깊이가 많이 부족하지만 필자의 교재가 거기에 조금이라도 도움이 되는 교재가 되었으면 하는 마음이 간절하다.

그동안 동양철학과 관련한 심도 있는 저술들이 많이 소개되어 왔으며 그런 면에서 부족한 사람의 또 다른 저서가 필요하겠는가 하는 고민은 당연한 것이리라. 그럼에도 교육학자의 관점에서 접근하고 이해하는 '동양철학과 교육'이라는 저서를 통해 본인의 담당과목을 더욱 쉬우면서도 내실 있게 운영하고자 하는 의도가 있음은 솔직한 사실이다.

의도와 달리 처음부터 끝까지 저술을 일관되게 기술하는 작업은 필자의 역량을 훨씬 뛰어넘는 일이었다. 내용의 충실성을 기하면서도 쉽게 이해할 수 있는 저서를 집필한다는 것은 학문적인 성숙과 깊이가 동반되어야 가능한 것이므로 당연한 일이기도 했다. 힘에 부치는 내용들은 기존의 선배학자들의 연구결과를 충분히 참조하여 최대한 반영함으로써 극복해 보기로 했다.

본서에서는 유학사상, 노장사상, 불교사상을 동양사상의 핵심으로 보고 집중적으로 다루고자 했다.

본서의 체제는 총 5장으로 구성되어 있다. 1장은 왜 동양철학인가? 를 문제 삼으면서 현대인들에게 왜 동양철학의 이해가 필요하고 중요한가를 다루고자 했다. 2장은 중국철학의 뿌리인 제자백가(諸子百家)를 제대로 이해시키는 것에 중점을 두고 발생배경과 유가, 도가는 물론 묵가, 법가, 명가 등 제자백가 사상을 소개하고자 했다.

3장은 유학사상을 소개하기 위해 유학사상의 전개와 발전과정을 다루면서 공자와 맹자, 순자와 주희 등으로 이어지는 사상의 연결성, 나아가 한국 유학(儒學)사상과의 연결성을 다루고, 교육적 의의를 찾아 규명하고자 했다.

4장은 노장(老壯)사상으로 노장사상 등장배경과 노자, 장자의 사상과 주장 등을 다루고 그 교육적 의의를 찾고자 했다.

5장은 불교(佛敎)사상으로 불교사상의 발생 배경과 중국의 선불교, 연기사상, 중도사상 등 불교사상의 주요 특성 등을 소개하고 그 교육적 의의를 밝히고자 했다.

저자의 의도에도 불구하고 막상 원고를 정리하여 세상에 출간하고자 하니 미흡한 점들이 하나둘이 아니어서 두렵고 떨린다. 여러 가지 부족한 점들에 대해서는 은사님, 선배, 동료와 독자 여러분들의 꾸지람과 질책을 토대로 계속적으로 보완해 갈 생각이다.

이 부족한 것도 많은 분의 도움이 있어서 가능하였다. 특히 묵묵히 남편을 응원해주고 뒷바라지 해주고 있는 아내와 힘겨운 세상을 긍정적으로 살아내고자 애쓰는 30대의 두 아들에게 깊은 감사의 마음을 전한다. 끝으로 본서가 출판되기까지 늘 관심을 가져 주시고 수고해 주신 출판사 보고사의 김흥국 사장님과 책임 편집자 등 출판사의 담당자분들에게 감사드린다.

2023년 6월
봄볕이 따사로운 태조산 자락 연구실에서

차례

머리말 … 5

1장   왜 동양철학인가?   … 13

　1. 철학의 의미 : 삶의 성찰과 카운슬링 …………………… 15

　2. 동양의 사유방식과 정신세계 ………………………… 21

　　1) 동서양의 사유방식 차이 ………………………… 21

　　2) 동양의 정신세계 정리 …………………………… 23

　　　가. 분별의 원칙 – 유교의 근본정신 ………………… 24

　　　나. 초월의 길 – 불교와 도가의 근본정신 …………… 29

　　　다. 동양정신의 핵심 – 눈으로 보지 말고 마음으로 보아라 … 32

　3. 동양철학으로서 중국철학 …………………………… 37

　4. 동양철학은 우리에게 어떤 의미가 있나? ……………… 43

2장   중국철학의 뿌리 제자백가(諸子百家)   … 49

　1. 제자백가의 출현 배경 ………………………………… 51

　　1) 제자백가의 의미 ………………………………… 51

　　2) 제자백가의 출현 배경 …………………………… 51

　2. 제자백가의 사상 ……………………………………… 56

　3. 제자백가의 사상사적 의의 …………………………… 84

3장 유학(儒學)사상   ··· 89

1. 유학의 성격 ··· 91

2. 유교(儒敎)의 기원과 유자(儒者) ··· 93

  1) 예(禮)의 기원과 특징 ··· 93

3. 유학사상(儒學思想)의 전개 ··· 97

  1) 공자(孔子)의 사상과 교육 ··· 97

  2) 맹자(孟子)의 사상 ··· 109

  3) 순자(荀子)의 사상 ··· 121

  4) 주자(朱子, 朱熹)의 사상 ··· 127

4. 한국 유학의 이(理)·기(氣) 논쟁과
  인물성(人物性) 동이(同異)논쟁 ··· 136

  1) 퇴계와 율곡의 이·기 논쟁 ··· 136

5. 한국 유학의 계승 ··· 140

6. 유학사상의 교육적 의의 찾기 ··· 142

4장 노장(老莊)사상   ··· 155

1. 사상 형성배경 ··· 157

2. 노자(老子)의 철학 ··· 163

  1) 노자사상의 핵심 ··· 167

  2) 노자의 주장들 ··· 174

  3) 노자사상의 역설과 그 의의 ··· 183

3. 장자의 철학 ································ 185

　　1) 장자의 생애 ···························· 185

　　2) 장자의 사상 ···························· 187

　　3) 장자사상의 의의 ······················ 208

　　4) 노장사상의 같음과 다름 ·············· 210

4. 노장사상의 교육적 의의 찾기 ············ 214

5장　불교(佛敎)사상　··· 223

1. 불교사상의 기본 이해 ···················· 225

2. 원시불교 형성 배경 ······················ 233

3. 불교 사상 ································ 239

　　1) 힌두교 사상의 부정 : 형이상학 ········ 240

　　2) 핵심적 주제 고(苦)의 문제 ············ 243

　　3) 인과관계적 사유 방식[연기(緣起) 사상] ············ 248

　　4) 중도(中道)사상 ························ 251

　　5) 인간의 마음 ·························· 253

4. 불교의 중국 전래와 선(禪)불교 ············ 255

5. 불교 사상의 교육적 의의 찾기 ············ 272

참고문헌 ··· 279

1장

왜 동양철학인가?

"나는 처음, 이 세상의 고통과 번민을 넘어서기 위해 불교(佛教)의 초탈을 꿈꾸다가, 삶의 기대와 욕망을 접고 세상을 평정하게 바라보는 노장(老莊)을 선망했다. 그러다가 내가 문득 삶을 떠날 수 없다는 것을 깨닫고, 인간의 신성(神性)을 일상에서 구현하겠다는 유학(儒學)에 심취했다. 그리고 지금은 인간세가 그런 도덕성의 자발적 함양에만 기댈 수 없다는 비관적 인식이 깊어지면서 법가(法家)의 차가운 기획에 주목하고 있다"(한형조, 2001, 6~7쪽).

1. 철학의 의미 : 삶의 성찰과 카운슬링

철학을 어떻게 볼 것인가?

철학을 어떻게 볼 것인가? 쉽게 정의내릴 수 있는 것은 아니지만, 크게 3가지 측면에서 논의해 볼 수 있다고 생각한다. 삶에 대한 진지한 성찰, 중간자요 애지자(愛智者)로서 Eros의 본성, 그리고 지혜에 대한 사랑이 그것이다.

먼저 철학이란 삶에 대한 진지한 성찰이라고 말할 수 있을 것이다. 우리는 상식과 경험에 의해서 이루어지는 일상생활의 한계를 실감하곤 한다. 그래서 늘 후회하고 반성도 하며, 시행착오를 반복한다. 이를 극복하기 위해서는 즉, 시행착오와 후회를 줄이기 위해서는 상식과 경험을 넘어선 포괄적인 지침과 원리를 성찰할 필요가 있다. '어떻게 사는 것이 옳은 것이고 잘사는 것인가?', '나는 행복해지고 싶은데 어떻게 사는 것이 진정으로 행복한 삶인가?' 등등을 고민하게 된다면, 우리는 벌써 삶에 대한 진지한 성찰을 수행하고 있는 것이다. 이처럼 철학이란 삶에 대한 진지한 성찰과 관련 있다고 접근할 수 있다.

그다음으로 철학이 무엇이냐를 이해하기 위해서는 중간자, 애지자로서 Eros의 본성을 살펴볼 필요가 있을 것 같다. 플라톤의 저서『향연(Symposium)』에는 소크라테스가 소개하는 Eros의 탄생 비화가 나온다. 기원전 416년 아가톤이 비극 콘테스트에서 우승했는데, 축하연이 그의 저택에서 개최되었다. 이 자리에 파이드로스, 아리스토파네

스, 소크라테스 등 8명 등장하여 각자 에로스[사랑] 신(神)에 대한 찬미의 연설을 하게 된다. 이 자리에서 소크라테스는 옛날 현녀(賢女) 디오티마에게서 배웠던 일을 그녀와의 대화 형식으로 연설하게 되는데, Eros(에로스)의 탄생 비화를 소개한다.

간략히 설명하면, 아프로디테(Aphrodite)가 태어나자 신들의 잔치가 벌어졌는데, 그 자리에는 '풍요', '부족함이 없는 것'을 의미하는 포로스(Poros)라는 남자 신이 참석한다. 그런데 공교롭게도 그날 '궁핍', '빈곤'을 상징하는 여신 페니아(Penia)가 구걸하러 온다. 포로스가 신주(神酒)에 취해 제우스신의 정원에 들어가 깊이 잠들어 있었고, 그녀(페니아)는 너무 가난했기 때문에 포로스에게서 자식을 하나 얻을 계획을 세우고 그 곁에 누워 포로스를 유혹하게 된다. 술에 취해 맨정신이 아닌 포로스는 페니아의 유혹에 넘어가 결국 에로스를 잉태하게 된다. 그래서 에로스는 항상 어머니의 본성을 벗어나 아버지의 본성을 추구하는 중간자로서, 풍요와 아름다움을 추구하고 완벽함과 지혜를 추구하는 삶을 살게 된다는 것이다. 즉, 에로스는 지혜를 사랑하는 자로서 지혜로운 자와 지혜롭지 못한 자의 중간에 존재하며, 에로스는 필연적으로 애지자(愛智者)라는 것이다. 철학이란 바로 에로스(사랑)의 삶의 본성이요, 에로스와 같이 중간자이자 유한자인 인간의 본성이기도 하다는 것이다.

세 번째로 철학의 정의와 관련하여 가장 일상적이며 어원적으로 언급되는 것이 지혜에 대한 사랑이라는 관점이다.

철학(philosophy)이란 말은 어원적으로 본다면 그리스어 'philosophia'에서 유래되었다. 이는 philos(사랑)와 sophia(지혜)의 합성어로 '지혜에 대한 사랑'이라고 직역해 볼 수 있다. 인간은 언제나 세계와 자신에 대한 '근원적 이해'[sophia]를 '추구'[philos]해 왔으며, 그 이해하는 방식과 내용은 시대와 장소에 따라 늘 변화해 왔다(최승호. 2004, 머리말). 그렇다면, 철학이라는 개념 속에는 세계와 자신에 대한 근원적 이해인 '지혜'와 그것을 탐색하고 추구하고자 하는 열망인 '사랑'이라는 두 가지의 성격의 속성이 반영되어 있다고 할 수 있다.

지혜란 인간과 사회, 나아가 우주 등에 관한 참되고 균형 잡힌 식견, 앎, 또는 그 결과로서의 지식체계를 의미한다고 볼 수 있다. 그리고 사랑이란 지혜를 탐구하고자 하는 인간의 지속적인 관심과 열망을 의미한다고 할 수 있다. 즉, '중간자'로서(단순히 본능에 따라 살아가는 동물과도 다르고 완전성을 지닌 신(神)과도 다른, 그 가운데에서 살아가야 하는 존재) 인간이 무지를 벗어나서 지혜로 나아가고, 불완전성을 벗어나서 완전성을 추구하고자 하는 동경과 열망이라고 할 수 있겠다.

이렇게 본다면, 가장 참된 것을 알아내는 데 더욱 힘을 기울이는 참된 지식으로서의 철학도 이해될 수 있고, 가장 참된 것을 알기 위한 사람의 진실한 마음가짐에 더욱 힘을 기울이는 참된 삶으로서의 철학도 이해될 것이다.

철학을 가장 참된 것을 알려고 하는 노력으로 본다면, 철학은 과학과 종교의 성격을 다 지니고 있다고 할 수 있다. 그래서 러셀 이후 철학을 과학과 종교 사이에 위치시키는 것이 널리 받아들여지는 것 같다. 최동희 등도 다음과 같이 철학의 학문적 위치를 설명했다(최동희 외, 1981, 11~12쪽).

이렇게 알려고 하는 노력이라는 점에서 철학에는 과학과 깊이 통하는 면이 있다. 그러나 가장 참된 것을 문제 삼는다는 점에서 철학에는 오히려 종교와 통하는 면이 있다. 종교에는 무엇보다도 믿음이 앞선다고 하지만 사람의 믿음에는 다소의 앎이 따르기 마련이다. 또 가장 참된 것에 대한 앎은 과학적인 앎과는 달리 종교와 서로 통하는 성격을 띨 수 있다. 이렇게 과학과 종교 사이에 철학의 자리를 마련할 수 있다.

종교와 철학은 물론 그 성격을 달리하고 있다. 구분하자면 종교는 우리가 어디서 와서 무엇을 위해 살다가 결국 어디로 가는가 하는 삶의 오리엔테이션과 관련이 있다면, 철학은 이성을 통한 현상 파악과 선택을 위한 조언과 관련이 있다고 하겠다. 다음과 같이 구분해 볼 수 있을 것 같다.

- 종교 – 불안함의 극복, 인간 존재의 근원, 구원, 이성을 초월한 비합리성·신비성을 포함하며 체험을 중시함
- 철학 – 이성을 통한 사유, 포괄적이고 보편적인 시선으로 현실을 바라봄, 주체적인 자기인식과 선택을 중시함

삶의 성찰과 카운슬링으로서의 철학

철학의 어원적인 정의에 의해 '(참된) 지혜에 대한 사랑'이라고 할 때, 그때의 참된 지혜란 과학적이고 종교적인 성격을 모두를 포함할 수 있겠으나, 우선적으로 인간 삶과 관계된 지혜의 추구라 할 수 있다. 소크라테스가 추구한 것도 '인간의 영혼을 살찌우는 것'이었고, 공자가 추구한 것도 '인간의 자기 본성을 회복함으로써 올바른 삶을 영위하는 것'이었다고 하겠다.

다른 학문들과 마찬가지로 철학 역시 문명의 창조물이다(황준연, 2009, 25쪽). 철학 역시 인간의 구체적인 경험과 삶을 기반으로 하여 이루어지므로, 삶과 관련이 없는 추상적인 정신작용이나 정신적 유희로 끝나서는 안 된다.

철학의 주안점이란 측면에서 그것은 인간의 삶의 지평을 넓혀주고

순간순간 삶의 선택이 요구되는 상황에 적절한 대안을 제시해 주거나 지침이 될 만한 그 무언가를 제시할 수 있어야 한다. 즉, 인간의 실존적인 고민을 마주 대하고 유한자인 인간이 어떻게 살아야 하고 어떤 선택을 해야 하는지에 어떤 식으로든 답을 줄 수 있어야 한다. 물론 그 답은 즉시적이거나 한정된 선택지를 의미하는 것은 아니다. 오히려 그런 답을 찾아가기 위해 자기성찰로 이끌 수 있고, 진지한 성찰에 기반 하여 의미 있는 선택을 할 수 있도록 도와주는 카운슬링을 의미하는 것이다.

그런 의미에서 "철학이란 생에 대한 체계적·반성적 사색이다. 철학자는 생에 대한 반성적 사색을 한 다음 자신의 사상을 체계화하여 표현해 내는 자다. 철학은 지식의 대상일 뿐만 아니라 실천의 대상이 되기도 한다. 철학은 결코 지적인 유희가 아니다. 그보다 훨씬 진지한 것이다. 철학 공부의 목적은 인간을 인간답게 만들어 주는 것이지 어떤 특수한 사람을 만드는 것이 아니다"는 펑우란(馮友蘭)의 지적이나(정인재 역, 2004, 20~29쪽 참조), "철학은 우리 삶의 문제와 연계된 삶의 카운슬링이다. 그것은 우리가 처해 있는 상황을 설명하고, 거기서 우리가 어떤 선택을 해야 하는지에 대한 조언으로 구성되어 있다."는 지적은(한형조, 2001, 6쪽) 적절하다고 볼 수 있다.

철학을 보는 관점은 학자에 따라 다양하겠으나, 필자 역시 **철학이란 우리 삶의 문제와 연계된 "삶의 성찰이요 카운슬링이다."**는 관점을 유지하면서 동양철학을 접근하고 소개하고자 한다.

철학은 지식체계란 측면에서 인간이 만든 지혜의 보고요, 사유체계의 집대성이다. 그것은 동양철학, 서양철학, 한국철학 등으로 구분될 수 있고, 고대철학, 중세철학, 현대철학으로 구분될 수 있다.

서양철학에는 서양 최초의 철학자 탈레스(Thales, BC 624~BC 546)

부터 시작하여 소크라테스, 플라톤, 아리스토텔레스를 지나 서양 중세철학 그리고 영국의 경험론, 유럽 대륙의 이성론, 독일의 관념론 등을 거쳐, 실존철학(實存哲學, existential philosophy), 분석철학(分析哲學, analytic philosophy), 미국의 실용주의(實用主義, pragmatism) 철학 등 다양하게 전개되었다.

동양철학에서 인도철학(Indian philosophy, 印度哲學)은 베다의 철학, 우파니샤드의 철학, 소승부파불교철학, 대승불교철학, 상키야·요가철학, 베단타철학, 이슬람과 힌두교 등 다양하게 전개되었다. 그중 대표적인 것은 불교철학(佛敎哲學, Buddhology)으로 불교의 교리를 탐구하는 철학이라고 볼 수 있다. 중국철학은 공자(孔子, BC 551~BC 479)에서부터 시작하는 유학(儒學)을 비롯하여 도가(道家), 묵가(墨家), 법가(法家), 명가(名家) 등 제자백가에서 꽃을 피워 발전하였으며, 점차 유가, 도가, 그리고 중국에서 크게 발흥한 불교사상이 대표적인 철학으로 자리 잡으면서 발달하였다. 유학만 해도 공맹(孔孟)유학, 한당(漢唐)유학, 주자학(朱子學, 性理學), 양명학(陽明學), 고증학(考證學) 등 시대에 따라 다양하게 전개·발전되었다.

한국에서는 삼국시대에 꽃을 피운 낭가사상(郎家思想), 중국에서 수용된 유교, 불교, 도교의 발전, 고려 말에 수용된 성리학의 발전, 그리고 실학사상(實學思想), 기독교의 수용과 발전, 동학(東學) 등 민족사상의 발전, 애국계몽사상(愛國啓蒙思想)의 발전 등 시대의 요구에 맞게 다양하게 전개되었다.

2. 동양의 사유방식과 정신세계

1) 동서양의 사유방식 차이

동양과 서양은 서로 다른 환경과 문화 속에서 살아왔기 때문에 사유방식 면에서도 공통점 못지않게 다른 점들이 많을 것이다. 마치 서로 다른 민족의 신화(神話)들 속에 나타나는 공통점과 함께 두드러지게 발견되는 차이점과 같이, 우주와 세상을 보는 관점, 인간의 본성을 보는 관점 등 많은 면에서 그 차이를 구분해 볼 수 있다. 그리고 이 차이점을 이해하는 작업은 동양철학의 특성을 확인할 수 있는 안목도 제공해 줄 것이라고 생각한다.

한기언은 동서교육사상(東西敎育思想)을 비교해 볼 때 동양의 경우는 마치 묵화(墨畵)가 그렇듯이 직관·전체·종합적이라고 한다면, 서양의 경우는 유화(油畵)에라도 견주게 되듯이 측정·부분·분석적이라고 할 수 있을 것 같다고 하면서, 그 차이점을 제시하였다. 정리하면 다음의 〈표 1〉과 같다(1978, 70~74쪽 참조).

〈표 1〉 동서교육사상의 비교

구분	동양	서양
세계관	현세적	내세적
사회관 내지 정치관	'덕'을 위주로 하는 왕도정치(王道政治)	'힘'을 제일로 삼는 패도정치(覇道政治)
자연관	자연과의 조화 중시	자연의 정복 중시
인간관	일관된 휴머니즘	신(神)중심사상
교육목적관	국가를 강조함	개인을 강조함
학교관	공교육 위주	사교육 전통
교육과정관	경사(經史)를 중시하는 윤리·도덕·역사 강조	수학, 과학 등을 중시

교육방법관	자발성의 원리 강조	외적 자극 중시
교육행정관	제정일치(祭政一致)	정치와 종교의 분리
역사의식에 대한 수련(修鍊)	오래전부터 강조	20세기 초부터 중시

　김종의는 동·서양의 문화의 차이를 다음과 같이 구분하였다(2001, 45~53쪽).

　　일반적으로 서양의 문화는 자연에 도전하고, 자연을 인간의 의도에 맞게 변형하고 조작하고, 이용한 것이 전체적인 흐름이다. 이에 비해, 동양의 문화는 자연에 순응(順天)하고, 자연과 조화하고, 자연을 관조하는 방법을 통해서 직관을 중시하고, 직관을 통한 본질의 추구에 힘써왔다는 점을 그 전체적인 특징으로 들 수 있다. … 이러한 차이를 전체적으로 비유해서 표현하기를 동양은 내적으로 충실한 열매의 문화, 호박꽃의 문화, 폭포의 문화라고 하는 반면, 서양을 두고 밖으로 화려한 꽃의 문화, 장미의 문화, 분수의 문화라고 하기도 한다.
　　동양적 세계관이 제시하는 원칙과 삶에 대한 태도는 자연적 세계관의 기본적 모형이다. 인간을 자연에서 분리시켜 독립된 존재로 파악하려 하지도 않았다. 정신과 물질, 주체와 객체로 이분화되는 사고의 틀에 집어넣지도 않는다.

　김종의의 구분은 크게 서양의 인간중심적 세계관과 동양의 자연적 세계관의 차이로 간략화 시킬 수 있을 것 같다.
　프랑크 맥호벡은 서양은 사회적이며 집단 중심적인반면 동양은 개인 중심적이었으며, 명상하고 정신을 집중하는 데 중점을 두어 통찰력을 기르고 인격을 고양했다고 구분했다. 그리고 동양의 방법은 정신적이지만 사회에 대한 책임감이 부족하다는 비판을 받는 반면, 서양의 방법은 지나치게 물질적이며 깊이가 부족하다는 비판을 받는다

고 구분했다. 그러면서 그는 다음은 동서양의 방법의 차이를 다음의
〈표 2〉와 같이 비교했다(김규태 역, 2012).

〈표 2〉 동서양의 학문방법의 차이

동양	서양
느림	빠름
조용함	소리를 냄
사색적	반응적
수동적	능동적
내향적	외향적
직감에 따름	사실에 의거
보존적	소비적

　　이러한 주장들을 기초로 동서양의 사유방식의 차이를 정리해 본다
면 서양의 경우 이성적(객관적, 추상적), 과학적 사유(객관적, 분별적 사
유), 인간중심적 인본주의적 세계관(인간은 만물의 척도)으로, 동양의
경우는 직관적, 주관적이고 구체적, 초월적 사유와 자연적 세계관(인
간을 자연에서 분리시켜 독립된 존재로 파악하려 하지도 않고, 정신과 물질,
주체와 객체로 이분화되는 사고의 틀에 집어넣지도 않음)을 특징으로 한다
고 정리해 볼 수 있겠다.

2) 동양의 정신세계 정리

　　중국철학에서 두드러지게 나타나는 특성을 중심으로 동양의 정신
세계를 정리하면 크게 첫째로 '분별의 원칙'과 '초월(초탈)'의 원칙으로
대립화 시킬 수 있을 것 같다. 전자는 세간적인 관점에서 예를 중시하

는 유가(儒家)에서 강조되는 것이며, 후자는 예의와 인위의 세간적 구분을 초월하려는 불가(佛家)와 도가(道家)의 사유방식이라 하겠다. 둘째는 '마음'을 가꾸고 마음으로 세상을 읽는 사유방식을 중시했다는 점이다. 이 밖에도 다양한 관점에서 접근할 수 있겠으나 가장 두드러지게 나타나는 특징을 중심으로 간략화할 수 있을 것 같다(김종의, 앞의 책, 37~100쪽 참조).

가. 분별의 원칙 - 유교의 근본정신
'할 수 없는 것'과 '하지 않는 것'의 차이

유교에서는 '할 수 없는 것'과 '하지 않는 것' 간에는 확실한 분별이 있으며, 할 수 없는 것은 어쩔 수 없으나, 할 수 있는 것을 하지 않는 것은 인간의 본분을 다하지 않는 것으로 삼가야 하는 것이다.

유교에서 '할 수 없는 것'과 '하지 않는 것'의 차이는 맹자의 주장에 명확하게 설명된다. 양혜왕(梁惠王)이 맹자에게 물었다. "하지 않는다는 것과 할 수 없는 것의 모습은 어떻게 다릅니까?"

맹자가 대답했다.

> 태산을 옆에 끼고 북해를 건넌다는 것을 남에게 말하면서 '나는 하지 못한다.'고 말하면 이것은 진실로 하지 못하는 것이나, 어른을 위해 나뭇가지를 꺾는 것을 남에게 '하지 못한다.'고 말하면 이것은 하지 않는 것이지, 할 수 없는 것이 아닙니다.
>
> 그런 까닭에 왕이 왕 노릇을 하지 못하는 것은 태산을 옆에 끼고 북해를 건너는 것과 같이 하기 어려운 일이 아니라, 왕이 왕 노릇을 하지 못하는 것은 바로 나뭇가지를 꺾는 것과 같이 쉬운 일입니다. 내 집안의 노인을 노인으로 섬겨서 남의 노인에게까지 미치며, 내 어린아이를 사랑해서 다른 사람의 어린아이에게 미치게 한다면 천하를 손바닥 위에 올려

놓고 움직일 수 있습니다. 그런 까닭에 왕이 은혜를 널리 퍼뜨리면 천하
를 보호할 수 있고, 은혜를 널리 퍼뜨리지 않는다면 처와 자식도 보호할
수 없을 것입니다.

이처럼, 유교에서는 '할 수 없는 것'과 '하지 않는 것'의 차이는 명
백하므로 사람이라면 힘에 부쳐 불가능한 것은 어쩔 수 없겠으나, 조
금만 노력하면 충분히 할 수 있는 일에 대해서는 미루거나 소홀히 해
서는 안 된다고 분별하고 있는 것이다.

분별을 통한 사회적 역할의 조화 – 예(禮)의 실천

유교는 사회적 역할을 분별을 토대로 하여 자기의 위치와 처지에
부합하게 부과하고 있다. 제경공이 정치에 대하여 묻자, 공자가 말하
기를 "임금은 임금답고 신하는 신하답고 아버지는 아버지답고 자식은
자식다워야 한다[君君臣臣父父子子]."고 했다. 임금과 신하, 부모와 자
식은 그 지위에 따라 역할도 달라야 한다는 것이다. 그렇게 할 때 사회
의 안정과 질서, 조화가 이룩될 수 있다고 보는 것이다.

모두가 대통령이 될 수 없고 사장일 수는 없다. 만물이 각자의 터전
에서 삶을 영위하듯이, 사람 또한 자신의 자격과 성질, 능력에 맞게
삶을 살라고 하는 것이다. 그러한 내용을 표현하고 있는 말이 곧 예
(禮)라고 할 수 있다.

분별을 토대로 해서 권리와 의무에 대한 약속과 제한을 두어 질서
와 안정을 이루고자 하는 것이 예의 시작이다. 사양하고 양보하는 마
음이란 나라는 존재보다 상대방을 더 위하고 생각하는 데서 비롯된
다. 예의 궁극적인 목적은 사람과 사람 사이의 조화로운 관계를 설정
하는 데 있다. 그것은 사람들이 각자 자기 분수와 자기 삶이 다르다는

전제에서 출발하는 것이고, 그것이 사회의 안정으로 이어지기 때문이다(김종의, 같은 책, 70~72쪽).

결국 유교의 정신에서 강조하는 사람다운 사람이나 예의 정신이란 바로 '할 수 없는 것'과 '하지 않는 것'의 분별에서 출발하는 것이며, 자기의 위치에 맞는 역할부여를 통해 구체화된다고 할 수 있다.

군자(君子)와 소인(小人)의 구별

예를 기반으로 분별을 중시하는 유교의 경우, 교육을 통해 기르고자 하는 이상적 인물상이 바로 군자였다. 군자는 교육을 통해 치자로서의 자질을 구유한 교양인이라 할 수 있으며, 그 반대의 사람을 소인이라 하여 철저히 구분한다.

군자의 여부는 크게 나누어 말과 행동의 문제와 마음가짐의 문제, 그리고 인간관계의 문제 등으로 구분할 수 있다.

① 군자 : 말과 행동이 일치하고 일에 민첩한 사람

말과 행동에 있어서 실천이 앞서야 함을 의미하며, 말이 행동에 지나치지 않은 사람이 군자이다.

자공이 군자에 대하여 물으니 공자께서 먼저 하고자 하는 일을 행한 후에 말을 하는 사람이 군자다(子貢 問君子 子曰 先行其言 以後從之).

군자는 말은 더디되 행동은 민첩하게 하고자 한다(子曰 君子 欲訥於言而敏於行).

② 군자 : 마음 씀씀이가 크나 교만하지 않은 사람

군자는 마음 씀씀이가 크지만 교만하지 않고, 소인은 교만하지만 마음은 크지 않다고 한다.

군자의 마음은 평탄하고 너그러우며, 소인의 마음은 항상 근심에 차 있다(子曰 君子 坦蕩蕩 小人 長戚戚).

군자는 남의 좋은 점을 권장하여 이루게 하고 남의 악한 일은 선도하여 못하게 하지만, 소인은 이와 반대이다(子曰 君子 成人之美 不成人之惡 小人은 反是).

군자는 태연하나 교만하지 않고, 소인은 교만하나 태연하지 못하느니라(子曰 君子 泰而不驕 小人 驕而不泰).

군자의 마음 씀씀이의 넉넉함을 보여주는 예화가 있다.

『설원(說苑)』에 나오는 이야기:
전국시대 초나라 장왕(莊王)이 여러 신하들을 불러 연회를 베풀었다. 주연이 무르익던 도중에 갑자기 바람이 불어 연회석의 촛불이 모두 꺼져 버렸다.

그때 취기가 오른 한 신하가 장왕이 총애하는 후궁을 끌어안았다. 이에 놀란 후궁이 얼른 그 사람의 갓끈을 끊어 쥐고 장왕에게 속삭였다. "방금 촛불이 꺼진 틈에 저를 끌어안은 자가 있었습니다. 제가 그 사람의 갓끈을 끊어 쥐고 있으니, 불이 켜지면 그 사람을 찾아 벌을 주십시오."

그러자 장왕이 말했다. "내가 연회를 베풀어 신하들을 취하게 해 놓았는데, 당신의 정절을 드러내려고 선비를 욕보일 수는 없다"고 하고는 큰 소리로 말하기를, "지금 이 자리에서 모두 당장 자신의 갓끈을 끊어라"고 하였다. 그러고는 불을 켜게 하고 연회를 계속하였다.

이 일이 있은 3년 뒤, 초나라와 진나라가 전쟁을 하였다. 그런데 초나라 진영에서 한 신하가 다섯 번을 앞장서서 돌격하여 다섯 번을 모두 이겼다. 장왕이 그를 불러 물었다. "과인은 덕이 부족하고 또 일찍이 그대를 특별히 대접한 적도 없는데 그대는 무슨 까닭으로 죽음을 두려워하지 않고 선봉에 섰는가?" 그러자 그가 이렇게 말했다. "신은 이미 3년 전에 죽어야 할 죄를 지은 사람입니다. 그 연회석에서 갓끈을 끊겼던 사람입니다."

③ 군자 : 모든 허물을 자신에게 구하는 자

군자는 자기가 처신하는 태도와 행동은 매우 엄격하지만, 남을 대하는 마음은 매우 너그럽다.

남이 나를 알아주지 않아도 노여워하지 않음이 또한 군자가 아니겠는가(人不知而不慍 不亦君子乎).

군자는 모든 책임의 소재를 자신에서 구하나 소인은 남에게서 구한다(子曰 君子 求諸己 小人 求諸人).

군자는 자신에게서 허물을 찾는 사람이다. 잘못이 있을 수 있으나, 잘못을 고칠 줄 모르는 그것이 진정한 잘못이다. 『논어』에 보면 이와 비슷한 말들이 많다. "소인은 잘못을 변명하려 한다. 군자는 잘못을 잘못으로 인정하고 고치려 한다. 그러므로 군자는 큰 잘못을 하는 일이 없게 된다. 그런데 소인은 잘못하고도 잘못했다 하지 않고, 어떻게든지 그것을 감추려 하거니 무슨 이유라도 끌어다가 변명을 하려 한다. 그래서 정작 잘못을 저지르게 된다는 것이다." 군자는 잘못된 원인과 책임을 자기에게서 찾으려 하는데, 소인은 반드시 남의 탓으로 덮어씌우려 한다.

④ 군자 : 남과 화합하되 휩쓸리지 않는 자

군자는 남과 화합하되 뇌동하지 않으나, 소인은 뇌동하되 화합하지 않는다(子曰 君子 和而不同 小人은 同而不和).

군자는 두루 통하면서도 편파적이지 아니하나, 소인은 편파적이면서도 통하지도 않는다(子曰 君子 周而不比 小人 比以不周).

이처럼, 유교는 사회생활의 질서요 조화를 추구하면서 예를 통한 분별의 원칙을 강조하였다. 아울러 개인 내적인 수양에 있어서도 군자와 소인의 분별을 통해 바람직한 행위의 준칙을 구분하고 있는 것이다.

나. 초월의 길 - 불교와 도가의 근본정신

유가의 인위적 분별에 대한 반론

유교의 사유가 분별에 바탕을 둔 것이라면 도가(道家)나 불교(佛敎)의 사유는 근본적으로 초월과 초탈에서 출발하는 것이라 할 수 있다. 초월의 사유란 모든 분별로부터 벗어나 자유로워짐을 목적으로 한다. 분별이란 자체가 인위적이요, 사람이 만물의 근본이라는 생각에서 출발하는 것이기 때문이다(김종의, 앞의 책, 73쪽).

장자는 인의니 예지니 하는 모든 유가적인 주장들은 자연스러움을 인위적으로 막아버리고 제약하는 벼랑과 같은 것이요, 인간중심의 작위적인 문화라는 것 역시 결국은 불행과 파괴를 낳는 것으로 파악하고 있다. 자연스럽게 그냥 두면 될 것을 질서니 예니 하면서 구분하고 얽어매니 인간사가 더욱 꼬이게 된다는 것이다.

『장자』에 보면, 공자가 인정할 수밖에 없었던 진정한 초월자 왕태란 사람의 이야기가 나온다. 형벌로 다리가 잘렸지만 생사를 초월하며, 천지간의 이치를 꿰뚫고 있었던 인물로 그려진다(권순우 편역, 앞의 책, 191~192쪽 재인용).

노나라 왕태는 형벌을 받고 다리가 잘렸다. 형벌을 받기는 했어도 덕망이 높아서 그의 문하에는 공자보다 적지 않은 제자들이 있었다. 상계(常季)가 이상해서 공자에게 물었다. "왕태는 형벌을 받은 사람인데, 그를 찾아 많은 사람이 모여드니 이상합니다. 마치 노나라를 선생과 왕태 두 사람이 나눠 가지고 있는 꼴입니다. 그런데 왕태는 별로 글을 가르치는 일도 없고, 또 서로 토론을 하는 일도 없다고 합니다. 그런데도 왕태를 찾아갔던 사람들은 모두 만족해서 돌아간다고 합니다."

"그 사람은 성인입니다. 나도 한 번 만나 보려고 하는데 아직 기회가 없어 못 만났습니다. 나도 스승으로 모시고 싶을 정도입니다. 그러니 나만 못한 사람들이야 더 말할 것이 있겠습니까?" "확실히 속세의 사람은 아닌 듯싶습니다. 대체 그런 사람의 마음가짐은 어떠한 것일까요?" "죽고 사는 일도 큰일이지만, 그 사람은 그것을 초월하고 있습니다. 설사 천지가 무너진다고 해도 같이 휩쓸려 떨어지지 않을 만큼 초월했습니다. 그리고 천지간의 이치를 훤히 알고 있어서 세상이 아무리 바뀌어도 끄떡없습니다. 천지간의 옳은 길을 알고 행하는 사람입니다."

장자는 왕태와 같이 생사를 초월하고 세상의 이치를 훤히 알고 있는 사람에게는 공자도 스승으로 삼고자 할 만큼 대적할 수 없다고 인정하게 함으로써, 유가의 인위적인 분별의 한계를 드러내고자 했음을 알 수 있다. 초월적 사유는 삶과 죽음도, 그리고 인간과 사물 사이의 관계도 구별을 떠나 하나로 보는 것이다. 그리고 천지가 무너진다고 해도 천지간의 이치를 훤히 알고 있어서 휩쓸리지 않고 요동하지 않는 데까지 이르는 것이다.

불교의 경우 세상 모든 것은 상대적이요 관계적인 것으로 본다. 어느 것이 '크다'는 것은 본래 존재하지 않는 것이요 다만 '작다'라는 것이 있기 때문에 크다고 여긴다고 본다. 즉, 멸(滅)이 없으면 생(生)도 없는 것이요, 적음[少]이 없다면 많음[多]도 없는 것이다. 그럼에도 이 상대성, 관계성을 모른 채 일정한 기준이 존재하는 냥 구분하고 비교한다는 것이다.

언어적, 개념적 틀에서 초월

도가와 불가는 언어가 가진 한계성을 지적하였으며, 기존의 틀에 얽매인 사유를 초월해야 제대로 사물의 본질을 파악할 수 있다고 주장한다.

『장자』「외물편 外物篇」은 말한다.

> 통발[筌]은 고기를 잡기 위해 있다. 고기를 잡았으면 통발을 생각할 필요가 없다. 올가미[蹄]는 토끼를 잡기 위해 있다. 토끼를 잡았으면 올가미는 잊어버려야 한다. 언어는 뜻을 파악하기 위하여 있고, 뜻을 얻었으면 더 이상 언어에 대하여 생각할 필요가 없다. 어떻게 하면 언어를 잊은 사람과 만나 그와 함께 대화를 나눌까.

언어에 얽매이지 말라고 가르친다. 도가는 언어의 상대성, 제한성, 편협성을 예리하게 파악하고 있다. 도는 말로 표현할 수가 없는 것이요, 말로 표현할 수 있다면 도가 아닌 것이다.

선불교도 경전의 자구에 얽매이지 말고 곧바로 자신의 본성을 직시하라고 가르친다. 또한 기존의 개념 틀에 얽매여서 사유하지 말아야 사물의 본성을 제대로 파악할 수 있다고 주장한다. 사려와 분별을 넘어서 사물의 실체와 만나라고 강조한다.

도가는 유가적 인본에 대한 반박을 통해 쓸데없는 분별과 작위를 벗어나 삶 자체를 자연법칙에 맡기고 마음의 평정을 누리고자 하였으며, 불교 역시 세속적인 욕망에서 빚어진 오염된 마음을 수행을 통해 새롭게 회복하고자 한다. 모두가 세속적 가치를 벗어난 삶을 지향하고 있는 것이다. 이렇게 세속적 가치의 초월은 물론이고, 언어에 얽매이지 않는 사유의 지평을 통해 신비적 도약을 추구하고 있음도 동양정신의 그 한 특징이라 하겠다.

다. 동양정신의 핵심 - 눈으로 보지 말고 마음으로 보아라

동양사상의 핵심은 외부의 대상보다 자신의 마음을 중시하는 경향에서 찾을 수 있을 것 같다. 온전한 마음을 통해 사물을 보아야 제대로 볼 수 있으며, 마음이 바르지 않고 옹색하거나 편벽되어 있다면 역시 사물을 옹색하고 편벽되게 볼 수밖에 없다는 것이다. 또한 세상사의 행복과 불행, 평정함과 초조함도 모두 마음에 달려 있다고 보고 마음 다스리기, 마음 수양하기를 가장 중요한 과제로 삼았던 것이다.

유교는 마음을 바르게 하는 것이 곧 몸을 닦는 것이라고 본다. 마음에 없으면 보아도 보이지 않고, 들어도 들리지 않는다고 한다. 『대학』에 있는 구절이다. "몸을 닦는다는 것은 마음을 바로 하는 데 있다. 마음에 노여움이 있으면 그 마음은 바를 수 없고, 마음에 두려움이 있어도 그 마음은 바를 수가 없다. 마음에 즐거움이 있어도 그렇고, 마음에 근심과 걱정이 있어도 그 마음은 바른 마음이 아니다. 마음이 바르지 않으면 보아도 옳게 보이지 않고 들어도 옳게 들리지를 않는다. 음식을 먹어도 그 맛을 제대로 알지 못한다. 따라서 몸을 닦는 일은 그 마음을 바르게 가지는 일이다."(권순우 편역, 앞의 책, 191쪽 재인용).

특히 불교에서는 인간의 마음을 회복하는 것을 가장 중시했다. 무지와 집착에서 벗어나 원래의 마음의 본성을 회복할 때 깨달음을 이룰 수 있다는 것이다. 쓸데없는 무수한 잡념들을 버리고, 자기 속에 있는 불성을 찾아가는 과정이 바로 불교의 수행과정이기도 하다.

도가에서도 마음이 주인이 되어 비춰보게 되면 생·사의 구분 등이 둘이 아니요 결국은 하나임을 알게 된다고 본다. 『장자』에 나오는 왕태 같은 사람은 세상을 귀나 눈이 아닌 마음으로 비춰보는 사람이요, 그러므로 세속의 구분을 넘어 모든 것이 결국은 하나임을 깨닫고 마음의 평정을 유지하고 자유롭게 살 수 있다는 것이다.

"마음이 같지 않은 사람이 보면 간과 담도 초나라와 월나라같이 보이고, 마음이 같은 사람끼리 보면 세상의 온갖 것이 모두 하나로 보입니다. 왕태 같은 사람은 세상 것을 귀나 눈으로 듣고 보는 것이 아니라, 마음으로 비춰봅니다. 모든 것이 하나요 둘이 아니며, 온갖 것이 같을 뿐 다르지 않습니다. 죽고 사는 것도 같은 것이고, 다리를 잘렸지만 다리를 땅에 떨어뜨린 것쯤으로 생각하고 있을 것입니다. 참으로 훌륭한 사람입니다." 공자와 상계가 왕태를 두고 한 문답이다.

구체적으로 눈으로 보지 말고 마음으로 보라는 말은 눈에 보이는 대상에 의거하여 판단하지 말라는 것으로 그것에 집착하지도 말고, 제한되지도 말고 사유하고 판단하라는 것이다. 그럴 때만 옹색하지도 않고, 구속되지도 않는 올바른 사유와 판단이 가능하다는 것이다. 우리들의 감각기능과 인식기능은 과거의 잘못된 삶의 경향성과 기존의 개념 틀을 벗어나지 못한 채 제대로 기능하지 못할 가능성이 존재하는 것이다. 대상에 구속되는 삶이 아니라 마음이 주인이 되는 삶을 살 때 우리는 제대로 볼 수 있게 된다고 하겠다.

마음이 주인이 되는 삶이란 어떤 것인가. 그것은 무상한 사물에 매이지 않는 것이다. 마음이란 참으로 미묘하고 복잡한 것이다. 세상사의 일이나 사물들에 끌려다닌다면, 그 마음의 간사함은 한이 없다.

그것은 욕심이 한이 없듯이 언제나 물건을 따라다녀야 한다. 그런 삶은 언제나 공허하다. 그렇다면 어찌할까. 마음을 비워야 한다. 욕심을 버려야 한다. 우리가 우리 자신을 찾지 못한다면, 세상은 여전히 환상에 지나지 않을 것이다(김종의, 같은 책, 87~92쪽 참조).

또 한 가지 마음으로 보란 말은 좀 더 유연하고 여유로운 마음가짐을 지니고 세상을 볼 때 쓸데없는 걱정과 근심에서 벗어나 세상일과 그 이치를 전체적으로 조망할 수 있게 된다는 것을 의미한다고 하겠다.

매 일마다, 사건마다 안달대거나 일희일비(一喜一悲)하지 말고, 삶에 대하여 지나친 기대나 낙관, 또는 지나친 비관을 가지지 말고 평온하게 처신하는 것이다. 인생사에는 내 뜻대로 되지 않는 부분이 있음을 인정하고 담담하게 받아들이는 지혜가 요구된다고 하겠다.

『회남자』의 「인간훈」에 나오는 새옹지마(塞翁之馬)의 고사는 그것을 대변해 준다.

중국 국경 지방에 한 노인이 살고 있었다. 그러던 어느 날 노인이 기르던 좋은 말 한 마리가 국경을 넘어 오랑캐 땅으로 도망쳤다. 이에 이웃 주민들이 위로의 말을 전하자 노인은 "오늘의 불운이 내일의 행운이 되겠지요. 지금의 슬픔이 어찌 곧 기쁨이 되지 않을까요?" 하며 태연자약(泰然自若)했다. 그로부터 몇 달이 지난 어느 날, 도망쳤던 말이 훌륭한 준마(駿馬) 한 필과 함께 돌아왔다. 주민들은 들뜬 마음으로 마치 잔치 분위기와 같이 "노인께서 말씀하신 그대로입니다." 하며 축하해 주었다. 그러나 노인은 "오늘의 행운이 내일의 불운이 될 수도 있겠지요. 지금의 기쁨이 어찌 슬픔이 되지 않을까요?" 하며 기쁜 내색을 하지 않았다. 며칠 후 노인의 외아들이 그 준마를 타다가 낙마하여 그만 다리가 부러지고 말았다. 비골(髀骨)이 크게 부러져서 영영 회복 불가능한 환자로 남을 수밖에 없었다. 이에 다시 동네가 상갓집 분위기로 바뀌었고 마을 사람들이 다시 위로를 하자 노인은 역시 "지금의 불운이 내일의 행복이 되겠지요? 지금의 슬픔이 어찌 곧 기쁨이 되지 않을까요?"하며 슬픈 표정을 하지 않았다.

그러고 난 뒤 일 년 후 변방의 오랑캐가 침략해 왔다. 나라에서는 징집령을 내려 젊은이들이 모두 전장에 나가야 했다. 그중의 십중팔구는 목숨을 잃고 말았다. 그러나 노인의 아들은 다리가 부러진 까닭에 전장에 나가지 않아도 되었다. 그래서 천명(天命)대로 살게 되었고, 그 후 부자는 변방에서 누구 못지않게 행복하게 살았다고 한다. 이로부터 새옹지마란 고사성어가 생겨났다. 새옹(塞翁)이란 세상 이치에 밝은, 세상을 달관한 지혜로운 늙은이라 하겠다.

'인간만사 새옹지마(人間萬事 塞翁之馬)'란 말을 자주 쓴다. '인간 세상에서 일어나는 모든 일이 새옹지마니 눈앞에 벌어지는 결과만을 가지고 너무 연연해하지 말아라.' 하는 뜻이다.

마음의 문제

인생의 진정한 행복은 자기의 마음에 달려있다고 보는 것이다. 모든 것이 마음먹기에 달여 있지, 외부의 사건이나 대상에 달려있는 것이 아니라고 본다.

놀라운 것은 사람의 질병 가운데 감정 때문에 생긴 병이, 모든 병의 대부분이란 사실이다. 그것은 의사들의 소견에 따라 달리 판단되기는 하나, 대략 90%가 넘는 것으로 추정하고 있다. 충분히 역설적이게도 우리는 마음먹기에 따라 언제든지 행복할 수 있다는 것이다.

그렇다면 행복이란 무엇일까? 밖에서 오는 것일까? "행복은 남의 집 정원에서 줍는 것이 아니라, 내 집 난롯가에서 얻는 것이다"고 말하듯이, 행복은 외부로부터 오는 것이 아니다. 예를 들어 로또에 당첨되었다면 행복할까? 삼십 년 만에 헤어졌던 가족을 만났다면 행복할까? 정말 행복할까? 행복이란 그런 것이 아닌 것 같다. 행복이란 마음의 편안함이요, 자기 안에서 작지만 아름답게 피어나는 것이리라. 그리고 그것은 많은 데서 오는 것이 아니라, 지극히 사소한 것에서 찾아온다고 할 수 있을 것 같다. 주어진 것에서도 잔잔한 기쁨이나 고마움을 느낄 수 있는 마음을 지닐 때, 그것이 행복이 아닐까? 그러기 위해서 우리는 스스로 우리의 마음을 볼 줄 알아야 한다(김종의, 같은 책, 96~98쪽).

지나친 경쟁사회 속에서, 그리고 물질위주의 상업적인 가치관에 길들여져 살고 있는 우리들 대부분은 아마도 행복해지기 위해서는 남보다 능력도 더 있고, 재산도 더 가지고 있으며, 외모도 매력적이어야 한다고 생각하고 있는 것이 아닐까? 그래서 그렇게 아등바등 살고 있지는 않을까? 그렇지만 그러한 것들이 다 갖추어지면 정말 행복할까? 그럴까? 우리가 행복해지기 위해서는 우리 마음을 평안히 다스릴 줄 아는 작은 노력들이 필요한 것은 아닐까?

교육의 성자 페스탈로치의 다음의 가르침을 기억해주면 좋을 것 같다(김정환 역, 2000, 118쪽, 전일균 역, 1997, 41쪽).

아늑한 생활에서 오는 안정감, 헛된 생각이 없는 인간의 해맑은 눈동자, 즐겁게 거니는 산책, 울분의 슬기로운 삭임, 이러한 것들을 모두 그대는 마음속에서 길러내야 한다.

3. 동양철학으로서 중국철학

중국철학의 발전

청말민초(淸末民初)의 대표적인 사상가인 양계초(梁啓超)는 중국 수천 년 동안의 학술·사상계를 다음과 같이 여덟 시대로 나누어 정리했다(1992, 175~176쪽).

1) 배태(胚胎)시대 : 춘추(春秋)시대 이전
2) 전성(全盛)시대 : 춘추시대 말 및 전국(戰國)시대
3) 유학통일(儒學統一)시대 : 전한(前漢)·후한(後漢)시대
4) 노학(老學)시대 : 위진(魏晉)시대
5) 불학(佛學)시대 : 남북조(南北朝)와 당(唐)
6) 유불혼합(儒佛混合)시대 : 송(宋)·원(元)·명(明)
7) 쇠락(衰落)시대 : 최근 250년
8) 부흥(復興)시대 : 현재

시대 변화에 맞추어 전성기인 춘추전국시대를 지나 유학의 독점 → 노장(老莊)과 불학(佛學)의 발흥 → 유·불의 혼합 → 청대(淸代)에 들어서의 쇠락 → 그리고 자기가 살고 있는 청말민초(淸末民初)에 들어 다시 부흥하기 시작했다고 간략화 시켰다. 그러면서 그는 중국만이 세계 문명의 5대 조종국(祖宗國) 중 멸망하지 않고, 유럽과 미국으로 대표되는 서양문명과 교류하여 새로운 문명을 창출할 수 있으리라고 다음과 같이 자랑스럽게 예언하였다.

우리 중국은 전국시대에 남북의 두 문명이 처음으로 서로 교류하게 되어 고대(古代)의 학술과 사상이 전성하게 되었으며, 수(隨)·당(唐) 및

인도문명이 서로 교류하게 되자 중세의 학술·사상이 크게 빛나게 되었다. 지금은 온 지구가 이웃과 같다. 이집트·페르시아·인도·멕시코의 네 조종국은 그 문명이 이미 멸망했다. 그러므로 유럽인들과 교류가 있다고 하더라도 다시는 새로운 현상을 가져오지 못한다. 대개 세계는 오늘날 양대 문명이 존속하고 있는데, 하나는 서양문명으로 유럽과 미국이고, 또 하나는 동양문명으로 중국이다. 20세기는 곧 동서의 두 문명이 결혼할 시대이다. 나는 우리 동포들이 등불을 켜 들고 술상을 차려 놓고 문에 기다려 수레를 맞이하여 예(禮)를 다해서 대환영식을 베풀어주기 바란다. 그러면 저 서방의 미인들은 우리 집을 위하여 훌륭한 아이를 낳고 잘 키워서 우리 종가(宗家)를 높일 것이다.

중화주의에 입각한 지나친 낙관적 예언이라고 여겨진다. 당시 중국은 종이호랑이로 전락하여 새로운 개혁이 필요한 절체절명의 시점에 놓여있었으므로, 젊은이들을 위시한 중국인들의 자존감을 높이고자, 그리고 각성을 촉구하고자 자신의 주장을 펼친 것이라고 하겠다. 그럼에도 중국의 학술문화에 대한 중국지식인들의 뼛속까지 남아있는 자부심과 긍지감에 부러운 마음도 든다.

동양철학으로서 유교, 노장, 불교사상

필자가 다루고자 하는 동양철학이라고 하면 구체적으로는 중국철학을 지칭한다. 특히, 중국에서 발전하고 한국과 일본 등에까지 광범위하게 영향을 끼쳤던 유학(儒學)과 노장학(老莊學), 불학(佛學)을 대표적으로 들 수 있다. 그래서 필자는 이 3가지 철학을 중심으로 하여 동양철학을 다루고자 한다.

물론 이 세 가지 철학 이외에도 중국의 춘추전국시대에 발흥한 묵가(墨家), 법가(法家), 명가(名家), 음양가(陰陽家), 병가(兵家), 농가(農家) 등 다양한 사상체계들이 꽃을 피웠으며 그 영향력도 컸다. 그럼에도 많은 학파들의 사상체계가 똑같이 오랫동안 생존하지는 못하였다. "한 사상이나 철학은 기존의 사유와의 대결과 착종에서 형성되지만 그 바탕에는 실존적 경험이나 사회적 요청이 깔려 있으며, 현실적 실용과 미래적 전망을 획득하지 못하는 사유는 언제나 자연도태 했다." 는 주장(한형조, 앞의 책, 30쪽)은 오직 유가, 도가, 불가만이 크게 발흥하게 된 이유를 설명해 주는 것이기도 하다.

이 중 유가와 도가사상은 중국이라는 농업적 토양 속에서 발전되었으며, 불가(佛家)사상의 경우는 인도에서 발생하여 중국으로 전래된 후 중국에서 더욱 발전하였던 중국화된 사상이라고 할 수 있다. 그리고 유가와 불가사상 등도 중국을 거쳐 한국, 일본 등으로 전래된 후 각국의 토양과 요구에 맞게 다른 특성을 지닌 사상체계로 발전하였음은 물론이다.

동양철학의 특성

중국이란 문명에 기반을 두고 성장 발달한 중국철학은 서양철학과 비교하여 그 다른 특성을 지니고 있다. 철학의 개념이해에서 철학은 과학과 종교 사이에 위치시킬 수 있음을 살펴보았다. 황준연은 이와 관련하여 중국철학의 경우, '인식'[지식]의 측면을 넘어서 '수양' 또는 '깨침'의 세계를 강조한다는 점에서 서양철학과 구분된다고 보았다. 즉, 서양철학은 종교와 그 영역을 구분하는 점에서 과학과 가깝다면, 중국철학의 경우는 종교의 영역을 내포하는 점에서 종교에 가깝다고 보았다(앞의 책, 29쪽).

같은 맥락으로 최승호도 존재의 문제를 본질로 삼는 서양철학에 비해 동양철학은 '어떻게 살 것인가' 하는 윤리의 문제를 주로삼고 있다는 측면에서 가장 두드러진 차이가 있다고 다음과 같이 밝히고 있다(2004, 13~14쪽).

인간과 관련되는 철학적 문제는 크게 '존재의 문제'와 '윤리의 문제'로 구분할 수 있다. 여기서 존재의 문제란 '나는 누구인가'라는 것을 묻는 것이며, 윤리의 문제는 '어떻게 살 것인가'라는 것을 묻는다. 이러한 두 종류의 문제는 동서의 철학이 모두 다루는 것이지만, 서양에서는 주로 존재의 문제를 본질적인 것으로 하고 윤리의 문제는 부차적인 것으로 다루는 반면, 동양에서는 윤리의 문제를 본질적인 것으로 하고 존재의 문제는 부차적으로 다루는 경향이 있다. 이것이 동양철학과 서양철학의 특징이자 차이점이다.

동양철학의 일반적 특성을 일반화하는 것은 무리가 따를 수도 있으나, 동양의 정신세계와 연계하여 간략히 정리해 보면 다음과 같다(황준연, 앞의 책, 33~37쪽 참조).

① 실증적 지식의 증가보다 정신적 고양에 관심을 두었다. 서양의 경우 분석적이고 논리적 고증을 통한 실증적인 이론체계의 구축에 중점을 두어왔다면, 동양의 경우는 세계의 규명을 통한 앎을 넘어 그것을 삶의 실천과 합일시킬 수 있는 지혜로서 정신적 고양을 중시했다고 볼 수 있다.

많이 아는 것은 물론 중요하다. 그러나 그것에 얽매여서는 안 된다. 오히려 그것을 덜어내고, 잊음으로써 마음을 고양시킬 수 있는 지혜를 찾는 것이 중요하다고 보았던 것이다.

② 동양철학은 현실의 불합리성을 초극하여 깨달음에 이르는 고차적 단계를 추구하고 있다는 점에서 종교적 성격이 강하다. 이 말은 미신적 요소가 강했다는 의미라기보다는, '일상에서 하늘의 뜻을 구현

한다', '도(道)를 깨우쳤다'와 같은 고차원적 신비적 차원을 포함하고 있다는 의미이다. 그런 의미에서 중국철학은 서양철학에 비해 신비주의적 색채가 강하다. 맹자나 장자에 의하여 그 특징이 두드러진다.

③ 동양철학은 세간적이면서 출세간적, 분별적이면서도 초월적인 성격을 동시에 지니고 있다. 유가(儒家)의 경우 세간적 특성이 강조되고, 불가(佛家)의 경우나, 도가(道家)의 경우 출세간적인 성격이 강하게 배태되기는 하나, 크게 보아 두 가지 성격이 포함되어 있다고 하겠다.

동양의 정신세계 특징으로 분별과 초월에 대해서는 이미 언급한 바 있다.

④ 동양철학은 사회문제 해결을 중시하는 정치철학의 성격이 짙다. 서양의 경우 플라톤이나 아리스토텔레스 철학도 정치철학적 관심이 높기는 하나, 유가(儒家)를 위시한 중국철학에는 비길 것이 못된다. 제자백가가 출현한 동기가 춘추전국시대의 혼란함과 무질서 등 주로 사회적 제 문제를 해결하려는 데 있었으며, 그 해결방책은 다 정치적인 성격을 지닐 수밖에 없었다고 볼 수 있다.

⑤ 동양철학에는 수양론(修養論)이 매우 중요한 위치를 차지한다. 특히 '수기치인(修己治人)'을 내세우는 유가철학은 남을 다스리기에 앞서 부단한 자기공부를 내세운다. 불교 역시 자기수양을 통해서 깨달음을 얻고자 한다. 정좌(定座)나 선정(禪定), 잠심자득(潛心自得)과 신독(愼獨), 지경(持敬) 등 모두가 수양을 위한 방법이요 자세를 중시한 것이다. 필자는 이런 점에서 동양철학은 교육철학이기도 하다고 판단하고 있다.

동양철학을 위한 텍스트 이해하기

동양철학의 발전을 어렵게 하는 근원적인 내적 어려움 중 하나는 텍스트의 분석이 쉽지 않다는 점이다. 동양철학의 자원이 되는 텍스트들은 고도로 압축된 의미를 품고 있는 언어로 구성되어 있고, 쓰는 사람의 표현방식도 다양해서 정확한 문맥과 요점을 잡기도 어려울 때가 많다. 그러므로 또 다른 문헌해석학적인 노력이 요구되는 작업이 동반되어야 한다. 그래서 결코 쉬운 작업이 아니다. 한형조의 다음의 지적처럼(앞의 책, 23쪽), 텍스트의 완강한 각질을 뚫고 녹이는 각고의 작업이 요청된다.

동양철학의 경우, 일관성보다는 이질성과 산만함이 두드러져 보인다. 그 인상 가운데 상당 부분은 관찰자에 기인한다. 모든 언설은 수행적이라는 점에서 상황성을 가진다는 것, 그런 점에서 대화하는 사람이 달라질 경우, 말이 달라지는 것은 당연하다. 초기 고전한문의 텍스트는 논리적 설득을 위한 제도적 논문형식으로 쓰여진 것이 아님을 염두에 두어야 한다. 또한 진실은 입체적이라서 평면적 논리로는 다 담을 수 없다. 그 밖에 텍스트 내재적 요인으로 동양의 진리관이 가진 입체적 신비적 색채에 기인한다.

사서오경(四書五經)으로 대표되는 유교경전만하더라도 한자(漢字)로 기술되어 있다. 그러므로 경전은 한자의 특성 때문에 또 그것을 쓴 사람의 글 쓰는 방식 때문에 고도로 압축된 의미를 표현하고 있다. 유교경전에 나와 있는 문장은 그 해석의 폭이 넓고 깊이가 깊어서, 그것에 담긴 의미를 깨닫기 위해서는 학습자 편에서의 오랜 기간의 반추(反芻)와 사색(思索)이 필요하다. 또한 유교경전의 문단이나 절에 제시된 아이디어들 상호 간의 관련은 명시적으로 나타나 있는 것이 아니라 암시적으로 책 전체에 스며있으므로, 이 관련을 파악하는 데에도 학습자의 노력이 필요하다. 이것은 한 경전 안에서만 그런 것이 아니라 경전들 사이에서도 마찬가지이다.

학습자료로서의 유교경전은 대체로 그 배우는 순서, 즉 계열이 결정되어 있으며, 이와 같이 계열화된 유교 경전의 내용은 서로 관련되어 있어서, 학습자는 하나의 아이디어를 다른 것들과 관련지어 파악하게 되어 있다. 학습 자료로서의 유교경전이 이런 성격을 가지고 있기 때문에 하나하나의 아이디어는 따로따로 이해될 수 있는 것이 아니라, 그 의미가 하나의 경전 전체, 그리고 크게는 유학의 내용 전체에 의존하고 있다. 따라서 그것의 이해도 그런 관련 속에서 이루어진다.

4. 동양철학은 우리에게 어떤 의미가 있나?

동양철학 다시 보기

최근 수십 년을 전후로 동양철학에 대한 관심이 점점 더 높아지는 것 같다. 어찌 보면 현대사회의 포스트모더니즘 사회로의 전환과도 그 맥락을 같이하는 것 같기도 하다. 서양 중심, 남성 중심, 이성과 계몽 중심, 거대담론 위주의 논리가 아닌 다양성의 논리가 필요한 시대적 요청과 맥락이 닿아있는 것이 아닌가 싶다.

그러나 좀 더 구체적으로는 근대화 이후 인간들은 과거에 비해서 더욱 불행해졌다는 자기 진단과 관련된 것이 아닌가 판단된다. 근대사회에 대한 한계 자각과 깊은 연관이 있는 것 같다. 근대화로 인해 더욱더 상실되고 있는 인간성, 분절화된 관계성 등 어두워진 실존 앞에서 자기 찾기가 본격적으로 시작되었다고 할 수 있을까?

　심재룡은 서양철학의 기본적 가치관으로서 극단적인 개인주의, 물질의 소유를 최대의 행복으로 여기게 하는 소비제일주의, 그리고 종교나 교회의 권위에서 벗어나 인간만능을 주장하는 세속적 가치의 범람을 들었다. 그 결과 최근 개인주의의 극단적 상황은 개인의 권리와 자유를 사회보다 우선시하는 이기주의를 낳고 말았으며, 지난 2, 30년 동안 그렇게 목이 아프게 부르짖던 경제발전의 참모습이란 것이 서구문명의 소비주의 물결에 휩쓸리는 결과를 낳았다고 보았다. 또한 인간만능을 주장하는 세속적 가치의 범람 결과, 성역이 없어진 현대의 도시들은 오직 발가벗은 인간들의 짐승 같은 몸짓으로 그 아름다움을 자랑하고 있는 꼴로 전락시켰다는 것이다. 그러면서 서양문화의 뿌리를 캐어 보니 이들의 극단적 표현이 우리 동양문화의 전통적 가치를 위협할 뿐만 아니라 동·서를 막론하고 보다 인간답게 잘살아보겠다는 의지와 상충되는 점을 알게 되었으며, 이런 '배경'에서 서양문화의 기본 가치에 식상한 지식인들이 동양의 전통적 철학에 눈을 돌리게 된다고 분석했다(2002, 13~15쪽).

　이러한 사상적 분위기와 경향 속에서 동양철학에 대한 관심이 높아가고 있는 것이 사실이라고 하겠다. 그렇다면 정말로 근대화의 대척점에 놓여있다고 볼 수 있는 동양사상이 인간의 참된 행복을 찾을 수 있는 대안으로 작용할 수 있을까?

　지금까지 동양철학을 대하는 관점은 많은 편견과 무시, 일방적 추종 등 다양한 형태의 왜곡들이 혼재하고 있는 것이 사실이다. 일종의 주술과 같이 사주, 관상을 보아주거나 궁합을 봐주는 것과 같이 점을 치는 이론들과 밀접하게 관련된 것으로 여겨지기도 한다. 그런가 하면 심재룡의 지적처럼 동양철학에 대해서 철학의 본모습을 조롱이나 하듯이 맹목적인 추종을 보이거나 반대로 지독한 거부반응을 보이는 상극적인 태도가 상존하고 있다고 하겠다(앞의 책, 10~11쪽 참조). 그러면서 많은 이들은 동양철학의 내용이 심원하고 신비롭게까지 하지만, 그러므로 오히려 그것의 현실적인 효용가치를 낮게 평가하는 경향도 강하게 나타나는 것 같다. 서양이 말하는 근대화, 산업화, 객관적이고 사실적인 관점, 과학적 사유와는 거리가 먼 지나치게 개인적 인격수양, 안심입명에만 치중된 사상체계라고. 그래서 그것은 골동품과 같은 것으로 치부하기도 한다.

또 한 가지 동양철학에 대한 부정적인 관점은 원시적 농업사회에 기반을 둔 동양철학과 빠르게 변화하는 현대 사회와의 간격이 너무 크다는 입장에서 발생한다고 볼 수 있다. 동양사상은 동양이라는 삶의 지평에서 발전하였으며, 구체적으로는 적어도 2000년 훨씬 이전의 농업적 경제 기반에 그 뿌리를 두고 있다. 그러므로 우리는 농업사회라는 사회적 기반 속에서 필요로 했던 사상체계가 여전히 오늘날에도 유용성이 있을까? 라는 의구심을 떨쳐버리지 못할 수도 있다.

유가는 농업사회의 대가족제도와 선조숭배 등 봉건적 질서를 합리화하기 위한 이론체계요, 도가는 농부들의 원시적이고 소박한 삶을 이상화한 이론체계라는 점에서 보면 일단 부정적인 생각을 먼저 할 수 있을 것 같다. 지금이 어떤 시대인데, 인터넷과 디지털 정보시대를 지나 4차 산업혁명 시대가 아닌가? 농경시대의 사유가 ICBM(IoT, Cloud, Big Data, Mobile)을 통해 산업, 경제, 사회, 정치 각 분야의 플랫폼이 디지털화되는 창조적 혁신시대에도 의미를 부여할 수 있단 말인가?

한형조는 그러한 부정적인 질문에 다음과 같이 답하고 있다(앞의 책 7~8쪽).

과연 세상은 많이 변했다. 그렇지만 인간의 조건은 그다지 변하지 않았다. 그렇지 않은가. 인간은 여전히 자신에 대해 무지하고, 실존의 벽은 여전히 완강하게 버티고 서 있다. 우리는 해가 진 저녁에 갈 곳을 잃고 헤매는 어린 양들인 것이다. 동양철학은 현대문명으로 하여 더욱 깊어진 그 어둠을 헤치고 길[道]을 찾아가는 법을 가르쳐줄 것이다.

짧은 문학적 표현 속에는 동양철학에 대한 신뢰가 강하게 느껴진다. 동양철학이야말로 현대문명이 낳은 미로와 방황의 어두움을 헤치고 나갈 하나의 방안이 될 것이라는 믿음이 두드러진다.

동양철학은 우리에게 어떤 의미가 있나?

동양철학을 탐구하는 것은 비싼 분재를 가꾸거나 오래된 골동품을 전시하여 집안의 격조를 높여줄 수 있도록 오래된 유산을 보존하는 것과 같은 것은 결코 아니다. 왜냐하면 그 오래된 유산은 화석화되고, 골동품으로 전락한 유산이 아니라, 여전히 우리의 관점을 재점검할 수 있는 고민거리를 제공해 주고, 구체적인 삶의 장면에서 선택할 수 있는 실존적 지침을 줄 수 있는 유산이기 때문이다. 이미 말라버린 샘이 아니라 여전히 길어도 또 다른 생수를 얻을 수 있는 깊은 수위를 갖춘 샘이기 때문이다.

필자는 동양철학의 정신적 지향점이자 핵심을 크게 보아 '자기 마음의 주인 되기', '혼란한 세상에서 중심 잡기', '자기 자신과 화해하기', '천지자연의 질서와 조화하기', '내 안에서 절대 자유 찾기', 물질적인 풍요가 아닌 '정신적인 풍요를 추구하기' 등이라고 여기고 있다. 농업사회에 기반하여 출발했으나 동양철학에서 찾고자 했고 추구했

던 것들이 바로 이러한 가치였다고 보면, 근대화로 인해서 더욱더 멀어진, 그래서 다시 회복해야 하는 가치라고 생각된다.

그러한 측면에서, 동양철학을 통해 이러한 것들을 찾아가는 여정은 누구에게나 필요하고 의미 있는 시도가 될 것이라 확신한다.

1. 철학을 보는 관점을 정리하고 자신의 입장을 밝혀보자.

2. 동·서양의 사유방식 차이에 대해 자유롭게 토의해 보자.

3. 동양의 정신세계를 3가지로 정리해 보자.

4. 동양철학의 특성에 대해 정리해 보자.

5. 동양철학이 자신에게 어떤 의미가 있는지 자유롭게 토의해 보자.

2장

중국철학의 뿌리
제자백가(諸子百家)

공자는 북쪽에서, 노자는 남쪽에서 서로 대립하였고, 구류십가(九流十家)가 계속 나와서 마치 봄의 우렛소리에 푸른 새싹이 광야에서 일제히 싹트며 화산이 폭발하여 뜨거운 돌이 하늘로 높이 다투어 나는 것과 같았으니, 장엄하고 성대하도다! 이것은 특히 중국 학계의 장관일 뿐만 아니라 또한 세계사의 위대한 업적이다(양계초, 한무희 역, 1992, 188쪽).

1. 제자백가의 출현 배경

1) 제자백가의 의미

제자백가란 중국 춘추전국시대(BC 8세기~BC 3세기)에 활약한 학자와 학파를 총칭하는 말이다.

'제자(諸子)'란 여러 학자들이라는 뜻이고, '백가(百家)'란 수많은 학파들을 의미한다. 곧 수많은 학파와 학자들이 자유롭게 자신의 사상과 학문을 펼쳤던 것을 나타낸다.

제자백가(諸子百家)란 여러 스승과 수많은 사상가란 뜻으로 중국 춘추전국(春秋戰國) 시대에 크게 일어난 학문사상의 다양한 경향을 일컫는 말로써 동양사상의 뿌리라고 할 수 있다. 모택동(毛澤東)이 백가쟁명(百家爭鳴)이라고 표현했듯이 수백 명의 사상가들이 논쟁을 펼쳤다.

2) 제자백가의 출현 배경

제자백가의 출현 배경은 역시 사회적인 기운에 의한 것으로서 중국 주왕조(周王朝)의 붕괴와 관련이 깊다. 주나라는 은 왕조의 뒤를 이어 기원전 11세기에 일어난 왕조로 주나라 때 중국 문화의 기본 틀이 형성되었다고 할 수 있다. 기원전 8세기를 경계로 전반을 서주(西周), 후반을 동주(東周)라고 한다. 주(周)가 동으로 천도한 후부터는 종주

권(宗主權)이 쇠약해짐에 따라 제후들이 방자하게 되어 약육강식이 잇달아 일어남에 중국 천하는 소란하게 되었다. 이 시기를 춘추전국시대(春秋戰國時代) 또는 선진시대(先秦時代)라 부르며, 중국사상의 개화 결실의 시기였다.

이 시기에 들어 서주(西周)의 종법제에 입각한 봉건제가 왕권을 정점으로 관료제에 입각한 군현(郡縣)지배로 대체되기 시작한다. 또한 춘추전국시대에는 철기와 농업의 발달로 인하여 지방 제후들은 전쟁을 통해 군주 국가로 바뀌어 갔다. 이런 사회적 혼란과 제후들끼리의 계속되는 전쟁은 백성들에게는 고통을 안기는 힘든 결과를 낳았음이 분명하다. 그러나 강력한 군주 국가를 실현하기 위해 새로운 인재를 요청하는 상황은 다양한 사상이 등장하고 발전하는 계기가 되었음은 두말할 나위가 없다.

군주들은 천하통일과 중앙 집권정치 체제를 만들기 위하여 명분 있는 사상가의 도움이 필요하였고, 전쟁과 경쟁의 시대야말로 사상의 발전에 더없이 좋은 기회였다. 즉 도리어 실력본위의 유능한 인재의 발흥을 촉구하였으며, 제자백가의 발흥을 촉진시켰다.

김용섭은 제자백가가 출현한 역사적 배경으로 다음과 같이 정리했다. 있다. 첫째, 날로 영토와 세력을 확장하던 제후들이 자국(自國)을 부강하게 만들기 위하여 전국의 학자들로부터 그 지모(智謀)를 듣기를 원하였다. 둘째, 전쟁이 계속되는 동안 각국에 물자를 공급하는 대상인(大商人)이 생겨났고, 그들에 의하여 지역 간의 지식 교환이 촉진되었다. 셋째, 주(周)나라 시대만 해도 교육은 귀족의 자녀에게 주어진 특권이었으나, 춘추전국시대에 이르러 공자가 사학(私學)을 일으키고 차별 없이 가르치기 시작하면서 교육의 기회가 크게 확대되었다. 넷째, 춘추전국시대가 정치적으로는 매우 혼란하였지만, 위정자들이 백성의 사상을 속박하는 일은 없었기 때문에 자유로운 학문적 분위기가 조성되었다. 이 밖에도 철기의 이용에 따른 농업 생산량의 증가, 그리고 전통의 미신적, 종교적 권위의 약화 등도 부차적인 원인이 되었다고 한다(2004, 28쪽).

양계초도 춘추전국시대에 제자백가들이 발흥하게 된 원인으로서, ① 학식 쌓는 것을 넓고 풍부하게 한 것, ② 사회의 변천에 의한 것, ③ 사상과 언론의 자유에서 비롯된 것, ④ 교통의 빈번함에 연유한 것, ⑤ 인재의 등용을 중시한 것, ⑥ 문자의 형태와 뜻이 간단해진 것, ⑦ 학술강론의 기풍이 성하였다는 것을 들었다(앞의 책, 188~193쪽).

제자백가들 중 중국철학사에서 비교적 비중 있게 다루어지는 것은 유가와 도가를 위시하여 묵가, 명가, 음양가, 법가 6개의 학파라고 할 수 있는데, 양계초는 이들 학파들의 등장과 발전과정을 4기로 나누어서 정리한 바 있다(같은 책, 197~205쪽 참조). 즉, 제1기는 공자와 노자로 대표되는 유가와 도가 양파가 북파와 남파로 천하를 둘로 나누었으며, 제2기는 공자·노자·묵자 즉, 유가와 도가, 그리고 묵가로 3분되어 발전한 시기였다. 그리고 제3기는 유가, 도가, 묵가 이외에 법가와 음양가가 발흥했던 시기, 그리고 제4기는 전국시대 말기에 들면서 학파들 간에 왕래와 함께 서로의 장점을 취하여 수정하고 보충해 가는 혼합주의 시기로 나누었다. 그는 특히 이 과정을 성장과 발전의 과정으로 이해하였는데, 제4기를 전성 중의 전성을 이룬 시기라고 밝히고 있다.

제자백가의 대부분은 그러한 상황에서 태어난 것으로, 수십 대의 수레를 이어놓고 제후에게 유세한 맹자와 같은 호화로운 집단으로부터 형제가 농구를 메고 유랑하는 자까지 그 생태는 가지가지였다.

맹자는 개인적 생활에서도 제후국들을 주유하는 도중에 제후 등으로부터 금품을 받는 등 제법 호사스러운 생활을 하였던 것으로 보인다. 제자인 팽경(彭更)은 그에 대해 "뒤따르는 수레 수십 대와 종자 수백 인을 데리고 제후국을 전전하면서 대접을 받는 것은 사치스럽지 않습니까?(「등문공하편」: 後車數十乘 從者數百人 以傳食於諸侯 不以泰乎) 라고 질문을 한 바 있다. 이것은 공자가 한사람 혹은 많아야 몇 사람의 제자의 시중을 받으며 천하를 주유하던 것과 비교해 볼 때 그야말로 하늘과 땅의 차이가 있는 것이다(藏原惟人, 김교빈 외 역, 1999, 70쪽).

제자백가 중에서 집단을 이루어서 전승(傳承)한 것은 유(儒)·묵(墨)의 2가뿐이고 기타는 그때그때의 개별적인 자유사상가로 보아야 한다.

사상가들이 처음부터 학파로 존재하지는 않았다. 유가와 묵가 외 대부분은 독자적 사유를 한 사람들이거나, 학습을 통해 정치 이론가가 된 사람들이거나, 권력자·세력가 주변에서 빈객으로 머물며 변론과 대담으로 의식주를 해결하던 사람들이었다. 따라서 제자백가 대부분은 통일된 스승 계보가 없으며, 자신들의 주장을 체계적으로 제자들에게 교육시킬 기관도 없었다. 전국시대 후반에 위대한 스승 공자를 숭배하던 유가와 종교적 조직을 갖춘 묵가가 한때 우열을 다투기도 했으나, 법가들처럼 실제 정치가로 출세하는 경우가 드물어 누구도 정부의 공식적인 지지를 받지는 못하였다.

물론 국가경쟁의 시대에 인재를 구하려고 군주들이 앞 다투어 돈과 관직으로 현인들을 대접하였으므로, 탁월한 몇몇은 큰 조직을 갖추기도 하였다. 제나라가 왕궁 밑에 직하학궁(稷下學宮)을 세워 꽤 많은 사상가들의 학술토론장이 만들어져 아카데미 풍토를 조성한 경우는 있었다. 이때에는 학파 구별 없이 곳곳의 인재들이 모여들어 학문을 논하였고, 최고 학자를 총장급인 좨주(祭酒)에 임명하고 열대부(列大夫) 예우를 하였다. 유가인 순자(荀子)의 경우는 이 좨주의 자리에 세

번이나 올랐다고 하며, 여기서 제자백가의 다양한 학자들과 많은 교류를 통해 다른 학파들의 내용을 비판적으로 종합·흡수하면서 자신의 학문체계를 완성했다고 알려져 있다. 또한 전국시대 말기 맹상군(孟嘗君)은 단 한 가지 재주라도 있으면 식객으로 받아들여, 3천여 명의 인재를 거느린 적도 있었다. 아마도 자유로운 학문 전개의 풍토가 전국시대의 사상 발전을 크게 진작시킨 것으로 보인다.

'백가'라는 용어가 등장하고, 다른 학파와 대립각을 세우거나 사상가를 구분하여 차별성을 부각시키는 경향은 전국시대 말기부터 나타났다. 『순자』, 『장자』, 『한비자』 등에서 살펴볼 수 있다. 한 대(漢代)에 들어서는 학파로 묶어서 분류하는 경향이 나타나는데, 사마천의 『사기』, 유흠의 『칠략』, 반고의 『한서』 「예문지」 등에 잘 드러나 있다.

한 대 이후 일반적으로 제자백가를 유가(儒家)·도가(道家)·묵가(墨家)·법가(法家)·명가(名家)·병가(兵家)·종횡가(縱橫家)·잡가(雜家)·농가(農家)·소설가(小說家) 등으로 분류하고 있다.

물론 이 구분이 절대적일 수는 없다. 『순자』와 『한비자』에 보이듯 학파 간뿐만 아니라 같은 학파 내에서도 경쟁이 치열하여 서로 다른 사고를 하는 경우가 많았기 때문이다. 또한 제자백가 책들은 대부분 우주에서 초목까지 광범한 대상을 백과사전처럼 다루고 있는 경우가 많아 체계적으로 특정한 학파의 이론을 일관시켜 적용할 수도 없다. 한 사상가의 이름으로 된 저술 속에도 적게는 수종, 많게는 수십 종의 다양한 견해가 들어 있는 경우가 허다하다.

그런데, 이성규의 지적처럼(1983, 37쪽) 제자백가들이 활동했던 시기는 거대한 변혁의 소용돌이 속에서 새로운 질서원리가 무엇보다도 요청되었기 때문에 제자백가의 모든 사상은 정치사상이라는 성격을 크게 벗어나지 못했다고 할 수 있다. 그들의 궁극적인 관심은 치국(治

國)과 치민(治民)의 효과적인 방법에 집중되었으며, 인간의 존재와 우주의 실체에 관한 철학적인 물음보다도 정치적 사회적 존재로서의 인간이 탐구되었다고 하겠다.

제자백가들은 주로 사회적 제 문제를 해결하려는 데 관심이 있었기에, 이들은 학문 체계를 완성한 이후 현실 정치에 채용되기를 희망하였다. 그렇지만 김용섭의 주장처럼(앞의 책, 28~29쪽), 실제로 정치에 참여한 학파의 숫자는 그다지 많지 않았고, 대부분은 민간에서만 유포되거나 당대 학자들의 주장에서 끝나기도 하였다. 현실정치에 채용된 경우에도 그 시기와 기간을 달리하였다. 묵가·법가·종횡가와 같이 특정 시기에만 선풍적인 인기를 누린 것이 있었는가 하면, 유가·도가와 같이 거의 전 역사시기 동안 꾸준하게 사람들의 심성에 깊은 영향을 끼친 적도 있었다. 그리고 제자백가는 그 사상이 형성되고 유포된 지역도 달리했다.

2. 제자백가의 사상

핑우란은 유흠(劉歆)의 설을 재정리하여 제자백가(諸子百家)의 기원을 다음과 같이 정리한 바 있다(정인재 역, 2004, 58~59쪽).

유가자(儒家者)류는 문사(文士)에서,
묵가자(墨家者)류는 무사(武士)에서,
도가자(道家者)류는 은자(隱者)에서,
명가자(名家者)류는 변자(辨者)에서,

음양가자(陰陽家者)류는 방사(方士)에서,

법가자(法家者)류는 법술지사(法術之士)에서 유래하였다.

간단하지만, 제자백가의 특성을 쉽게 이해할 수 있는 단서가 될 수 있을 것 같다. 간략하게 제자백가들의 사상을 정리해 보기로 한다.

유가(儒家)

유가는 과거의 문화적 유산인 고전을 가르치고 예악(禮樂)을 실천하는 데 전문가들인 '유(儒)' 또는 '문사(文士)'에서 유래되었다. 주(周)왕조의 붕괴이후 경전이해와 각종 예(禮)에 밝았던 전문가들이 평민들 사이에 흩어져서 장례나 제례 등의 절차를 가르쳐 주었던 사람들에서 유래되었던 것이다. 공자 역시 그런 '儒'였으나, 단순히 의례의 절차와 경전을 가르쳐 준 것이 아니라, '왜 그렇게 해야 하는지' 하는 그 의미를 새롭게 해석해 주었다. 그런 면에서 공자를 유가의 조종으로 삼고 있다.

유가는 공자와 맹자, 순자를 거쳐, 한 대(漢代)의 동중서(董仲舒), 그리고 유학을 형이상학적으로 새롭게 집대성한 남송대의 신유학자 주희(朱熹) 등으로 이어지면서 발전·변화하였다.

유가는 춘추전국시대의 분열과 혼란이 주(周) 문화의 전통, 특히 상하 수직적인 예(禮)의 질서가 무너진 것에 기인한다고 판단하면서, 인의의 실천과 예의 회복을 꾀하고자 노력하였다. 유가는 농업사회와 종족제, 봉건제 등 수직적인 예의 사회질서체계를 합리화시켜 주는 이론적 토대를 제공함으로써 거의 2천 년 이상 중국의 정교(政敎)이념으로 정통 시 되었다.

공자는 인의의 실천과 예악 등을 중시하였다. 꾸밈없는 질직하고

도 자연스러운 마음인 '인(仁)'을 확충시킴으로써 사회적 안정과 예치(禮治)·덕치(德治)를 구현하고자 하였다. 인간의 본성은 누구나 비슷하게 선하게 태어났으나 습관의 선악(善惡)차이에 의해 현(賢)·우(愚)가 달라지므로, 부단한 학습이 필요하다고 보았다. 그는 교육을 통해 경전에 밝고 예악을 체득한 도덕적 엘리트, 즉 군자(君子)를 양성하고자 하였다.

공자 사후 백여 년 뒤에 등장한 맹자는 공자의 사상을 계승하고 발전시켰으며, 유가에 대한 양주(楊朱)·묵가(墨家) 등의 공격에 맞서 유가의 정통성을 수호하고자 하였다. 공자는 인을 주장했지만 어째서 인간이 인을 실천해야 하는가에 대한 이유를 설명하지 아니하였다. 그런데 맹자는 이러한 질문에 해답을 주려고 하였으니, 그것이 바로 성선설이며, 이 성선설의 주장으로 인하여 그는 더욱 세상에 널리 알려지게 되었다(펑우란, 97쪽). 인간의 본성은 동물과 달리 선한 행위를 할 수 있으며[可以爲善], '차마 못하는 마음[不忍人之心]'이 누구에게나 있다는 경험적 사실을 근거로 4가지 단서인 측은(惻隱)·수오(羞惡)·사양(辭讓)·시비(是非)의 마음 단서를 끄집어내고 이를 확충하고자 했다. 맹자는 누구나 타고난 본성을 확충시킴으로 성인(聖人)이 될 수 있다고 했으며, 왕도정치란 군왕이 이러한 마음을 그대로 적용함으로써 가능하다고 보았다.

그러나 전국시대말의 순자는 맹자의 이상주의적인 주장에 반대하면서, 현실적인 대안을 제시하고자 하였다. 맹자와는 달리 인간의 절제되지 않은 욕망의 본성은 악하므로 교화되어야 한다고 성악설을 주장했다. 오히려 예(禮)로써 악하고 이기적인 인간 본성이 제어될 때, 그리고 학습을 통해서만 이상적인 인간이 구현된다고 보았다. 현실적이고 합리적인 순자의 사상은 제자인 이사(李斯)와 한비자(韓非子) 등을 거쳐 법가사상으로 연결되었다.

　유가사상은 '수기치인(修己治人)'을 이상으로 삼는다. 즉, 먼저 자기 자신의 수양에 힘쓰고, 이후 천하를 이상적으로 다스리는 것을 목표로 삼는 내성외왕(內聖外王)의 학문이다. 부단한 자기 수양을 요구하는 학문이자 이상적인 치자(治者)를 위한 학문이기도 하다. 몸을 닦는 일[修身]로부터 시작하여 집을 가지런히[齊家] 하고, 나라를 다스리고[治國], 천하를 평화롭고 안정되게 하는 데[平天下]까지 도달하지 않으면 안 된다. 그런 의미에서 유학은 어디까지나 '치자(治者)를 위한 학(學)'이기도 한다. 치자란 위로 황제로부터 아래로는 일반 관료를 포함한다. 그런데 유학에서는 백성을 다스림에 힘의 강제나 법률에 의한 통제가 아닌 인정(仁政)과 덕치(德治)를 통한 교화를 통해 백성들의 자발적인 순종을 강조해 왔다.

　이상과 같은 유가사상은 한편으로는 인의와 예악 등 제도에 얽매인 사상이요, 한편으로는 시대변화에 둔감하고 현실성이 결여된 사상이라고 타 학파의 맹렬한 비판을 받게 되었다. 예컨대 혈연관계를 중시하고 예악 등의 의례를 존중하는 학설은 겸애(兼愛)와 상현(尙賢), 비악(非樂), 절장(節葬) 등을 주장하는 묵가에 의하여 비판되고, 인간의 도덕성에의 신뢰에 기초를 두는 학설은 군주권력의 일원적 강화를 지향하는 법가에 의하여 배격되었다. 또 치자의 일원이 되어 이상적 정치 실현에 광분하는 태도는 인위적인 노력의 한계나 허무함을 깨달은 도가로부터 조소를 받았다.

　유가사상은 후대에 이르러 타 학파의 비판 공격에 견디기 위하여 타 학파의 학설을 수용하고 보완하면서 자기 이론을 확충해 나갔다. 예컨대 전국말의 순자는 법가나 도가의 이론을 교묘하게 유가의 체계 속에 받아들였으며, 한 대의 동중서는 음양오행설이나 천인상관설을 대폭적으로 채택하여 시대의 요청에 순응하는 이론을 만들어 냈다. 나아가 남송대의 주자는 불성(佛性)의 직접적 깨달음을 중시하는 중국의 선(禪)불교와 도가의 우주론적 해석 등을 종합하여 종래 유학을 형이상학적으로 재구성하게 된다. 유가의 경전으로는 『대학(大學)』, 『중용(中庸)』, 『논어(論語)』, 『맹자(孟子)』, 『예기(禮記)』, 『춘추(春秋)』 등이 대표적이다.

유가사상은 제4장에서 자세히 다루기로 한다.

묵가(墨家)

묵가는 무사(武士)계층에서 발생하였다. 묵적(墨翟)이라는 묵자(墨子)가 이 학파의 창시자로서 당시 그 명성이 공자에 비견될만했으며, 그 사상의 영향 또한 컸다고 한다. 묵자를 시조로 하는 묵가의 윤리사상의 기초를 이루고 있는 것은 겸애(兼愛)이다. 겸애란 만인에 대해 차별이 없는 평등한 사랑을 의미하고 있다. 맹자가 묵자의 겸애에 대해 부모가 없는 금수의 주장이라고 비판했던 것을 볼 때 이미 맹자시대부터 묵자 사상의 근본은 겸애였음을 알 수 있다. 그러나 구라하라 고레히토(藏原惟人)의 지적처럼(김교빈 외 역, 1999, 76쪽), 묵자의 겸애는 본래 공자의 인(仁) 사상을 발전시키고 보편화한 것이라고도 할 수 있다. 즉 사람에 대한 사랑을 주장한 공자의 인(仁)을 전제로, 그것과 다른 자신의 사상을 전개했기 때문이다.

제자백가 간의 학문적 토론 가운데 유가와 묵가 간의 논의가 가장 풍부하였다. 이는 서로의 주장에 유사점이 많음을 반증하는 것이다. 여타 학파의 경우 상호 충분히 구별되는 사상을 갖고 있으므로 그 차별성을 강조할 필요가 없었지만, 유가와 묵가는 서로의 주장에 일치점이 많아서 그 차별성을 분명히 강조할 필요가 있었다는 것이다.

김용섭은 이들 양 학파 간의 공통점은 다음과 같이 지적하였다. 첫째, 양 학파는 인과 겸애를 통해 공히 타인에 대한 사랑을 강조한다. 둘째, 양 학파는 자신의 논리의 이론적 근거를 공히 『시경』과 『서경』 등과 같은 고대 경전에서 구하고 있다. 셋째, 양 학파는 자기 학문의 정당성을 고대 성왕(聖王)의 행적을 들어 입증한다. 공자가 주(周)나라의 성왕을 언급하는 반면에 묵자는 은(殷)나라의 성왕을 칭송하지만, 모두 공히 성왕의 사적(事迹)을 중시한다. 그 밖에도 양 학파는 학문의 필요성과 현자(賢者)의 존숭과 발탁을 강조하고 있다(앞의 책, 31~31쪽). 이러한 유사성은 묵자가 유가 이론에서 출발하여, 그것을 비판하면서 자신들의 입장을 전개했다는 것을 보여주는 것이다.

　　유가가 말한 사랑이란 가까운 나의 부모나 형제로부터 시작하여 남의 부모와 형제에까지 미치는 것이다. 또한 신분적 차별에 따라 지위가 높은 자로부터 낮은 자에게 미치는 결과가 되는 것이다. 묵가는 이것을 '별애(別愛)'라고 칭하여 반대하고 있다. 그들은 당시 세상이 어지러운 것은 모든 사람을 평등하게 사랑하지 않고 차별적으로 사랑하는 데서 온 것이라고 주장하고 있다. 겸애를 실천하게 되면 천하의 해는 제거되고 어려움은 다스려지며, 평화롭고 평등한 세계가 이루어진다는 것이 묵자와 그 후학의 일관된 견해이다. 만인이 서로 사랑하고 서로 이롭게 하고 서로 해가 되지 않는다는 것이며, 타인에 대해서 행한 것은 반드시 자신에게 돌아온다는 것을 의미하고 있다. 이것이 묵자의 '겸애교리설(兼愛交利說)'이다(같은 책, 76~77쪽 참조).

　　최영갑의 지적처럼(2014, 90쪽), 겸애는 사실상 계급을 타파하고 모두가 평등하게 사랑해야 한다는 혁신적인 이론이다. 당시 천대받던 계층들을 위해 그들의 이익을 대변하고 모든 사람에게 이익이 되는 정치를 해야 한다는 혁신적인 이론이 바로 겸애였다.

공자는 초기 주나라 때의 전통적인 제도, 예악과 문물을 동경하여 윤리적으로 이를 합리화 내지 정당화하려고 힘썼던 반면에, 묵자는 그 제도 등의 타당성과 효용성에 회의를 품고 이들을 좀 더 유용한 것으로 대체시키고자 하였다. 요컨대 공자는 고대문명을 합리화한 옹호자였는데, 묵자는 고대문명의 비평가였다. 또 공자가 세련된 군자였다면 묵자는 군사적 설교자였다. 묵자에 있어서 설교의 주요목적은 전통적인 제도나 그 실행을 반대함은 물론, 이를 추종하는 공자나 그의 제자들의 이론을 반박하는 것이기도 했다. 고대에는 예나 악 같은 것은 순전히 귀족계급을 위한 것으로 일반 서민의 관점에서 볼 때 실용적 효과도 갖지 못한 사치에 지나지 않았다(평우란, 같은 책, 73~74쪽).

묵가들이 논리를 주장할 때 말의 올바른 표준, 바꿔 말하면 진리의 기준으로 삼을 수 있고 진술의 시비를 가리는 기준이 바로 삼표(三表)였다. 삼표란 첫째로 옛 성왕의 언행과 합치되는가, 둘째로 다수 민중의 견문과 합치하는가, 셋째로 이것을 사회와 정치의 현실에 적용해 보고 그것이 인민의 이익에 합치하는가이다. 이 중 효용성 여부가 가장 중요한 것으로, 국가와 백성의 이익에 맞는 것이 묵자의 모든 가치 결정의 표준이라고 하겠다. 천하의 이익을 마련해주고 천하의 해를 제거하는 어진 이는 자신과 천하의 모든 사람들을 위하여 겸애를 행동의 기준으로 세워야 한다는 것이다. 묵자의 사상 전체에 걸쳐서 그가 중시하고 있는 것은 '이(利)'였으며, 이것을 모든 사물, 인간의 모든 언동, 사회의 모든 경제와 정치의 선악을 판단하는 중요한 기준으로 삼고 있다.

또 유가와 달리 농민이건 상공업자건 구애할 것 없이 재능 있는 자는 계속해서 등용하라고 하였다[尚賢論]. 그렇게 될 때 현자가 생겨나고 사회에는 불행한 자가 없게 되고 천하는 생기와 활기가 넘쳐나게 될 것이며, 현자가 위에 서서 나라를 다스리게 된다면 아래에 있는 자들은 점차 위를 본받아 간다고 보았다.

묵가는 궁중 음악 등 음악에 대해 금해야 한다고 주장한다[非樂論]. 음악의 경우 유가들에게 있어서는 인격을 완성하는 주요한 교육방법이기도 했다. "시(詩)로 흥(興)하고, 예(禮)로 서고, 악(樂)으로 이룬다" 고 하여, 맨 처음의 출발점에 시가 있고 그다음에 예를 공부하며 마지막으로 음악으로 인격을 완성한다는 것이었다. 그러나 백성의 이익을 기준으로 삼는 묵가는 비악론(非樂論)을 펼친다.

> 백성에게는 세 가지 불행이 있다. 굶주리는 자가 먹을 것을 얻지 못하고 헐벗은 자가 의복을 얻지 못하고 피곤한 자가 휴식을 얻지 못하는 것이다. 이러한 경우에 큰 종을 울리고, 울리는 북을 치고, 금(琴)과 슬(瑟)을 뜯고, 우(竽)와 생(笙)을 불면서 방패나 도끼를 휘두른다고 백성이 입고 먹을 재화가 얻어지겠는가. 전란이나 도적의 재난이 있는 경우도 마찬가지일 것이다. 또 악기를 연주할 때는 노인이나 어린이를 쓰지 않고 있다. 만약 젊은이를 쓰면 그 밭갈이나 씨 뿌리는 일에 방해가 되고 부인을 쓰면 길쌈 일에 방해가 된다. 그뿐만 아니다. 음악은 혼자 들어서 즐거운 것은 아니고 많은 사람이 듣는 것이다. 만약 사대부가 듣는다면 사대부의 정무에 방해가 되고 서민과 들으면 서민의 일에 방해가 된다(「非樂上篇」).

유가가 관혼상제나 일상의 의식을 중시하는 데 대하여 묵가는 군주의 긴요하지 않은 지출을 덜고[節用論], 장례의식 등도 간소하게 하라고 하였다[節葬論]. 묵자에 의하면 물자의 생산과 생활의 안정 그리고 치세에 직접 도움이 되지 않는 것은 모두 잘못이고, 그것에 직접 도움이 되는 것은 옳다는 것이다. 최영갑의 지적처럼(앞의 책, 108쪽), 묵가는 신분도 비천하고 경제적으로도 어려운 사람을 위한 집단이었기에 생존을 위해서는 상호 계급을 초월한 사랑과 경제적 재분배를 주장하지 않을 수 없었다. 그래서 유가의 허례허식과 같은 비생산적인 것을 지양하고 일하지 않고 놀고먹는 모습을 개선해야 한다고 생각했다. 이러한 묵자의 이론이 당시 피지배계층에게 절대적 호응을 얻을 수 있었던 것은 당연한 결과일 것이다.

또한, 유가가 인간의 도덕적 실천을 중히 여기면서도 오히려 인력으로는 어떻게 하기 어려운 천도나 천명을 인정하는 데 반하여, 묵가는 일체 명(命)이라는 것을 인정하지 않고[非命論], 인간의 행위의 선악은 모두 귀신에게 감시받으며, 귀신은 정확하게 그에 대응하여 상벌을 내린다고 한다[冥鬼論]. 펑우란의 지적처럼(같은 책, 83쪽), 묵자가 귀신의 존재를 인정한 것은 그가 정말 초자연적인 사실에 관심이 있어서라기보다는 겸애의 교리를 보강하기 위해 종교적인 제도를 도입할 필요가 있었기 때문이었다. 「명귀(明鬼)편」에서 묵자는 당시 천하의 혼란을 귀신의 존재에 대한 회의와 귀신이 현명한 사람에게 상주고 포악한 사람에게 벌 줄 수 있다는 사실을 믿지 않았던 탓으로 돌렸다. 또한 현실적이고 실리적인 측면을 고려한 것으로, 귀신이 실제로 존재하지 않더라도 많은 사람을 모아 즐기고 향리 사람들과 친목을 도모할 수 있기 때문에 필요하다고 보았던 것이다.

묵자의 사상과 그 집단은 유가와 견주어도 될 만큼 커다란 세력을 이루었지만 전국시대가 끝나고 큰 나라 진한(秦漢)에 의해 무력으로 중국 통일이 완성되자 급속하게 세력을 상실했다. 그 이유는 첫째로 그들의 겸애비공(兼愛非攻) 등의 사상이 전국난세(戰國亂世)의 민중이나 지식인의 마음을 사로잡을 수 있었는데도 대국의 지배자들이 받아들일 수 없었던 점, 둘째로 이들 지배자가 권력을 장악하자 전국시대

제후국에서 가능했던 일정한 사상·언론의 자유가 상실되고, 그들에게 사정없는 언론의 통제가 행해졌다는 점, 셋째로 이것과 관련하여 유가의 경우에는 공자 이후 맹자나 순자 등 개성을 가진 후계자가 나타나 그것이 송대(宋代)의 유자들에게까지 미치고 그들이 시대의 변화에 적응하면서 많든 적든 그 사상을 발전시킬 수 있었음에 비해 묵가의 경우에는 묵자 이후에 그 같은 개성적인 사상가가 나타나지 않아 사상이 교조화되고 그 조직이 고정화되어 시대의 변화에 대응할 수 없었다는 점, 마지막으로 전국시대의 소국 사이에서 환영받았던 묵가의 비공설이나 묵가집단의 방위를 위한 전술이나 설비와 그 헌신적인 활동이 진한 이후 중앙집권적인 새로운 통일국가체제의 확립과 병기의 발달, 전쟁의 형태와 규모의 변화 아래서는 쓸모없게 되었다는 점 등이다(藏原惟人, 앞의 책, 97쪽).

살펴본 것처럼, 묵가는 당시 중국을 지배하고 있던 유가의 귀족적이고 신분적 차별에 입각한 정치에 대해 비판하면서 서민들의 입장에 서서 그들의 이익을 대변하였다. 묵가의 주장은 시종일관 백성에게 이익이 되느냐의 효용성을 중시하는 공리주의적이며, 경험을 중시하는 실증주의(實證主義)의 입장을 취하고 있다.

법가(法家)

법가는 법(法)과 술(術)을 중시하는 법술지사(法術之士)에서 유래 되었다. 법가는 정치철학과 그 실천으로써 부국강병(富國强兵)을 이루어 천하통일을 도모하려는 학파다.

법가라는 명칭이 문헌상으로 처음 나타난 것은 한초(漢初)의 『사기』「태사공자서(太史公自序)」라고 한다. 거기에는 "법가는 친소(親疏)를 구별하지 않고, 귀천을 나누지 않으며 언제나 법으로써 판단한다"는 기록이 있는데, 이러한 사상의 맹아는 기원전 4세기 무렵, 즉 전국시대 중기에 이미 나타나 후에 법가라고 불리게 된 정치가와 사상가에 의해 점차로 형성되고 체계화되었다. 춘추시대와 전국시대에 걸쳐 중국은 많은 국가의 분립과 그들 상호 간의 투쟁 속에서 점차로 소수의 강국이 소국을 통합하였고, 또한 전국말기에는 최강의 국가가 중국 전토를 통일하여 대제국이 형성되는 추세였는데, 법가사상은 그러한 사회적 동향을 반영하고 그 진전을 도운 사상이라고 할 수 있다(藏原惟人, 앞의 책, 197쪽). 즉, 법가는 오랜 혼란을 벗어나 통일된 왕권을 통해 안정을 희구하였던 시대상황을 반영하고 있었던 사상체계라 할 것이다.

대표적 학자들로서는 관자(管子)를 시조로 신도(愼到), 신불해(申不害), 상앙(商鞅)을 거쳐 한비자(韓非子, 기원전 280~233년경)에 이르러 집대성되었다. 한비는 법·권술·권세를 중시하여 중심에 법을 두고 권술과 권세를 유기적으로 결부시켰다. 신불해의 권술에 대한 생각, 상앙의 법에 대한 생각, 신도의 권세에 대한 생각을 비판적으로 받아들여 법체계를 만들어 냈다. 그는 원래 유가의 순자에게 사사하여 그 예의 생각을 받아들이고 있었던 것이다. 한비의 생각은 중앙집권을 도모하려는 군주의 이익과 일치하였으며, 씨족제를 유지하려는 귀족들과는 충돌하였다. 후에 진시황(秦始皇)이 그를 중용(重用)하려고 하였으나 이사에게 시기를 당해 자살하고 말았다. 그러나 그의 주장은 그대로 진의 실제 정책에 취해져서 진제국의 형성에 큰 구실을 하게 되었다.

법가들은 개별적으로는 각기 견해를 달리하고 있지만, 그 기본사상에서는 서로 일치하고 있다. 첫째, 그들은 춘추전국을 통하여 남아 있던 세습적·가부장적인 신분제에 의한 구 귀족의 지배에 반대하여 군주를 중심으로 한 새로운 관료제의 확립을 통해 중앙집권적인 전제 국가의 창설을 지향하고 법질서의 강화와 철저를 꾀했다는 점이고, 둘째는 그와 관련하여 국가의 부강을 위해 국내적으로는 농업을 장려하고 상공업을 억제하였으며, 대외적으로는 군비의 충실과 그 강화에 힘쓰고 국토의 확대를 꾀했다는 점이다(藏原惟人, 같은 책, 207~208쪽).

유가와 법가 간의 두드러진 학문적 차이는 인(仁)을 근간으로 하는 덕치냐 법을 기초로 하는 법치냐로 크게 구분할 수 있다.

유가는 인간의 본성을 신뢰하면서 자발적인 도덕성과 책임의식 위에, 그리고 치자계층의 솔선수범에 의해 사회적 질서회복을 주창하였지만, 법가에서 보면 이는 현실감이 없는 주장이며 바뀐 시대와 상황에 부합하지 않는 전통에 대한 복고일 뿐이었다. 한비는 유교의 복고적이고 회고적인 전망에 동의하지 않는다. 달라진 시대에는 새로운 원리를 필요로 한다. 유가들은 또 언필칭 요순을 들먹인다. 그러나 요순 같은 사람이 태어나는 것은 정말로 극히 드문 일로 요, 순임금과 같이 뛰어난 사람이 있었다 하더라도 쉽사리 그 효과를 거둘 수는 없는 것이다. 요, 순과 같은 성인을 기다리는 것은 우연히 나무에 받혀 죽은 토끼를 기다리는 게으른 농부의 꿈일 뿐이라고 생각한다.

모든 일은 상황과 맥락이라는 변수와 더불어 이해해야 한다. 한비는 시대의 흐름과 함께 정치·경제·문화 등 제반 여건이 전반적으로 변화한다고 파악하였다. 시대의 변화와 함께 늘어나는 인구에 비해 물자가 적어지게 되자 생존 경쟁이 극심해졌고, 이에 따라 사람들은 자연히 이익을 추구하지 않을 수 없었으며, 이것이 바로 역사의 흐름과 함께 인류의 심성도 손상되고 타락해 온 이유라는 것이다. 특히, 당시의 상황은 밖으로는 경쟁하는 적국들이 있었고, 안으로는 자신의 지위를 넘보는 귀족들과 자기 이해에 골몰하는 백성들이 있었다. 법가는 이 위협들을 제거하고 국가를 전제적 권위와 통제 하에 묶는 수단과 방책이 필요한 것이었다.

한비가 군주 권력의 절대화를 시도한 것 역시 이러한 시대 상황에 대한 인식으로 설명할 수가 있다. 그의 이러한 군주사상은 스승인 순자의 영향을 받은 것으로 보인다. 순자는 인간 본성의 욕망을 규제하는 사회규범인 예를 제정하는 후왕(後王), 즉 현재 왕의 권위가 확립될 때 국가의 질서가 확립될 수 있다는 이른바 후왕사상(後王思想)을 주장하였다. 유가와 법가의 다른 학문적 차이점은 나라의 근본을 누구로 보느냐 하는 데서도 발견할 수 있다. 유가는 전통적으로 민본주의를 표방해 왔다. 그런데 한비는 유가의 주장과는 대조적으로 나라의 주인은 군주일 뿐이며, 영토 내의 모든 사람과 사물이 군주의 소유라고 주장하였다(김용섭, 앞의 책, 53쪽).

새로운 정치 정세에 대처하기 위하여 법가들은 새로운 통치방법을 제시하고 이것의 효용성을 확신하였다. 그들에게 우선 법을 확립하는 일을 급선무로 보았다. 이 법을 통하여 백성들은 해야 할 것과 해서는 안 될 것이 무엇인가를 알게 된다. 한형조의 주장처럼, 통치의 원리는 단순명쾌하다. 상과 벌이 그것이다. 국가의 목표를 정하고, 그에 합당하면 상을 주고, 그에 어긋나면 벌을 준다. 농사에 매진하고 국방에 기여할 때는 상을 주고, 쓸모없는 논쟁을 벌이거나 떼를 지어 건들거리면 벌을 준다. 법은 즉각적이고 확실하게 효율을 보장한다. 인간은 고통을 피하고 즐거움을 추구하는 족속이다. 인간을 다스리는 것은 그러므로 고통으로 위협하고 즐거움으로 유혹하는 두 가지 방법으로 요약된다. 인간성 속의 도덕성을 초월적이고 보편적인 것으로 인지하지 말라. 인간은 그렇게 고상한 동물이 아니다(같은 책, 93~94쪽). 인간은 누구나 이기적인 존재이다. 인간은 자신에게 이로운 것만을 추구하고 해로운 것을 피하려는 공통된 경향성을 지니고 있다. 그러므로 결코 인간을 믿어서는 안 된다고 보았던 것이다.

군주는 세를 갖고 있으므로 법을 어기는 자는 벌을 주고 잘 준수하는 자는 상을 준다. 그렇게 함으로서 군주는 백성이 아무리 많다 하더라도 잘 다스릴 수 있다. 그러한 상벌은 한비자가 말하는 '권력의 두 손잡이[二柄]이다.' 인간의 본성은 이익을 추구하고 손해를 피하려고 하는데 여기에서 바로 상벌의 효과가 생긴다. 한비자나 기타 법가들은 현실적인 인간의 성품을 있는 그대로 파악하였기 때문에 법가의 통치방법은 실용적이다. 현실적 인간은 도덕적으로 교화될 수 있다는 생각에서가 아니라, 인간의 성품은 악하다는 전제 아래서 이러한 통치방법이 제창되었다(펑우란, 앞의 책, 208~211쪽 참조).

법가는 차가운 체계이다. 사람들은 그 냉혹함을 두려워했다. 진시황의 짧은 제국이 지나가고 난 다음, 사람들은 그 이름을 입에 올리기를 꺼렸다. 여기에는 법가의 책임도 있다. 『사기』에는 법률을 엄히 제정했던 상앙이 자기가 제정한 그 엄한 법 때문에 불행하게 자기가 걸려든 이야기가 나온다(권순우 편역, 46~47쪽 재인용).

진(秦)나라 효공(孝公)을 섬기면서 진나라를 부강한 나라로 만들어 놓은 공손앙은 뒤에 상어(商於)라는 땅을 얻어 상군(商君), 또는 상앙이라고 불리었다. 상어에서도 공손앙은 여러 가지 일을 많이 해서 백성들은 부유해지고 군사도 강해졌다. 그러나 너무 법이 엄해서 법에 걸리는 사람이 많아 사람들의 원한을 사기도 했다. 상앙의 법은 빈틈이 없었다. 백성들의 토지를 측량해서 일보가 여섯 자가 넘으면 세금을 포탈하려고 한 짓이라 하여 벌을 주기도 했다. 심지어 재를 길가에 버리면 농사를 게을리하는 놈이라 하여 붙잡아 가기도 했다. 『십팔사략』에는 위수(渭水)가에서 죄인들을 처형하는데 허리를 베어 죽인 죄인이 얼마나 많았던

지 위수의 물이 벌겋게 물들었다고까지 전한다. 그래도 효공이 살아 있을 때에는 아무도 상앙에게 손을 대지 못했다. 그러다가 효공이 죽고 혜문왕(惠文王)이 임금이 되자 사정은 달라졌다. 혜문왕이 태자로 있을 당시 태자가 법을 범했다. 상앙은 태자를 벌 줄 수 없어서 대신 보좌역으로 있던 공자 건(虔)과 태자의 선생인 공손고(公孫賈)를 처벌한 일이 있었다. 그래서 이 두 사람은 언제나 상앙에게 원한을 품고 있었는데, 그 원한을 풀기 위해 혜문왕에게 상앙이 모반할 마음을 품고 있다고 참소를 했다.

상앙은 그런 눈치를 채고 몰래 변장을 하고 도망을 쳤다. 상앙은 길을 가다가 어느 여숙에 들러 하룻밤을 자고 가기를 청했다. "상앙의 법 때문에 여권이 없는 사람을 재우면 나까지 잡혀갑니다." 여숙 주인은 이런 이유를 들어 상앙을 재워주지 않았다. 상앙은 비로소 깨달았다. 자기가 만든 법률이 이렇게까지 심했던가를 … 여숙에서 쫓겨나와 밤길을 걸어 위나라까지 왔다. 그러나 위나라에서도 상앙이라면 모두 머리를 흔들었다. 그는 발붙일 곳이 없었다. 하는 수 없이 진나라로 되돌아와 군사를 일으켰으나 잡히고 말았다. 상앙은 극형에 처해졌다. 자기가 만든 법률에 자기가 걸려든 것이다.

그러나 법가에 대한 평가는 균형이 필요하다.

법률 제일주의의 병폐도 경계해야 하지만, 인간에 대한 지나친 낙관적 관점도 또한 경계할 필요가 있다. 그래서 인간과 세상을 보는 균형 잡힌 시각이 요구된다고 하겠다.

도가와 법가는 중국사상의 양극단을 대표한다고 한다. 도가는 인간을 원래 순박하다고 보았는데 법가는 인간을 전적으로 악하다고 보았다. 그리하여 도가가 인간의 절대적 자유를 옹호하였는데 반해 법가는 극단적인 사회통제를 주장하였다. 유가사상이 이상주의적이라면 법가사상은 현실주의적이다. 중국역사상 유가는 항상 법가를 비열하다고 비난하였으며 법가는 유가를 글만 읽고 세상일에는 경험이 없는 사람[백면서생(白面書生)]이라고 비꼬았는데 이는 양가의 근본적인 사상의 차이에서 나왔다(펑우란, 같은 책, 212~215쪽 참조).

도가(道家)

도가는 춘추전국시대의 혼란과 무질서를 벗어나 은거하면서 자신들의 몸을 온전히 보전하고자 했던 '은자(隱者)'에서 유래했다고 볼 수 있다. 이들은 공자를 위시한 유가들의 노력을 쓸데없고 덧없는 노력이요 인의와 예악 등의 질서가 또 다른 구속을 가져오고 속박을 낳은 올가미요 벼랑이라고 비판한다. 유가는 항상 도가의 소극성과 비현실성이라는 한계를 지적하였다. 유가가 봉건 농업사회의 질서체제를 합리화시키는 이론적 기반이었다면, 도가는 농부들의 원시적이고 순박한 삶을 이상화시켰다고 하겠다. 그리하여 유가와 더불어 중국철학의 양대 산맥을 이루는 사상으로서, 피지배계층 중심의 민중들의 삶을 대변하면서 발전했다고 할 수 있다.

최승호의 지적처럼(2004, 22~23쪽), 도가에서는 도덕이 항존적(恒存的)인 자연성이라야 한다고 해서 유가의 도덕을 배척하였다. 인간의 지혜로 이루어진 인위적 도덕은 상대적이라서 시공에 따라 변화된다. 그러므로 영구불변의 도덕은 무위자연의 대도(大道)에 근원을 두어야 한다는 것이다. 그래서 도가는 유가의 인의예지의 인위적 수식을 제거하고 타고난 그대로의 자연의 모습으로 삶을 즐기라고 요구한다. 곧 인위적 도덕과 법과 제도는 자연인의 순수한 본성을 방해하는 것이므로, 일체의 인위적인 질곡에서 벗어나야만 진정한 인간의 참모습과 올바른 사회가 실현된다고 보았던 것이다.

펑우란은 도가철학의 발전을 3단계로 나누어 설명한 바 있다(앞의 책, 93~94쪽).

제1단계는 주로 양주(楊朱)의 사상이고, 제2단계는 대부분『노자』에 표현된 사상이며, 제3단계는 대부분『장자』에 표현되어 있다고 한다.

제1단계 도가철학의 출발점은 생명을 보존하고 상해를 피하는 것이다. 이를 위해 양주는 은둔의 방법을 썼다. 그래서 맹자는 양주에 대해 "정강이의 털 한 올을 뽑아 천하가 이롭게 된다 해도 하지 않는 위아주의(爲我主義)요 임금이 있음을 모르는 무군(無君)의 사상"이라고 신랄하게 비난한 바 있다. 맹자의 비난대로 확실히 양주는 위아주의요, 경물중생(輕物重生)을 위주로 하고 있다. 그러나 자신의 몸을 소중히 여기고 보전하는 것은 또한 중요하다고 할 수 있다. 천하를 다 얻은들 자신의 몸을 온전히 보전하지 못한다면 무슨 의미가 있을까?

그러나 세상사는 너무도 복잡하므로 아무리 잘 숨어 산다 하더라도 피할 수 없는 위험이 따르는 것이며 은둔방법이 통용되지 않는 시대가 있었다. 노자(老子)에 나타난 대부분의 사상은 우주 내 사물의 근원이 되는 도를 밝히려는 것이다. 사물은 변화하지만 그 변화의 근원이 되는 도는 불변하다. 이 도를 이해하고 도에 따라 행동하면 모든 것이 순조롭다. 노자는 무위(無爲)·자연(自然)을 주장함으로써 유가의 예악(禮樂) 형정(刑政) 형식주의를 반대하고 영아(嬰兒)의 천진으로 복귀하여 무위자연의 사회를 이룰 것을 주장했다. 이것을 도가발전의 2단계라고 보고 있다.

장주(莊周)는 더 나아가 삶과 죽음을 하나로 보는 관점 사생제일관(死生齊一觀)과 사물과 나를 서로 잊어버리는 관점 물아쌍망관(物我雙忘觀)을 제시했는데, 이는 보다 고차적인 견지에서 삶과 죽음, 그리고 사물과 나를 보았다는 것을 뜻한다. 우리는 사물을 보다 높은 차원에서 통찰함으로써 현재의 세계를 초탈할 수 있다. 이것도 일종의 은둔이지만 현실사회에서 산림에로가 아니라 현실에서 고차원의 세계로의 은둔이다. 절대자유 세계로의 비상(飛翔), 이것이 장주가 꿈꾸는 세계요, 원시 도가사상 발전의 최종단계라고 보았다.

이해와 갈등으로 가득 찬 세속에 묶여 안달하지 않고 자신의 몸과 생명을 천지자연의 것으로 소중히 여기며, 인위적인 노력이 아니라 천지자연과의 일체를 추구하는 삶의 방식은 삼국시대와 육조(六朝)시대 지식인들이 추구하는 생활방식에서 하나의 전형이 되었다. 그리고 이러한 풍토 속에서 중국에 불교가 들어오자 그것에 영향을 끼쳐 인도불교와는 다른 중국의 불교를 만들어 내는 요인이 되기도 한다(하치야 구니오, 앞의 책, 147~154쪽 참조). 펑우란은 도교와 불교와의 연관성에 대해 다음과 같이 설명하였다(앞의 책, 265~266쪽).

불교는 도교를 제도화하고 조직화하는 데 많은 자극을 주었다. 도교는 언제나 불교에 적대적인 태도를 취해 왔지만, 도가철학은 오히려 불가철학을 자기의 친근한 벗으로 받아들였다. 도가의 '도(道)'는 어떤 이름도 붙일 수 없고 불가의 '진여(眞如)' 또한 그 무엇으로도 기술될 수 없다. … 기원후 3~4세기에 유명한 도사들은 대개 불교의 승려들과 친한 친교를 맺고 있었다. 그 학자들은 대개 불경에 정통해 있었고, 또 승려들도 도가의 저서에 특히 『장자』를 깊이 이해하고 있었다. 그들이 함께 만났을 때는 '청담(淸談)'을 하였다. 그들의 화제가 '아닌 것도 아니다[非非]'에 관한 주제에 이르렀을 때는 말을 중단하고 미소로써 뜻이 서로 통하였다. 그러한 상황에서 우리는 '선(禪)'의 정신을 찾을 수 있다. 선은 불교의 한 종파로서 불가와 도가의 철학을 가장 정교하고 가장 미묘하게 결합한 것이다.

도가사상은 제5장에서 자세히 다루기로 한다.

명가(名家)

명가는 '변자(辯者)' 즉, 말을 잘하는 사람, 따지기를 좋아하는 사람들에서 유래하였다. 대표적인 인물들로는 등석, 혜시, 공손룡, 윤문 및 별묵 등이 있다.

선진 제자백가 중에서 명가라고 불리는 학파는 전국시대 중기에서 말기에 걸쳐 성행하였던 여러 학파 간의 논쟁 – 백가쟁명 – 을 통해서, 그중에서도 특히 유가와 묵가의 논쟁을 통해서 발달한 일종의 논리학파이다. 구라하라 고레히토는 명가라는 이름은 한대(漢代)에서부터 사용되었는데, 아마도 그 명칭은 『논어』의 '명을 바르게 한다.'(「正名篇」)는 말에서 유래한 듯이 보인다고 추측했다(앞의 책, 211쪽). 그에 따르면 춘추전국시대와 같은 역사상 전환기에는 항상 새로운 계층의 흥기와 하극상 현상의 대두로 인해 기존의 사회제도나 그에 의거한 예제(禮制)는 명목[名]만 존재하고 그 실질[實]은 소멸되는 경향이 강하게 나타난다는 것이다. 공자는 이러한 현상을 개탄하면서 당대의 '명'에 대하여 그에 부합하는 '실'이라는 것을 재건하고, 명과 실을 일치시키려고 하였다. 그런데 공자가 말한 '정명(正名)'은 사회와 윤리의 문제였지만, 전국시대의 백가쟁명을 통해서 사회적 윤리의 문제에서 사회와 자연 모두에 관련된 논리의 문제로 발전되게 되었고, 그 과정에서 후에 명가라고 불린 변론가(변자)의 그룹이 발생하게 되었다고 보았다(같은 책, 212쪽).

명가는 명(名, 이름)과 대상인 실(實)의 불일치를 교정하려는데 목적을 두었던 것이다. 그들은 세상이 혼란스러운 것은 명, 즉 개념, 표현, 명목과 실제 내용이나 실체의 불일치가 원인이므로, 명실합일(名實合一)을 하면 해결할 수 있다고 주장한다. 등석은 양가의설 즉, 이율배반율(二律背反律)과 무궁의사(無窮)로써 유명하며, 혜시는 변설(辯設)

로써 만물평등을 주장했으며, 공손룡은 백마비마론(白馬非馬論)으로 유명하다.

혜시와 공손룡은 명가의 양대 조류를 대표하였는데 한 사람은 사실[實]의 상대성을 강조하였고 또 한 사람은 이름[名]의 절대성을 중시하였다. 이 구분은 우리가 명실의 관계를 분석할 때 뚜렷하게 된다.

혜시의 논리적 사상은 묵자의 영향을 많이 받고 일부 노장(老莊)의 영향도 받았으며, 사실의 가변성과 상대성을 통해 절대적 가치관과 차별 등을 비판하고자 하였다. '이것은 책상이다.'라는 간단한 예를 들어보자. '이것'이란 말은 구체적인 사실을 지시하는데, 그 사실은 변할 수 있는 것이요, 끊임없이 생성 소멸하는 과정에 있다. 그런데 '책상'이란 말은 추상적인 범주 또는 이름을 지시하는데 이 이름은 영원불변하며, 언제나 그대로 남아 있다. 그러므로 이름은 절대적이지만 사실은 상대적이다(펑우란, 앞의 책, 114쪽). '하늘은 땅과 같이 낮고 산은 못과 같이 평평하다'는 주장은 높음과 낮음은 단지 상대적이라는 것을 말한다고 할 수 있으며, '지금 바로 중천에 떠 있는 해는 동시에 저물고 있는 해이고, 바로 살아 있는 만물은 동시에 죽어가는 만물이다'는 주장은 모든 사물의 가변적이고 또 변화 중에 있음을 부각시키려는 것이라 하겠다. 모두 사실의 가변성과 상대성을 보여주는 사례라 하겠다.

혜시의 명제를 일관하는 사상을 요약한다면 천하의 만물은 변화와 차별 속에 존재하지만 무한한 공간과 시간 속에서 그것들은 일체로 통합된다는 것이다. 혜시의 사상과 논리는 전국시대라는 혼란과 투쟁의 시기에 묵가적인 겸애에 의한 평등과 평화에 둘러싸인 안정된 생활을 찾아보려 했던 중간적 계층의 공상적인 희망을 반영하는 지식인의 사상이라고 할 수 있다고 한다. 거기에 전통적인 예와 법에 의해서 귀천의 차별을 견지하였던 당시의 유가들의 사상을 비판의 대상으로 삼았던 이유가 있다는 것이다(藏原惟人, 앞의 책, 217~220쪽 참조).

그러나 공손룡의 경우는 혜시와는 달리 이름의 절대성을 중시하고 자 하였다. 즉, 사물의 상대적 가변성이 아니라 보편자로서 이름[명] 의 절대성을 중시하였다. 그의 "나의 말은 희다. 그리고 흰말(白馬)은 말이 아니다(非馬)."라는 주장은 형체에 의해서 명명되는 것과 색에 명명되는 것은 다르다는 논리다. 즉, 말의 실체는 그 형체에 있고 색 은 이차적인 혹은 우연적인 속성에 불과하다는 것이다. 말은 색에 의 해 결정되는 것은 아니다. 그런데 흰말은 색에 의해서 결정된다. 그러 므로 '흰말은 말이 아니다'라는 것이다. 또한 흰말은 '희다'와 '말'이 결합된 것으로 그냥 말과는 다른 것이다. 종개념과 유개념, 외연과 내포 등이 떠오르는 논리이다.

명가는 그리스의 소피스트와 마찬가지로 종종 궤변가 혹은 궤변학 파로 불리고 있다. 중국에서 궤변이라는 말은 '도에 어긋나는 변설'이 라는 뜻이다. 명가의 변자들이 논쟁을 통해 여러 가지 궤변을 늘어놓 았다는 것은 분명하지만 그러나 그들의 논쟁에는 저마다 사상적·논 리적 근거가 있다. 그러한 면을 간과하고 그들을 단순한 궤변가 혹은 궤변학자로 치부해버리는 것은 올바르지 못하며, 그것은 그리스의 소 피스트 경우에도 마찬가지라고 한다(藏原惟人, 같은 책, 214~215쪽).

혜시와 공손룡의 이론이 오늘날의 논리학에 비견할 수 있는 것은 아닐지라도, 그들의 논리전개 속에는 논리학이나 인식론에 관한 많은 문제들이 제기되었다. 가령 혜시는 오늘날에도 수학이나 물리학 등에 서 문제가 되고 있는 시간과 공간의 무한 개념을 중국에서 처음 도입 하였고, 그것에 의해 관념으로서의 무한과 현실계에서 유한의 모순 문제를 제기하였다고 한다. 공손룡의 백마론 등에 나타나는 실체와 속성, 실과 명 등의 문제는 그것이 충분히 정식화되어 있지는 않더라도 오늘날의 형식논리학에서 종개념과 유개념, 개념의 내포와 외연 문제 등에 접근하는 점이 있다고 한다(藏原惟人, 같은 책, 227쪽).

명가의 철학자들은 이름[名]을 분석하고, 명실(名實)의 관계와 그 차이점을 분석함으로써 중국철학의 논리적인 분석을 발전시켰다. 그리고 명가의 이러한 논리는 도가나 묵가 등 다른 학파들의 논리를 세련화시키고 정교화하는 데 기여하였다고 할 수 있다. 눈에 보이고 감지할 수 있는 구체적인 사물, 대상을 뛰어넘는 보편적인 것, 즉 '형상(形象)을 초월한 경지'를 발견하였던 것이다. 그러나 명가는 '형상을 초월한 경지'를 발견하였지만 그 경지에 대한 충분하고도 자세한 언급은 도가철학에게 양보하였다. 도가는 일면 명가의 반대자였지만 일면 명가의 계승자이기도 하다. 이것은 혜시가 장자의 둘도 없는 친구였다는 사실만 보아도 알 수 있다(평우란, 같은 책, 124~125쪽 참조).

명가의 주장들은 현대의 논리학처럼 세련되지는 못하나, 명과 실의 관계와 그 차이점 등을 분석함으로써 다른 학파들의 논리를 세련되고 정교하게 만드는 데 큰 기여를 했다고 볼 수 있다.

음양가(陰陽家)

음양가는 술수를 행하던 전문가 집단인 '방사(方士)'에서 유래되었다고 한다. 주왕실 안에서 술수를 행하던 세습적 전문가들이 주의 붕괴와 함께 민간인들 사이로 흩어져 술수를 계속 실행하였다. 양계초는 음양가의 발생을 바다를 끼고 있던 제(齊)나라와 연관시켜 파악하고 있다. 즉 해양국의 감화를 받아서 발생했음을 다음과 같이 언급하고 있다(앞의 책, 201~202쪽).

제(齊)나라는 바다를 끼고 있는 나라로 바다의 사상을 가진 것은 제나라뿐이다. 그러므로 그 사이에서 두 가지의 관념이 생겼는데, 첫째는 국가관이요, 둘째는 세계관이다. 국가관이 부여되어 법가가 되었고, 세계관이 부여되어 음양가가 되었다. … 죽 내려와 위왕(威王)·선왕(宣王) 시대에 이르러서 추연(騶衍)의 제자들이 흥왕하게 하였다. 『사기』에 "연(衍)은 깊이 음양(陰陽)·소식(消息)의 원리를 감찰하여 「시종대성편(終始大聖篇)」 십여 만 말을 지었는데, 그 말이 넓고 방대하나 경험에 의지하지 않고, 반드시 먼저 작은 것을 체험하고 미루어 그것을 확대하여 무한한 데까지 이르렀다. 먼저 현재를 서술함으로써 위로는 황제에 이르렀고, 학자가 모두 서술한 뒤에 아울러 세상의 성쇠를 말하였고, 길흉화복의 제도를 기술하였으며, 이것을 미루어 멀리 천지가 형성되기 이전의 아득하고 혼미하여 상고할 수 없는 근원에까지 이르렀다. 먼저 중국의 명산·대천과 계곡·금수와 물과 땅에서 번식하는 것과 만물의 진귀한 것을 열거하여 미루어서 사람들이 보지 못한 해외에까지 미쳤고, 천지가 개벽한 이래로 5덕(德)이 옮겨짐에 따라 다스림도 각각 적당하여 부합함이 이와 같다. … 이것은 그 사상이 얼마나 위대하며, 그 추론이 얼마나 심오한가? 해양국으로 감화를 받지 않았다면 누가 이러한 상상력을 일으킬 수 있겠는가? 비록 음양으로 논거를 삼았으나 그 근거를 잃음을 면치 못하였다.

음양가의 추론이 매우 심오했다는 점과 그럼에도 그 근거를 잃게 되었다는 점도 밝히고 있다.

음양가는 추연으로 대표되는데, 그들은 세상의 모든 사상은 토, 목, 금, 화, 수의 오행상승원리에 의하여 일어난다고 주장한다. 음양 2원(陰陽二元)과 5행(五行)을 조합하여 신비적인 종교철학을 쌓은 것이 바로 음양가이다. 펑우란의 주장처럼(앞의 책, 175~178쪽 참조), 술수 그 자체는 물론 미신에 근거를 두고 있고 물활론적 사고를 벗어나지 못했으나, 또한 과학의 기원이 될 수도 있다. 즉, 음양가는 순전히 자연의 힘으로 자연현상을 적극적으로 해석했다는 의미에서 과학적인 경향을 띠고 있다는 것이다. 음양가는 시간적으로 그리고 공간적으로 자연현상을 설명하려고 기도하였으며, 또 이러한 자연현상은 인간의 행위와도 매우 밀접하게 연관되어 있다고 보았다[천인감응설]. 이 설에 의하면 역사의 변화는 오덕의 회전과 이동에 따라서 해석될 수 있으며, 만물은 비인격적인 자연의 동력에 의해 생성되고 발전한다는 것이다.

음양가는 자연현상을 적극적으로 설명하고자 했으며 자연현상과 인간과의 관계성을 찾고자 하였다. 이러한 자연적인 우주관·세계관은 도가는 물론 신유학의 우주관에까지 연계되어 철학적인 발전을 이어가게 된다.

기타 학파

제자백가 중 서로 영향을 주고받으면서 중국철학의 발전을 이끌어 갔던 사상은 이미 밝힌 바 있는 유가, 도가, 묵가, 법가, 명가, 음양가의 6가라 할 수 있다. 그 밖의 학파들은 그 영향력 면에서나 지속성 면에 있어서, 그리고 철학적인 공헌 면에서 미약했다고 할 수 있다. 6가 외에 들 수 있는 학파들로 병가(兵家), 농가(農家), 종횡가(縱橫家), 잡가(雜家), 소설가(小說家)이다. 그중에서도 종횡가나 잡가, 소설가 등은 학자들로부터 부정적인 평가를 받고 있다. 특히, 양계초는 이 3가에 대하여 다음과 같이 총평하고 있다(앞의 책, 194쪽).

종횡가는 철학적인 이론이 조금도 없고, 소설가는 글을 꾸미는 데 지나지 않고, 잡가는 이미 잡(雜)된 것이라고 하였으니, 어찌 다시 가법(家法)을 말할 수 있겠는가?

병가

병가는 군사와 전쟁에 관한 사상을 전개한 학파였다. 춘추전국시대 열국 간의 전쟁이 계속됨에 따라 군사에 관한 사상, 지식, 기술에 관련된 서적이 차츰 나타났는데, 그런 저술을 한데 묶어 병가라고 칭한다. 가장 유명한 저서로는 손무(孫武)가 쓴 『손자』라는 병법서이다. 이 책은 동서양을 통해 많이 읽혀진 책으로서 단순한 병법서라기보다 처세를 위한 책이요, 인간의 심리를 분석한 철학서라고 해도 무방하다(최영갑, 2014, 251쪽). 손자는 전쟁의 폐해를 누구보다 잘 알고 있었으며, 실제로 전쟁을 일으키지 않고 적의 전략을 쳐부수는 방법이나 외교적으로 고립시키는 방법 등을 최상의 전쟁기술로 여긴다. 즉, 싸우지 않고 적을 굴복시키며, 공격하지 않고 성을 함락시키며 장기전을 펼치지 않고도 적을 무너뜨리는 것이 상책이며, 부득이할 경우에만 적을 공격하는 것이다. 우리가 알고 있는 손자의 유명한 구절은 "지피지기 백전불태(知彼知己, 百戰不殆)" 즉, 적을 알고 나를 알면 백 번 싸워도 위태롭지 않다는 말이다.

전쟁에서의 기습작전, 속임수, 속전속결 등등 다양한 전략과 임기응변이 필요한데, 손자가 제시한 것들 중 한두 예를 살펴보자.

> 군대는 그 빠르기가 바람처럼 신속해야 하고, 고요함이 숲과 같고, 공격할 때는 불과 같고, 움직일 때는 불과 같고, 움직이지 않을 때는 산과 같고, 알기 어려움은 어두움과 같고, 움직일 때는 천둥과 번개와 같아야 한다(『손자』 「군쟁」).

> 처음에는 처녀같이 얌전하고, 나중엔 토끼같이 날쌔다. "적을 향해 처음에는 처녀같이 얌전히 그리고 부드럽게 대한다. 그러면 적은 만만하게 보고 마음을 늦추게 된다. 마음을 늦출 뿐 아니라, 상대를 깔보게

된다. 그래서 저쪽에서 먼저 때리려 들면 때려 보라고 몸을 내맡긴다. 그때 이쪽에서는 행동을 시작하는 것이다. 행동을 시작할 때는 그물을 빠져나와 도망치는 토끼같이 재빨리 그리고 용맹하게 대들어야 한다. 상대는 그렇게 재빨리 공격해 올 줄을 몰랐다가 이쪽에서 급작스럽게 대들게 되면, 어쩔 줄을 몰라 비틀거리게 된다. 이쪽에서 틈을 두지 말고 맹렬히 공격하면 상대는 패하고 마는 것이다. 이것이 전법의 묘라는 것이다(『손자』 「구지」).

농가

농사와 관련한 지식과 사상을 전개한 학파가 농가이다. 사회사상가로 저명한 농가의 대표는 허행이다. 허행은 춘추시대의 등(현재 산둥성)이라는 나라에 살면서 수십 인의 문인에게 농업생산에 의한 자급자족의 생활을 주장하였다. 허행의 무리들은 신농신[農業神]이기도 하고 상고의 전설적인 제왕이기도 한 신농의 교라고 하는 것을 기치로 삼아 왕을 포함한 모든 사람이 자신의 노동으로써 자신의 생활을 유지할 것을 설파하였다.

허행에 대한 기록은 『맹자』 「등문공상편」에 나오는 진상(陳相)과의 긴 대화를 통해 나타난다. 이것은 맹자가 등문공의 신하가 되고 등문공이 맹자의 주장을 받아들여 인정을 행하고 있다는 소문이 다른 나라에까지 널리 퍼져 있던 때의 일이다. 그때 '신농(神農)의 말을 따른다'는 허행(許行)이 남방의 초나라에서 등나라로 와서 백성이 되길 원하자 등문공은 그의 청원을 받아들여 토지를 하사하였다고 한다. 허행은 수십 명의 동지들과 함께 "거친 베옷을 입고 짚신을 삼고 돗자리에서 자면서 생활하였다"고 하는 것으로 보아 노자의 '소국과민(小國寡民)'과 같은 슬로건 아래 결합된 원시공동체적 결사를 만들어 그 사상을 실천하려고 한 인물이었던 것으로 보인다(藏原惟人, 앞의 책, 66

쪽). 그리고 허행은 군민병작론(君民並作論, 군주도 민중과 마찬가지로 생산노동에 종사해야 한다는 견해)을 견지하고 있었음을 알 수 있다.

이런 주장에 대해 맹자는 노동에는 육체적 노동도 있으나 더욱 중요한 것은 정신적 노동이며, 정신적 노동에 종사하는 계층은 더욱 중요한 일을 하고 있는 것이므로 다 같이 생산적·유체적노동을 해야한다는 주장은 잘못되었다고 반박한다.

종횡가

종횡가라는 것은 변설[웅변술]로써 책략을 사용하던 사상가들이었다. 즉, 책모를 다해 지배자 계층 간에 권력 투쟁을 야기 시켜 놓고, 그 권력 투쟁을 이용하여 정권을 확보하는 일을 목표로 하였다. 그 시조는 귀곡(鬼谷)선생이라 한다. 귀곡선생은 전국시대 사람인 왕후를 가리킨다. 하남성의 귀곡에 거주하였기 때문에 귀곡선생이라고 한다. 병가인 손빈도 그 문인이었다는 말이 있으나, 귀곡선생의 문인으로서 가장 저명한 활동가는 소진, 장의 두 사람이다.

소진(蘇秦)과 장의(張儀)는 귀곡(鬼谷) 선생의 같은 제자다. 그들은 구변을 배워 말을 잘하고, 권모술수를 익혀서 제후들의 사이를 붙여 놓기도 하고 떼어 놓기도 잘했다. 소진은 진나라에 대항해서 작은 여섯 나라가 동맹을 맺자고 했다. 이것을 합종책(合縱策)이라고 한다. 그런데 이것이 차차 파탄이 생기게 되자, 장의는 연형책(連衡策)이라는 것을 들고 나왔다. 연형책이란 작은 여섯 나라가 다 같이 강대한 진나라를 섬기자는 것이다.

『전국책(戰國策)』에 소진(蘇秦)이 조(趙)를 공격한 진(秦)의 소왕(昭王)을 설득하기 위해서 뛰어난 말솜씨를 보이는 장면이 나온다 (권순우 편역, 앞의 책, 28~29쪽 재인용).

귀중한 보배를 지닌 사람은 밤길을 가지 않고, 큰 공을 맡은 이는 적을 가벼이 여기지 않는다고 합니다. 그러므로 어진 이는 그 소임이 중하여도 행동이 겸손하고, 슬기로운 이는 공이 커도 그 언사가 공손하다고 합니다. 진나라로 말씀하면 그 실력이 조나라쯤 공격하기는 아주 쉬운 일입니다. 그러나 조나라는 작으나마 독립된 한 나라입니다. 반드시 죽음을 걸고 대들 것이 틀림없습니다. 게다가 자칫하면 다른 나라들까지 진의 적이 될지도 모르는 일입니다. 지금이라도 조나라에 쳐들어간 군사를 거두시는 것이 진나라를 위해 좋을 것입니다." 소진의 말솜씨는 세상에 따를 사람이 없었고, 소왕 역시 소진의 말에 떨어졌다. 그래서 곧 조나라에 대한 공격을 중단했다. 이런 일이 있은 후 29년간 진나라와 여섯 나라 사이에는 다시 전쟁이 없었다.

잡가

잡가란 제자백가의 제설을 절충 해설하여 집대성한 것으로, 대표를 이루는 책으로는 『여씨춘추(呂氏春秋)』가 있다. 펑우란은 잡가의 발생배경을 설명하고 잡가에 대해 다음과 같이 평하고 있다(앞의 책, 235~236쪽).

기원전 3세기 백성들은 수 세기 동안의 국가 간의 경쟁에 상심하여 정치적 통일을 열망하였다. 따라서 그들의 철학자들도 사상의 통일을 희구하였는데 잡가는 바로 그 첫 번째의 시도였다. 중국 철학계에서는 혼합주의 또는 절충주의적 경향이 강하게 나타났다. 잡가의 주요저작인 『여씨춘추』가 바로 그 당시에 편찬되었다. 그러나 잡가 자신은 통일된 체계를 수립하지 못하였다. 잡가는 전체적 진리를 믿었고 여러 학파에서 그들의 장점을 취사, 선택함으로써 이 진리, 즉 '도'에 도달하기를 희망하였다. 그러나 그들이 일컫는 '도'란 아마도 단지 여러 가지 다른 요소의 잡동사니였으며 어떠한 근원적인 조직 원리에 의하여 연결된 것도 아니므로 거기에 고상한 명칭을 붙일 가치도 없다.

소설가

소설가(小說家) 역시 춘추전국시대에 발로한 사상으로, 후한의 반고는 『한서』 「예문지제자약서」에서 제자백가 중 하나로 꼽았다. "소설가는 패관(稗官), 즉 민간의 풍속이나 정사(政事)를 살피기 위해 가설항담(街說巷談)을 모아 기록하는 일을 하던 벼슬아치로부터 발생되었다"라고 말하고 있다. 주된 학자, 사상가 또는 서적은 육자(鬻子)·청사자(靑史子) 등이 있다고 한다.

당초 소설가는 그 가치가 경시되어 제자백가에 포함되지 않았다. 고사를 기록한다고 하면서 거리의 뜬소문이나 허황된 이야기 등을 모으고, 때로는 소설가 본인이 살을 붙여서 부풀리는 게 업이었기 때문이다.

3. 제자백가의 사상사적 의의

제자백가의 도래로 인해 중국의 학술·사상의 다양성과 함께 균형 있고 조화로운 발전을 기할 수 있었고, 중국 문화 요소의 기본 골격이 형성될 수 있었다.

제자백가들의 사상의 다양성과 상호 간의 견제는 중국학술·사상을 다채롭게 만들고 어느 한쪽으로 치우치는 것을 막고 균형과 조화를 이루도록 이끌었다고 하겠다. 유가에서는 인간으로서의 도리를 강조하고, 도가에서는 자연의 규율에 따른 생활을 강조하며, 법가에서는 시대상황에 부응하는 통치의 중요성을 강조하고, 묵가는 생활상의 유용성을 존중한다는 것이다. 여러 학문의 특징들은 중국 문화를 매우 다채롭게 만들어 주었을 뿐만 아니라, 기존의 학문을 극단적인 방향으로 흘러가는 것을 방지하는 역할을 한 것으로 보인다(김용섭, 앞의 책, 57쪽). 상호 견제와 다양한 논리의 비판과 계승, 그리고 절충을 통해 사상의 풍부함을 낳으면서도 극단으로 쏠리지 않는 경향으로 발전할 수 있었다고 볼 수 있다.

또 하나 제자백가의 도래 시기는 중국역사상 가장 문화적인 창조력이 충만한 시기 중의 하나였으며, 우리가 흔히 '중국적'이라고 생각하는 모든 문화 요소의 기본골격이 대부분 완성되고 있었다.

이렇게 된 가장 직접적인 요인은 이 문화 창조의 주역이 '사인층(士人層)'이었다는 점에서 찾을 수 있다. 이들의 문화 활동은 제자백가로 알려진 일군의 학자와 그들의 학단(學團)을 중심으로 전개되었는데, 그 결과 종래 소수의 봉건귀족에게 독점되었던 지식과 학문이 일반 서인층(庶人層)에게까지 확산되었으며, 학식과 능력을 통하여 신분상승을 모색하려는 개인의 강렬한 욕구가 곧 왕성한 문화 창조의 의지로 연결된 것이다(이성규, 1983, 35쪽). 사상의 속박이 아닌 자유로운 발현은 중국 문화의 창조력으로 이어지고 이후 학술·사상 발전의 토대로 작용하게 되었던 것이다.

사상의 제약이나 속박이 없었던 환경 속에서 다양한 사상가들이 출현하여 다채로운 주장을 펼칠 수 있었던 사상의 전성시대가 바로 제자백가 시대였다. 이들의 다양한 주장과 논리는 중국 문화의 창조력으로 이어지고 이후 학술·사상 발전의 토대로 작용하게 되었던 것이다.

학파 분류 및 설명

학파	특성	주요 사상가	주요 사상
유가 (儒家)	도덕중심	공자, 맹자, 순자	인의(仁義), 예(禮)를 통한 사회질서 회복 추구, 수기치인(修己治人)
도가 (道家)	자연중심	노자, 열자, 장자	무위자연(無爲自然), 우주의 전체성, 농부의 순박함을 이상화
묵가 (墨家)	공리주의	묵자	겸애주의, 절검과 근로 중시, 경험을 중시하는 실증주의
음양가 (陰陽家)	우주와 미신	추연	천체의 운행과 사계의 변화 등 자연현상의 법칙 중시와 인간사에 적용
법가 (法家)	현실주의	이사, 한비자	전제적 지배를 위한 강력한 법치질서, 상벌체계 수립
명가 (名家)	논리적 분석	혜시, 공손룡	논리적 분석을 통해 인식의 상대성과 제한성 드러냄. 명과 실의 불일치를 바로잡음
잡가 (雜家)	학파의 융합	여불위	다른 학파의 학설을 자유롭게 채택하여 융합
농가 (農家)	농업주의	허행	농업경제와 농업기술에 대해 연구함
종횡가 (縱橫家)	정치, 외교	소진, 장의	정치적 책략으로 국제외교상에서 활동
병가 (兵家)	병법	손자, 사마법	전쟁의 전략·전술 제시. 정치·경제·외교 등 처세전반 논의
소설가 (小說家)		풍몽룡	기괴한 이야기꾼으로 비판과 조롱의 대상

1. 제자백가의 출현 배경에 대해 설명해 보자.

2. 제자백가 중 유가(儒家)와 묵가(墨家) 사상을 비교해 보자.

3. 다음의 제자백가 사상들의 주창자, 주요 주장들을 간략히 정리해 보자.
   - 법가(法家)
   - 명가(名家)
   - 음양가(陰陽家)
   - 병가(兵家)
   - 종횡가(縱橫家)
   - 농가(農家)

4. 제자백가 사상의 의의에 대해 자유롭게 토의해 보자.

5. 다음 사항들을 간략히 정리해 보자.
   ① 겸애(兼愛)
   ② 백마비마(白馬非馬)
   ③ 군민병작론(君民竝作論)
   ④ 합종(合縱)과 연형(連衡)

3장

유학(儒學)사상

군자가 학문을 하는 것은 귀로 들으면 그것이 곧 마음으로 전해
져서 몸에 붙게 되어 인격을 높이고 그것이 행동으로 나타난다.
그런데 소인들은 귀로 들어오면 그것을 곧 입 밖으로 내보낸다.
다시 말하면, 조금 아는 것이 있으면 그것을 다른 사람에게 얘기
해 버리기 때문에 조금도 자기의 마음이나 인격에 도움이 되지
를 않는다. 귀와 입은 사촌 간이다. 귀에서 입으로 사촌 사이에서
뱅뱅 돌다가 만다는 것이다. "옛날 글을 하는 사람들은 자기의
몸을 닦고 덕을 기르기 위해서 글을 했다. 그런데 지금 글 하는
이들은 배운 것을 다른 사람에게 가르쳐주고 그 값을 받아 그것
으로 생활을 하려 한다. 군자는 자신의 수양을 위해서 글을 하고,
소인은 쌀 살 돈을 벌기 위해서 한다. 그렇기 때문에 소인은 묻지
않은 것까지 가르쳐 준다. 이것은 수선이다. 하나를 묻는데 둘을
가르쳐 주는 것은 수다다. 수선한 것도 수다스러운 것도 다 못
쓴다. 군자는 하나를 물어 오면 거기에만 해당되는 한 가지 대답
을 해 줄 뿐이다." 이것은 순자(荀子)의 말이다. 이 말을 뒤집어
보면 예나 지금이나 학문을 자기 수양으로 하는 사람보다는 출
세와 돈을 벌기 위해 하는 사람이 많은 것을 알 수 있다(권순우
편역, 2006, 208~209쪽 재인용).

1. 유학의 성격

농업문화의 가부장적 질서체계의 정당화 이론

유교는 농업사회, 농업문화의 대가족제도와 대가족제도를 위한 가부장적 질서체계를 정당화시켜주는 이론을 제시함으로써 정통의 위치를 고수할 수 있었다. 농사유지를 위해서 대가족제도가 형성되고, 가부장적인 질서와 남아선호적(男兒選好的)인 가치가 중시되었다.

유가사상은 대부분 가족제도와 선조숭배라는 사회제도를 합리화하기 위해 이론적으로 표현한 것이었다. 농경의 경제조건이 중국사회의 토대를 쌓았다면 유가사상은 그것의 윤리적인 의의를 천명하였다. 유가가 인간의 사회적 책임을 강조하는 데 반해 도가는 인간의 자연적인 면과 자발적인 면을 강조한다. 기원후 3~4세기에 도가가 다시 융성했을 때 당시 사람들은 흔히 유가는 명교(名敎, 사회관계를 지시하는 이름을 가르치는 것)를 중요시했는데 반해 노장은 자연을 중요시 여겠다고 한다(馮友蘭, 정인재 역, 2004, 40~41쪽).

유교가 중국, 한국 등 농업사회에서 사상계의 각별한 우위를 차지하게 되는 것은 유가사상(儒家思想)이 농업사회의 가부장적 사회질서 체제를 합리적으로 정당화시켜주는 이론적 토대를 적절하게 제공하고 있다는 데서 찾아볼 수 있는 것이다.

수직적 질서로서 예(禮)를 중시함

유가는 예(禮)를 중시하고, 禮를 사회질서를 수립하는 토대로 삼았다. 특히 주대(周代)의 귀족층에서 발달된 禮는 수직적 지배력을 행사하는 봉건제의 질서를 뒷받침하는 것이었다. 상하(上下) 수직적 질서를 꾀하는 규범의식이 禮의 특징이다.

가족이라는 기본 단위는 확대된 국가체제에 있어서도 그대로 반영되었다. 국가는 가족을 기본 단위로 하는 커다란 동족 사회로서 그 기본 구조 및 형성 모형은 단위 가족의 그것과 닮은 것이었다. 이런 사회에서는 혈연관계를 중심으로 한 질서 유지가 당연시되었고, 이는 이성적 합리적 논의 보다 우선하는 특징을 보였다. 왕과 신하와의 관계도 '어버이와 자식'의 개념, 그리고 '형과 아우'의 서열 개념으로 해석된다.

공자(孔子)의 가르침을 기반으로 다양하게 발전됨

유교는 공자(孔子)의 가르침을 기반으로 맹자(孟子)와 순자(荀子) 등에 의해 더욱 심화된 사상체제로, 수기치인(修己治人)을 기본 이념으로 하고 있다.

중국의 경우 공자·맹자 중심의 원시유학 → 한당(漢唐)유학 → 성리학(性理學, 朱子學) → 양명학(陽明學) → 고증학(考證學) → 공양학

(公洋學, 금문학金文學) 등으로 전개되었다.

한국의 경우 고려 말에 유입된 성리학[주자학]이 정통으로 자리 잡고 지속적으로 중시되었다. 특히, 퇴계와 율곡과 같은 대학자들에 의해 성리학이 연구되면서 중국의 성리학보다도 깊이 있는 한국 성리학을 낳을 수 있었다. 그러나 성리학은 지나치게 관념적이고 사변적인 학문풍토로 실생활과 괴리되는 한계를 노출하게 되면서, 개신유학(改新儒學)으로서 실학이 등장하게 된다.

2. 유교(儒敎)의 기원과 유자(儒者)

1) 예(禮)의 기원과 특징

고대예속(古代禮俗)과의 관련성

유학은 '예(禮)'와 깊은 관련이 있다. 禮의 시행은 주(周)의 초기(특히, 문무(文武)·주공(周公))때 봉건제도의 확립과 때를 같이해 禮가 본격적으로 제정되고 시행되기 시작했다.

예(禮)의 기원 - 하늘에 대한 제사

영속하는 초월자와 조상신에 대한 관념은 아주 오랜 것이다. 하늘을 가리키는 천(天)이란 말은 본시 절대 권력을 가진 주(周)나라의 조상신을 상형하는 것이었다. 그러던 것이 인문주의가 진전되면서 신적 질서는 자연적 질서로 대치되기 시작했다.

주대(周代)에 들어 휴머니즘이 발달하면서 신에 대한 관념이 바뀌기 시작했다. 하늘의 명(命)은 자의적이거나 변덕스럽지 않다고 본다.

신들은 제물이나 아부에 기뻐하지 않고 의무와 덕성에 기뻐하게 되었다. 하늘은 인간에게 도덕적 자각과 정치사회적 책임을 촉구하는 존재로 진화해 나갔다.

禮는 하늘(天·天帝)에 대한 제사(祭祀)로부터 비롯되었다. 어원으로 살펴볼 때, 禮라는 글자는 「시(示)」와 「풍(豊)」의 합성어이다. 풍은 제기(祭器)를 나타내는데, 이렇게 볼 때 禮란 '제기(祭器)를 통하여 드러내는[示] 神[天帝]'의 뜻을 지니고 있다고 볼 수 있겠다. 원래 초자연적 존재에 대한 제사를 의미했다.

원시신앙을 하면서 하늘을 숭배하기 위해 제사라는 일정한 의식을 행할 때 부정(不淨)을 전제로 정해졌던 금기(禁忌)가 곧 禮의 원형이라 할 수 있으며, 그것이 윤리적 차원으로 발달·승화된 것이다. 타부의 신앙이란 '신비력이 있는 것에 대한 금기' 관념인 것이다. 신비력이 있는 것에는 쉽사리 접근해서는 안 된다고 여겼다. 왜냐하면 만약에 그 금기를 어겼을 경우에는 위험이 생기고 생명을 잃게 될는지도 모르기 때문이다. 그러므로 이 금지된 것에 접촉하는 데는 각기 일정한 절차를 필요로 하였다. 그 절차가 즉 예인 것이다. 이것이 '예의 기원'인 것이다. 이 '예'의 실행은 개인적이라기보다는 집단적이었고 집단의 각 개인은 집단의 강제에 의해서 '예'의 교습(敎習)을 받아야만 된다(한기언, 1978, 125~126쪽). 이처럼 하늘을 숭배하기 위한 제사에서 금기시된 것들을 윤리적으로 승화시키고 집단적으로 규제화·절차화시킨 것이 바로 예라고 하겠다.

예(禮)와 유자(儒者)

주대(周代)의 귀족계층의 禮가 주말(周末, 특히 B.C. 770 東遷 이후)부터 춘추시대(春秋時代, B.C. 722~481)에 일반 서민계층에 광범하게 전파되기 시작한다. 당시 학문은 禮를 으뜸으로 한 육예(六藝 : 禮·樂·射·御·書·數)로서 귀족적 교양인을 위한 지식이었다.

주왕실의 축관(祝官), 이관(史官), 예관(禮官), 악관(樂官)들은 당시의 지식인으로 주 왕실이 무력해지고 봉건체제가 해체된 이후 이들 지식인들이 민간사이에 흩어져 활약하기 시작한다. 서민들에게 결혼·장례·제사 등 제반행사의 禮를 가르쳐 주기 시작한 것이다. 춘추시대 민간인들에게 禮를 가르쳐주고 도와주는 상례자(相禮者)를 통칭하여 '유(儒)'라고 한다.

그런가 하면 유(儒)라는 개념은 인(人)과 수(需)의 합자이기도 하다. 수(需)는 필요로 한다는 것이다. 즉, 적재적소에 맞는 인간을 꼭 필요로 한다는 것이다. 그러므로 유교는 정치, 경제, 사회 문화에 없어서는 안 될, 꼭 필요로 하는 것을 의미한다고 보기도 한다(천병준, 2007, 11쪽). 적재적소에 없어서는 안 될 인간이 바로 '유(儒)'요, 유학은 그러한 사람을 양성하고자 하는 데 그 목적이 있음을 말해준다.

그런데 한기언은 이 '儒'에 대해 원래 신체가 유약했던 종교인들에서 유래되었다고 다음과 같이 밝히고 있다(앞의 책, 127쪽과 147쪽).

중국에 있어 이 의례(儀禮)의 지도자는 신체가 유약한 주유(侏儒)인 구루인(佝僂人), 즉 꼽추 등 유약한 신체를 가진 자였으며, 또한 '샤먼'적 능력을 가지고 영계(靈界)의 신사(神事)를 다룬 종교인이었다. 이것이 후세의 '儒'라고 일컬어진 사람의 전신이었다. … 그들은 유약한 몸을 가진 '샤먼'적 능력이 있었던 종교인이었는데, 그중에 두뇌가 명석한 知者 즉, 그들의 신앙을 점차 합리적으로 설명 해석하는 자가 있어서, 그 경향이 대세를 차지하여 점차 합리적 사상으로 발전하였다. 그 결과가 유가 사상이 되었다.

즉, '儒'가 신체적으로는 매우 유약했으나, 샤먼적인 능력을 갖춘 종교인들에서 유래되었을 것이라는 추측이다. 그리고 이들 중 두뇌가 명석한 자들이 생겨서 그들의 신앙을 합리적으로 설명·해석해 주면서 유가사상으로 발전하게 되었다는 설명으로 나름 눈여겨볼 만하다고 여겨진다.

상례자(相禮者)요 유자(儒者)인 공자(孔子)

공자 역시 상례자였다. 그러나 기존의 그들과는 달랐다. 공자는 생활규범으로서 禮를 실천하도록 하였을 뿐만 아니라, 그 윤리적 의미를 새롭게 밝히려고 하였다.

한 예를 들면, 『논어』, 「양화편」에 나오는 삼년상(三年喪)에 관한 공자의 해석에서 확인할 수 있다. 원래 고래로부터 부모가 돌아가신 뒤 삼년상을 치르는 것이 상례로 내려왔던 것 같다. 그런데 제자 중 말 잘하고 현실적인 재아(宰我)가 3년은 너무 길다고 항변하였다. 군자가 예악(禮樂)도 닦아야 하고, 또한 백성들은 농사도 지어야 하는데 3년은 너무 길고 비효율적이라는 것이다. 나름 이유 있는 항변이라고 여겨진다. 그때 공자는 재아가 어질지 못하다고 비난하면서, "자식은 태어나서 3년이 지나야만 부모의 품을 벗어난다. (그러니) 3년 상은 천하에서 통용되는 상례인 것이다."고 삼년상의 의미를 부여한다. 즉, 사람이 강보에 싸여 태어났으며 부모가 먹이고 재우고 입히고 적어도 3년은 품에서 보살펴 주어야 생존할 수 있는 것이 아니냐? 그러므로 사람의 자식이라면 그 부모의 은혜에 보답하는 것이 당연하다는 해석이요 의미 부여이다. 이 밖에도 귀신과 죽음 이후의 문제, 정치에 관한 문제, 배움에 관한 문제 등 많은 부분에 있어서 공자는 이성적이고 합리적인 해석과 그 의미 부여를 하였는데 매우 참신하다고 할 수 있다.

그런 점에서 구라하라 고레히토의 지적처럼(1999, 54쪽), 공자가 오랜 수레여행을 통해서 혼란한 사회의 도덕적 질서를 수립하기 위해 부흥시키려고 했던 제도나 도덕은 중국의 과거 역사에 현실적으로 존재했던 그대로의 것이 아니라, 오랫동안 전승과 각 시대 민중의 희망을 통해 꾸며지고 이상화된 것이요, 그에 의하여 새롭게 의미 부여된 제도와 도덕이라고 보아야 할 것이다.

이런 점에서 우리는 공자를 유가(儒家)의 조종(祖宗)으로 삼는 것이다.

3. 유학사상(儒學思想)의 전개

1) 공자(孔子)의 사상과 교육

공자(551~479 B.C.)의 이름은 구(丘)요 자는 중니(仲尼)이다. 그의 생애를 Frederick Mayer의 The Great Teachers(성기산 역, 『위대한 교사들』, 1998, 36~37쪽)을 중심으로 정리하면 다음과 같다.

• 황제의 친척이었고 귀족 가문이었던 그의 아버지는 공자가 아주 어렸을 때 세상을 떠났다. 공자는 방과 후에 일을 해서 어머니를 도왔다. 그러면서도 학업에 전념하였고, 특히 궁술과 음악에 능했다. 그의 어머니가 세상을 떠나자 그는 27개월 동안이나 어머니를 애도하면서 지냈다. 그는 17세 되던 해에 결혼했는데, 불행한 결혼으로서 4년 뒤에 이혼했다.

- 공자는 20세 초반에 노나라의 전담 감독관이 되었는데, 관리들이 그의 재능을 알게 되었다. 2년 뒤에 그는 교사로서의 생애를 시작했는데, 주로 역사와 예절, 그리고 시와 같은 세 교과를 가르쳤다. 약정한 수업료를 청구하지는 않았지만, 모든 학생들에게 어려움을 겪지 않는 범위 안에서 얼마간 지불할 것을 요구했다.
- 공자가 노자를 방문했을 때 사회개혁에 적극적이고 의욕이 넘쳤던 젊은 공자에게 원로 철학자는 분명히 현행 정치 체제를 개혁하지 말라고 설득하려고 했다. 주나라의 왕은 한 조언자로부터 공자가 너무 아는 체하고 격식을 차린다는 말을 듣고서야 비로소 공자를 고용하는 것이 어떤지를 생각했다.
- 후에 공자는 노나라에서 더 큰 행운을 잡았다. 그는 한 주요 직할지의 재상이 되었고, 그러고 나서 그는 중앙 정무 감독관이 되었다가 마침내 사법관이 되었다. 그는 아주 유능해서 노나라에서 범죄가 줄어들었고 정직하게 정무를 보았다. 마침내 자리 잡은 이상 정치를 찾아 중국 전역에서 낯선 사람들이 모여들었다.
- 그러나 이웃의 두 군주가 노나라 왕에 대해 반란을 꾀하고 그를 유혹하려고 그에게 멋진 말과 시가에 능한 처녀들을 보냈다. 그후 노나라 왕은 완벽하게 돌보던 정사를 돌보는 데 거의 관심을 갖지 않게 되었고, 공자의 충언도 듣지 않자 공자는 관직에서 물러났다.
- 그 후 14년 동안 공자는 이상적인 정치철학을 구현하고자 이 제후국 저 제후국을 찾아 떠돌아다녔다. 그는 위나라 왕으로부터 마음에 드는 관직을 제의받았지만, 그 왕의 도덕적 기준을 받아들일 수 없어서 관직을 사양했다. 그는 68세 되던 해에 노나라로 돌아와 관직에 오르지 않고 살다가 세상을 떠났다. 그가 인류에

게 기여한 것 가운데는 5경, 즉 『시경』, 『서경』, 『역경』, 『춘추』,
그리고 『예기』가 있다. 춘추를 제외하고 이 책들은 대부분 그의
제자들에 의해 쓰였다.

공자는 주문화(周文化)의 계승을 자신의 사명으로 여기면서, 혼란
한 사회에 질서[道]를 수립하려고 하였다. 그는 질서수립을 통해 '박시
제중(博施濟衆)'을 꿈꾸었으며, "금수(鳥獸)와 함께 무리를 지을 수 없
으니, 내가 사람과 더불어 함께 아니하고 누구와 함께하랴"고 하여
인간중심의 인본질서의 확립을 주창했다.

공자는 늘 자신을 주대 문화의 마지막 보루로 자임하고 있었다.
그 확신의 근저에는 하늘의 명[天命]에 대한 확고한 신념이 있었다.
그는 오랜 도덕적 훈련과 정신적 성숙을 거쳐 나이 오십에 "천명을
알았다[知天命]"고 술회했다. 공자는 『논어』에서 자신의 교육적 성장
과정을 다음과 같이 말하고 있다.

> 15세에 학문에 뜻을 두었고,
> 30세에 굳게 일어났고,
> 40세에 의혹에 빠지지 않게 되었고,
> 50세에 하늘의 명령을 알았고,
> 60세에 진리를 편안히 들을 수 있게 되었고,
> 70세에 내가 하고 싶은 대로 해도 옳은 것에 거슬리는 일이 없게 되었다.

공자는 혼란한 사회의 도덕적 질서를 수립하기 위해 즉, 주문화의
예(禮)를 기반으로 한 봉건질서의 회복을 통해 사회적 질서를 수립하
기 위해 제자들과 함께 먼 수레 여행을 다녔다.
공자의 수레여행에 대해 비판자들의 세력도 만만치 않았다. 공자

는 양쪽으로부터 비판을 받았다. 한쪽은 도가계열 은자(隱者)들의 무리이다. 그들은 공자를 연민으로 바라본다. "세상이 온갖 탁류로 넘실거리는데 그 흐름을 나뭇가지 하나로 막아보겠다는 건가."라고 비아냥댄다. 자신의 뜻을 알아줄 군주들을 찾아 떠돌던 여행길 어느 강가에서 제자인 자로(子路)가 근방의 노인에게 길을 묻는다. 노인장은 당신은 누구냐고 되묻는다. 공자의 제자라고 자랑스레 말하자 노인은 "쯧쯧, 안 되는 줄 알면서 기를 쓰고 있는 사람이구먼." 하고 안쓰러워한다. 재차 자로가 길을 묻자 노인은 "공자 그 사람 평소 길을 안다 했는데 나루 정도를 모를까"라고 등을 돌려버린다. 도가는 이들 은자들의 철학을 원류로 하고 있다(한형조, 86쪽).

이들은 공자를 '안 되는 줄 알면서도 하려고 기를 쓰는 사람'이라고 평가한다. 그러나 공자를 위한 변명을 하자면 공자는 "옳은 일임을 알고서도 행하지 않는 것이야말로 용기가 없는 것이다."라고 답한다. 달성 여부는 하늘에 맡기고 최선을 다해서 질서회복에 나서는 것이라고.

공자와 유가들에 대한 보다 강력하고 지속적인 비판은 법가의 한비자로부터 나왔다.

법가들이 보기에 자발적 도덕감과 책임의식 위에 사회적 질서를 꿈꾸는 것은 수주대토(守株待兎)의 허망한 기대일 뿐이라는 것이다. 한비의 글이다.

송(宋)나라에 한 농부가 있었다. 쟁기를 들고 밭을 가는데 토끼 한마리가 달려오더니 나무 그루터기에 머리를 부딪쳐 죽었다. 옳거니, 여기만 지키고 있으면 토끼를 얼마든지 잡을 수 있겠구나. 농부는 쟁기를 던져버리고 나날이 그 나무만 쳐다보고 있었다.

한비의 이 짧은 우화는 인간성에 대한 턱없는 낙관, 그리고 전통에 대한 복고적 미련을 떨치지 못하고 있는 공자와 유가에 대한 통렬한 비판이다(한형조, 81쪽). 새로운 시대에는 새로운 질서가 필요한데 공자와 유가의 논리는 전통에 대한 복고적인 미련에 얽매여 있다는 것이다. 그러나 법가의 차가운 기획 역시 유가의 사상만큼 오래가지 못하고 사라진다.

공자에 의하면 정말로 선한 사람은 양식이 떨어져도 죄를 짓지 않는다는 것이다. 그러므로 교양 있고 도덕적인 엘리트들[군자(君子)]이 사회 지도자의 역할을 해야 하고, 이상적으로 이들이 정부의 관리직을 맡아야 한다고 보았다. 그리고 또한 문학적 고전들이(시·서·예악 등) 이러한 엘리트들을 훈련하는 데 주요한 역할을 한다고 여기면서, 직접 제자들을 가르쳤다.

공자는 학생들의 사회적, 경제적 배경을 문제 삼지 않았지만 학습에 대한 의욕이 없을 때는 단호한 태도를 보여주기도 했다. 문자적으로 볼 때 '군자(君子)'는 봉건시대의 특권계급을 지칭하나 공자는 혈연적인 세습보다는 새로운 형태의 귀족, 즉 교육을 통한 귀족의 창출에 관심을 기울였다. 공자가 제시한 인간상인 군자도 여전히 귀족적이고 엘리트이지만 세습이 아니라 교육에 의해 만들어지는 것이다. 군자는 교양교육을 받은 사람으로 필요에 따라 정치가도 될 수 있으며, 교사도 될 수 있었다(신득렬, 2000, 503~504쪽). 군자는 단순 기능인이 아니고 학문과 인격이 두루 갖추어진 교양인인 것이다.

당시에는 반궁(泮宮)과 벽옹(辟雍)이라는 학교가 있었는데, 반궁은 각 나라 공실의 자제를 위한 곳이었고 벽옹은 주나라 왕실의 자제를 가르치는 학교였다. 또 향촌에도 학교가 있었는데 그 지방의 전승과 제사 순서 등을 가르쳤다. 이에 비해서 공자가 만든 학교는 누구든지 들어올 수 있는 사설학원이었고, 왕실이나 귀족을 섬기고 정치를 담당하는 데 필요한 교양과 마음가짐을 가르치는 완전히 새로운 학교였다(하치야 구니오, 앞의 책, 44). 그러므로 현대의 안목으로 보아 공자는 중국역사상 사학(私學)을 처음으로 일으켜 많은 제자를 가르친 최초의 인물이었고 최초의 스승이기도 했다. 오늘날에도 많은 사람은 그를 위대한 스승으로 인정하고 있다.

인(仁)의 사상

그런데, 공자는 자신의 철학을 하나로 꿰뚫고[一以貫之] 있는 근본원리가 仁이라고 밝히고 있다. 仁이란 말이 사용된 것은『논어』전편을 통해 58장, 글자 수로는 백여 자에 달한다고 한다(성대유학과교재편찬위원회, 1984, 72쪽).

仁은 다양한 해석이 있으므로 쉽게 정리할 수 있는 개념은 아니다. 이는 공자가 인에 대하여 다양하게 설명하고 있는 것과 관련이 있다. 즉, 공자는 인을 설명할 때 사람의 성격이나 인품 또는 학문적 수준에 따라 다르게 설명하고 있기 때문에(최영갑, 2014, 38~39쪽), 다양하게 접근할 필요가 있다.

그러나 무엇보다도 仁이란 **인간의 질직(質直)한 마음씨**와 관련되어 있음은 분명하다. "교언영색(巧言令色)은 仁에 먼 것"이요, 즉, 말을 교묘하게 잘하고 얼굴빛을 잘 꾸미는 사람 가운데는 어진 사람이 드물다는 것이다. 오히려 강직하고 말에 어눌한 사람, "강의목눌(剛毅木訥)이 仁에 가깝다"라는 공자의 언급은, 仁이 일부러 꾸미려고 하지 않는 순박함, 질직함과 연관이 있는 것이다.

그러나 공자는 질직할 뿐 禮로서 교화(敎化)되지 않으면 몰인정[絞]하여 짐으로, 禮로써 교화되고 조절되어야 한다고 주장한다. "극기복

례(克己復禮)할 때 仁이 이루어진다."는 것으로, 이때의 仁은 곧 인(忍)이라 할 수 있다. 즉 나 자신의 이기적 욕구를 억제하고 사회적 윤리적 규범을 잘 지키는 것으로 봉공적(奉公的) 의미를 지니고 있다.

그런가 하면 仁은 또한 **애인(愛人)**이다. 사람을 사랑하는 것이다. 진심으로 남의 아픔을 이해하고 공감하는 자연적인 감정이요, 금수와 구별되는 것이다. 인간의 자연스러운 감정에서 비롯한 사랑은 가까운 부모와 형제, 자식들에게서 가장 강하게 일어나기 마련이다. 피가 물보다 진한 법이니 당연하다. 공자가 말하는 인의 구현은 내 마음의 느낌을 기초로 하므로, 일상적인 실생활과 대인관계에 있어서 나와 가까운 관계인 부모로부터, 그리고 형제로부터 시작하여 남의 부모, 형제로 확대되는 것이다. 부모에 대한 공경(恭敬), 그리고 효제(孝悌)가 기초가 되는 것이다.

그러므로 공자의 논리는 가족 윤리적인 색채가 강하다고 할 수 있다. 묵가는 이러한 유가의 자연스러운 사랑을 바로 별애(別愛)라고 비판하면서 모든 사람들을 똑같이 사랑해야 한다고 주장한다.

그런데 공자는 "오직 어진 사람이라야 사람을 좋아할 수도, 미워할 수 있다."고 밝히고 있다(『논어』「이인」). 편견 없이 정에 치우치지 않고 제대로 좋아하고 미워하는 것은 아무나 할 수 있는 것이 아니라고 한다. 사랑도 수양과 공부가 필요하단다.

인(仁)의 윤리(倫理) 및 정치사상

인을 실생활과 윤리적 측면에 적용한다면 '충(忠)'과 '서(恕)'라고 할 수 있다. '충'이란 '진기(盡己)'로 자신의 중심을 다하는 것이요, 천부의 본래성을 발현하는 자아실현과 같다면, '서'는 '추기(推己)'로 자신을 미루어 피아(彼我)의 구별을 없애고 만물일체를 통찰하는 근본적인 인정(人情)이라 하겠다(성대유학과교재편찬위원회, 133쪽). 즉, 충이 자신의 중심을 다하여 사람을 대하는 것이라면, 서는 자신을 미루어 남을 대하는 것이라 하겠다.

충·서는 한마디로 '기소불욕 물시어인(己所不欲 勿施於人)'이라고 할 수 있다. 사람의 마음은 다 마찬가지이므로, 내가 원하는 것은 남도 원하고 내가 원하지 않는 것은 남도 원하지 않을 것이다. 그러므로 인이란 내가 원하지 않는 것을 남에게 시키지 않는 것이다. 즉 자기의 마음을 미루어 남의 마음을 이해하고 동정하는 것이다.

인은 정치적 측면에서 본다면 인정(仁政) 곧, 덕치(德治)와 예치(禮治)라고 할 수 있다.

仁의 구현은 정치적인 측면에서 보면 어진 정치, 곧 인정(仁政)을 베푸는 것이다. 政이란 正이며, 통치자인 군주의 자비가 무엇보다 중요하다. 德으로 인도하고 禮로써 질서를 잡아야 한다. 그래야만 진정으로 백성들의 신뢰를 얻을 수 있는 것이다. "법령을 가지고 인도하며 형벌을 가지고 제재하면 사람들은 법망을 빠져나가기는 할지라도 부끄러움이 없을 것이다." 즉, 법을 내세워 백성들을 통제하는 것은 백성들을 교활하게 만드는 꼴이 된다는 것이다. 그러나 "德으로 인도하고 예로써 질서를 잡으면 부끄러움도 알고 또한 바르게 될 것이다"는 것이다. 이것이 바로 공자의 덕치(德治)·예치론(禮治論)이라 할 수 있다.

『회남자』에 이런 말이 있다. "초목은 밑이 굵고 위는 가늘다. 짐승은 머리가 크고 꼬리가 작다. 만약 이것이 반대로 되었다고 한다면 나무는 밑이 약해서 부러질 것이며, 짐승은 꼬리가 무거워서 움직이지 못할 것이다. 천지간에 온갖 근본과 가치가 있는 법이다. 인간 사회의 정치도 똑같다." "정치의 근본은 인의(仁義)다. 그리고 법률은 가지와 같은 것이다. 근본인 인의를 잊어버리고 법률에만 얽매어 버린다면, 그것은 나무뿌리에 물을 주지 않고 가지와 잎에만 물을 주는 격이다. 왜냐하면 법률이라 하는 것은 인의를 기르고 북돋우기 위해 마련된 것이기 때문이다. 그러므로 법률을 소중히 여겨서 인의를 버린다면, 그야말로 근본과 가지가 거꾸로 된다. 이런 것을 모자와 신을 위할 줄 알고 머리와 발을 위할 줄 모른다고 하는 것이다."(권순우 편역, 261쪽 재인용). 공자가 말하고자 하는 의미를 가장 잘 설명해 준 문장이라고 할 수 있겠다.

공자의 교육사상

공자의 교육적 인간상은 성인(聖人), 君子라고 할 수 있다. 그러나 聖人이란 하늘이 점지하는 것이라고 할 때, 실제적인 이상형은 君子라 할 것이다. 공자는 인간의 **교육가능성을 신뢰**하였다. 天으로부터 얻은 성질은 거의 비슷하나 습관(習慣)의 善·惡, 즉 學習의 결과 현(賢)·우(愚)의 차이가 생긴다고 보았다. 그러므로 학습이 중요한 것이다.

공자는 배움에 있어서 **學과 思의 병행**을 강조하였다. 즉 주관적으로 사유하는 것과 경험적으로 학습하는 것은 병행되어야 하는 것이다. '학이불사즉망 사이불학즉태(學而不思則罔 思而不學則殆)' 즉, "배우고 생각하지 않으면 어둡게 되고, 생각만 하고 배우지 않으면 위태롭게 된다는 것이다." 스승에게 배우는 것은 중요하다. 그러나 배우기만 하고 학생 스스로 사유하지 않는다면 진정한 앎에 이른다고 할 수 없다. 객관적 경험의 습득과 주관적 사유는 그러므로 병행되어야 한다.

공자는 또한 **끊임없는 수양의 과정**을 주장했다. 계속적인 노력과 진보의 성실함이 필요하다는 것이다. 천 리 길도 한 걸음부터요, 높은 산을 쌓는 것도 돌멩이 하나 놓는 것부터 시작하면 되는 것이다. 중간에 포기하지만 않는다면 시간과 속도는 그다지 문제가 안 된다는 것이다. 멈추지 말고 배움에 정진하라고 그는 계속해서 주문한다. 방향이 문제이지 속도는 문제가 안 된다는 것이다.

공자는 군자(君子)의 길로서 지·인·용(智·仁·勇)의 겸비를 주장했다. 인자(仁者)는 근심하지 않으며, 지자(智者)는 어리둥절하지 않고, 용자(勇者)는 두려워하지 않는다고 하여, 智·仁·勇의 조화를 중시하였던 것이다. 지혜로운 사람은 진리에 밝으니 어리둥절하지 않고, 어진 사람은 일의 성패에 크게 연연하지 않으니 근심하지 않으며, 용기 있는 사람은 과단성이 있으며 마음에 거리낌이 없으니 두려워하지 않는다는 것이다.

공자는 君子를 위한 교육내용으로 문(文), 행(行), 충(忠), 신(信)의 네 가지를 들었다. 文(literature)이란 성현의 가르침인 사서오경(四書五經)을 배워서 깨치는 학문을 의미하는 것이고, 行(conduct)이란 효제(孝悌)의 실행과 매일 매일의 德의 실행 등을 실천함을 의미하는 것이며, 忠(loyalty)은 사람을 대할 때 지성과 충심으로 접하는 마음, 자세를 의미하는 것이다. 그리고 信(reliability)이란 말과 행위가 일치하는 신실한 자세를 의미하는 것이다.

공자의 학습방법은 첫째는 넓게 배우는 박학주의(博學主義)[박학독지博學篤志], 둘째 절실하게 묻고 가까운 것에서 사유를 시작하는 절문근사(切問近思), 그리고 셋째 옛것을 두터이 함으로 새로운 것을 깨닫는 온고지신(溫故知新) 등을 들 수 있다.

교육자로서 인류역사상 가장 존경받은 인물 중 가장 손꼽히는 사람을 든다면 누구를 꼽을 수 있을까? 단연코 누구보다도 공자를 뽑을 수 있을 것 같다. 최영갑은 공자의 교육에 대한 열의와 교육에 있어서의 몇 가지 원칙을 네 가지로 제시하였다(36~37쪽 참조). 첫째, 재질에 따라 교육내용과 방법을 달리했다는 점이다. 공자는 재아와 같이 게으른 제자, 자로처럼 용기만 숭상하고 힘을 자랑하는 제자에게 가르치는 방법을 달리했다. 제자들의 장·단점을 명확하게 파악한 다음 그에 맞는 방법을 적용시켰던 점이다. 둘째, 배우기를 원하는 제자에게는 신분의 귀천을 막론하고 누구에게나 배움의 기회를 베풀었다. "마른 고기 한 묶음 이상을 가지고 와서 예를 행한 사람으로부터는 내 일찍이 가르치지 않은 적이 없었다."고 공자는 말했다(『논어』「술이」). 셋째, 누군가 시켜서 학문을 하는 것이 아니라 자발적이고 능동적인 교육을 중시했다. 재주만 믿지 말고 성실하게 노력할 것을 주문했다. 속도는 그다지 중요한 것이 아니고 포기하지 않으면 이룰 수 있다고 가르쳤다. 넷째, 교육자의 모범을 통한 교육을 몸소 보여주었다. 말로만 아니라 삶으로 가르쳤다는 것이다.

공자는 위대한 정치가, 사상가이자 위대한 인류의 스승이었다. 엄숙하면서도 포근하였고, 술을 좋아하고 사람을 좋아하고, 겸손하면서도 자신의 잘못을 제자들에게 인정할 줄 아는 열린 마음의 소유자였다. 공자는 높은 학문적 성취와 함께 인간적인 매력을 지니고 있었으며, 늘 배움에 목마른 것처럼 배우기에 힘썼던 스승이었다. 배움에 관한 공자의 말씀 중 하나다.

내가 일찍이 종일토록 먹지 않으며 밤이 새도록 잠도 자지 않고 생각했지만 유익함이 없더라. 배우는 것만 못하였다(『논어』「위령공」).

공자사상의 한계

공자는 주나라 초기의 전통적인 제도, 예악과 문물을 동경하여 윤리적으로 이를 합리화 내지 정당화하려고 힘썼던 인물이요, 고대문명을 합리화한 옹호자였다. 그는 '술이부작(述而不作)', 즉 본받아 서술하기는 하나 새롭게 짓지는 않는다는 정신을 지니고 있었다. 물론 앞에서 살펴보았듯이 공자는 성현의 말을 단순하게 본받아 서술하지는 않았다. 독창적인 견해를 가지고 재해석해 주었으며, 그것이야말로 공자의 진면목이었고 유가철학의 기초를 다지는 작업이었다. 그리고 공자만큼 열려진 마음을 가진 사람도 드물다고 한다. 공자만큼 자신이 실수할 가능성을 잘 알고 인정하는 사람을 찾기 어렵고, 공자만큼 마음이 열려진 사람을 생각한다는 것은 쉽지 않을 것 같다. 제자들이 전하는 바에 의하면 그는 네 가지의 것으로부터 완전히 자유로운 사람이었다. 그는 억측하지 않았고, 장담하지 않았고, 고집을 피우지 않았고, 그리고 이기적이지 않았다. 그는 스스로 "현자가 세상을 대하는 태도에는 편애도 없고 편견도 없다."고 말했다.

그럼에도 대체로 보수적인 경향을 띠고 있었으며, 제자들에게도 계승되었다. 공자는 혼란스러운 시대를 질서잡기 위해 오랜 노력을 기울였고 백성들의 고통을 덜어주고자 집권자들의 예치와 덕치의 실천을 주장하였다. 그러나 백성들을 위한 그의 노력은 계급질서의 타파나 봉건질서를 허무는 것과는 매우 거리가 멀었다. 공자는 서민들의 생산 활동을 인정했지만 그 자신은 그것을 도외시하였다. 군자는 지식계층이며 직접 생업에 종사하지 않는 생활방식은 후세에까지 유가들의 생활방식으로 자리 잡게 했다.

공자는 '인'과 함께 '의'도 강조하였다. 공자가 인과 함께 말한 예란 주초(周初) 이래의 신분제와 가족제 위에 세워진 사회질서의 규범이다. 그러나 그는 예가 도덕적인 내용과 유리된 형식만으로 되는 데에는 강력하게 반대하였다. 예에 대한 공자의 변화된 의식은 무엇보다도 인이 예의 도덕적인 내용이 되어야 한다는 것이었다. 그러한 측면에서 "사람이 인을 행하지 않으면 예는 해서 무엇 하겠는가"(「八佾篇」: 人而不仁 如禮何)라고 하였다. 인과 유리된 예는 의미가 없다는 것이다(藏原惟人, 앞의 책, 55쪽). 또 어진 사람은 불의를 보고 가만있지 않을 것이며, "옳은 일을 보고도 나서서 행동하지 않는 것은 용기가 없기 때문이라(見義不義 無勇也)"라고 의롭게 행동해야 함을 강조했다. 공자는 군자와 소인을 구분하면서 "군자는 의에 밝고 소인은 이에 밝다"고 말했으며, 제자들에게 "이득을 보고는 의리를 생각하라(見利思義)"고 당부했다.

그러나 왜 '인의'를 실천해야 하는지에 대한 논의는 구체적이지 못했다. 무슨 근거로 누구나 '인의'를 생활화해야 하는 지, 그리고 그것은 가능한 지 등에 대해서 언급하지 않았다.

그러므로 공자의 미진한 논의는 그의 사상을 정통적으로 계승한다고 믿었던 맹자에 이르러서야 해답의 실마리를 찾아볼 수 있다.

2) 맹자(孟子)의 사상

인사상(仁思想)의 주관적 계승과 의(義) 중시

맹자(374~289 B.C.)의 이름은 가(軻)이고 자는 자여(子輿)이다. 맹자는 공자의 사상을 계승하면서 당시 풍미하던 반정통사상인 묵(墨), 양(楊)의 '겸애(兼愛)', '무아(無我)' 이론을 '아비도 없고(모르고) 임금도 없는(모르는)[無父無君]' 주장이라고 배척하면서 유학의 정통을 고수하는 데 기여했다. 특히 맹자는 공자의 仁의 사상을 계승하면서도 義를 강조하였다.

공자가 仁을 禮와 결부시켰다면[克己復禮], 맹자는 仁과 더불어 義를 논하게 된다. 그런데 禮가 생활규범에 따르는 형식이라면, 義는 생활규범이 될 올바른 내용이라고 할 수 있다. 한 마디로 맹자는 공자가 강조한 禮의 근거를 한층 더 파고들게 되었다고 할 것이다. 왜 인과 함께 의가 중요한지 맹자의 주장을 살펴보자.

맹자가 양혜왕을 만나자 왕이 맹자에게 말씀하기를, "노인께서 천 리 길을 멀다고 여기지 않고 이곳까지 오셨으니, 앞으로 과인의 나라에 무슨 이익이 될 만한 것이 있겠습니까?" 하고 묻자, 맹자가 대답하기를 "왕께서 하필이면 이익만을 물으십니까? 또한 인의가 있을 뿐입니다"라고 하였다. 왕이 '어떻게 하면 우리나라를 이롭게 할까'를 이야기하면, 대부는 '어떻게 하면 내 집안을 이롭게 할까' 이야기하고, 선비나 서인들은 '어떻게 하면 내 몸을 편안하게 할 것인가'를 이야기하여 위아래에 있는 사람들이 저마다 자기의 이익만을 좇는다면 나라가 위태로워질 것이다.

맹자는 이로움[利]이 아니라 의(義)가 중요한 문제라고 지적하는 것이다. 맹자는 계속해서 주장하기를,

만승의 나라에서 그 군주를 시해할 사람은 반드시 천승을 가진 공경(公卿)의 집안이요, 천승의 나라에서 그 군주를 시해하는 사람은 백승을 가진 대부의 집안이니, 만승에 천승을 취하며, 천승에 백승을 취하는 것이 많지 않은 것은 아니지만, 만일 의리를 뒤로 미루고 이익만을 좇아 구하게 된다면 모든 것을 전부 빼앗지 않고는 성에 차지 않을 것이다. 사람이 어진데도 자기 부모를 버린 사람은 없으며, 사람이 의로운데도 자기 왕을 버린 사람은 없으니, 왕도 또한 인의만을 말해야 할 텐데 어째

서 이익만을 말하는가.

맹자의 의에 대한 주장은 논리적이고도 강렬하다. 공자가 인을 강조했다면, 맹자는 거기에 의를 더해서 인의를 강조한 것이다. 이 말은 맹자가 살았던 시대가 공자의 시대보다 더욱 정의를 필요로 했던 시기라는 것을 말해준다. 공자가 살았던 춘추시대보다 맹자가 활동했던 전국시대로 접어들면서 경제적 성장과 함께 이익을 차지하고자 하는 전쟁의 강도가 심해지고 더 혼란했다. 그래서 맹자는 인간의 정서적 감정에 호소하는 인보다 옳은 것을 추구하는 의를 강조하게 된 것이다(최영갑, 148~149쪽). 옳지 않은 이익의 추구야말로 사회를 더욱더 혼란하게 만드는 것이므로 이로움이 아니라 의로움과 공정함 여부가 맹자에게는 중요한 것이었다.

공자 사상의 계승은 크게 두 갈래로 진행되었는데, 먼저 자공(子貢)·자유(子遊)·자하(子夏) 등 仁의 객관적인 禮사상 위주로 계승하였고, 순자(荀子)가 이 갈래라 할 것이다. 그리고 증자(曾子)·자사(子思) 등 仁의 주관적인 효(孝)·충서(忠恕)를 위주로 계승하였으며, 맹자가 이 갈래를 대표하고 있는 것이다.

성선설(性善說)

공자는 인의의 실천을 중시했으나, 왜 인의를 실천해야 하는지, 그리고 인의의 실천은 누구에게나 가능한지에 대한 이론적 근거를 밝히지 않았다. 그 이론적인 근거는 맹자에 의해서 만들어지는데, 바로 인간의 본성이 선천적으로 선하다는 '성선설'의 논리이다.

맹자가 인간의 性을 善하다고 보았음은 주지의 사실이다. 맹자는 性을 타고난 소질 '才'로 보았는데, 선한 행위를 할 수 있는[可以爲善]

소질과 악한 행위를 할 수 있는 소질[食色의 性] 중 악한 행위를 할 수 있는 것은 동물에게도 존재하나, 선한 행위를 할 수 있는 소질은 인간에게만 가능하다고 보았다. 그러므로 **인간의 性은 가이위선**(可以 爲善)이므로 선하다고 본 것이다. 이렇게 볼 때 맹자의 성은 생리적 본능과 같은 자연현상이 아니라 **도덕적 성향**을 의미하는 것이다.

그런데 맹자는 인간이 可以爲善할 수 있는 도덕적 성향을 지니고 있다고 하는 근거를 증명함에 '같은 類의 것은 대개 서로 비슷하다'는 전제로 출발한다. 인간들의 마음[心]의 현상들이 서로 같다는 것이다. 산에 나무가 많은 것이 산의 본성이고, 물은 아래로 흐르려고 하는 것이 물의 본성이며, 좋은 소리나 좋은 맛을 서로 비슷하게 느끼는 것처럼 인간의 본성도 서로 비슷하다고 한다. 인간의 신체나 감각기 관이 서로 비슷한 것처럼 인간의 마음이나 본성도 서로 유사하다고 보는 것이다.

즉, 그는 인간들에게는 '차마 못하는 마음[不忍人之心]'이 누구에게 나 있다는 경험 내지 귀납적 방법을 토대로, "타인의 고통을 저리게 느끼는 마음[측은지심惻隱之心], 자신의 잘못을 부끄러워하고 남의 거 짓을 미워하는 마음[수오지심羞惡之心], 자신의 이익을 물리고 남을 밀 어주는 마음[사양지심辭讓之心], 그리고 무엇보다 도덕적 선악을 판단 하는 이성[시비지심是非之心]."이 있다고 한다.

이것이 바로 이른바 인의예지(仁義禮智)의 선한 본성이 있음을 입증 하는 네 가지 단서, 사단(四端)이라는 것이다. 즉, 그가 말하는 이 네 가지의 마음[四端]을 '네 싹' 혹은 '씨앗의 눈'과 같은 것이라 할 수 있다. 그리고 인의예지란 사덕(四德)은 열매와 같은 것이다. 씨앗에 눈이 있어야 싹이 나고 꽃이 피며 열매가 맺히게 될 수 있는 것이다.

맹자는 사단이 사람의 마음에 갖추어져 있는 것은 마치 사람의 몸에 팔다리[四肢]가 갖추어져 있는 것과 같다고 했다. 그러므로 누구나 선한 본성을 입증하는 단서를 지니고 있으므로 인의예지(仁義禮智)의 행위를 실천할 수 있다는 것이다. 즉, '차마 못하는 마음[不忍人之心]', '측은한 마음'을 미루어 남에게 미치는(推己及人) 것이 바로 '충서'요, 이 '충서'의 실천하는 것이 곧 왕도정치가 되는 것이다.

인간은 생물학적으로는 동물에 속해 있으되, 본질적으로는 신의 형상을 닮아 태어났다. 즉, 선한 본성을 가지고 태어났다는 것이다. 사람들은 묻는다. 그런데 어째서 세상은 악으로 뒤덮여 있는가? 우리는 왜 도덕적이라기보다 이기적이며, 정직하기보다 파렴치하며, 동정적이라기보다 공격적인가? 그것은 타고난 천성의 탓이 아니라 후천적 경험과 환경의 결과라고 맹자는 말한다(한형조, 66~67쪽). 즉, 맹자는 인간의 감각기관이 악의 창문이 되어, 사물에 대한 욕망을 일으켜서 악한 일을 하게 하는 것이라고 설명한다.

인간에게는 눈·귀와 같은 기관과 마음과 같은 기관이 있는데, 눈·귀의 기관이 바깥 사물과 접촉하면 그것에 가려지지만, 마음이라는 기관에는 그와 같은 성향이 없다. 그러므로 인간은 마음이라는 기관에 의하여 항상 안을 살피고 있으면[內省] 악에 달려 나가지 않게 된다는 것이다. 여기에서 맹자는, 중요한 것은 '욕정을 억누르는 것[寡欲]'과 '마음을 보존하는 것[存心]', 즉 자신의 본심[이성과 양심]을 잃지 않으려는 노력이라 말한다(藏原惟人, 1999, 45~46쪽).

맹자는 인간의 본성을 가리는 눈·귀와 같은 기관의 가리움이 선악의 문제뿐만 아니라, 현우(賢愚)의 차이를 낳는 근본 원인이라는 것이라고 보았다. 인간의 마음에 나타나듯이 인간이 하늘로부터 부여받은 본성은 선하고, 그 점에서 인간은 모두 평등하다. 그러나 현실의 인간에게 선악과 지우(智愚) 등의 차별이 존재하는 것은 무엇 때문인가?

맹자는 사람들이 스스로의 마음을 보지 못하고 '이목지관(耳目之官)', 즉 감각을 통해서 외계의 악에 영향을 받고, 그것에 유인되고, 그것에 굴복함으로써 내면에 사욕을 키우고, 그 욕심에 의해서 마음을 왜곡시키기 때문이라는 것이다(같은 책, 62쪽).

그러므로 우리는 타고난 선한 본성을 잃지 않도록 지속적으로 노력하는 것이 필요하다. 그에게 있어서 교육이란 잃어버린 선한 마음을 되찾는 과정이라고 하겠다. 선한 마음을 되찾는 방법은 구체적으로 어떤 것인가? 적극적인 방법과 소극적인 방법으로 나눌 수 있다. 사람의 본성 가운데 갖추어져 있는 사단을 적극적으로 확충하면 자연히 물욕(物慾)의 방해를 피하여 본성의 선을 발휘할 수 있다. 소극적인 방법으로 구방심(求放心)·과욕(寡慾)·존야기(存夜氣)·지언(知言)·양기(養氣) 등을 말한다고(한기언, 앞의 책, 38~39쪽) 하겠다.

호연지기(浩然之氣)

그에게 있어서 교육의 목적은 군자 내지 대장부(大丈夫)를 양성하는 데 있었다고도 할 수 있다(신득렬, 앞의 책, 508쪽). 대장부란 천하의 대도(大道)를 걸어가는 사람으로서 부귀나 빈천, 위무(威武)에 넘어가지 않고 굽히지 않는 사람이라고 하였다(『맹자』, 「文公下」). 특히, 스스로 돌아보아 허물이 없는 떳떳함을 지니는 것이 바로 큰 용기이므로 그러한 신념을 지닌 사람이 대장부인 것이다. 맹자는 큰 용기와 신념에 대해 말한다.

옛날 공자의 제자 되는 증자가 그의 제자인 자양(子襄)에게 가르치기를 너는 용맹을 좋아하는가? 나는 공자에게서 대용(大勇), 크게 용맹한 것에 대해서 배운 적이 있다. 공자는 말씀하시기를, '스스로 돌아봐서

옳지 못하면 비록 보잘것없는 인간일지라도 내 두렵지 않을 수 없고, 스스로 돌아보아 옳은 일이면 천만 명이라고 해도 두려울 것이 없다'고 하셨다. 즉, 큰 용기라고 하는 것은 자기의 마음을 언제나 바르게 가지고 자기 자신을 믿는 것이다. 이것이 신념인 것이다.

스스로 돌아보아 부끄러움이 없이 옳다고 여기는 사람은 두려움이 없는 큰 용기를 가진 대장부라는 것이다. 나아가 맹자는 진정한 대장부가 되려면 무엇보다도 호연지기(浩然之氣)를 가져야 한다고 생각했다. 그는 제자의 물음에 대해서 호연지기를 이렇게 말했다(『맹자』「公孫丑上」).

호연의 기는 무엇인고, 가로되 말하기 어려운 것이다. 그 氣인즉 지극히 크고 강하니[至大至强], 정직(直)으로 키워 해치지 않으면 천지 사이에 가득 찬다. 그 기인즉 義와 道를 배합하여 되는 것이다. 만약 의와 도가 없으면 굶주리게 된다. 이것은 의리를 많이 쌓아야 생겨나는 것이요, 의가 하루아침에 갑자기 덮쳐서 취해지는 것이 아니다. 행하고 나서 마음에 모자라게 여기는 바가 있으면 호연지기가 굶주리게 된다.

맹자는 호연지기를 기르는 데 힘써야 하되 미리 기대하지 말고 마음에 잊지도 말며, 억지로 인위적으로 조장해서는 안 된다고 했다. 맹자의 설명으로도 호연의 기가 어떤 것인지 분명하지 않으므로 후세의 학자가 여러 가지로 해석을 시도하였다.

호연의 기란 쉽게 이해하기 어려운, 맹자의 느낌을 표현한 말이라고 하겠다. 즉, 스스로 반성하여 보아 조금도 꺼릴 것이 없고, 부앙천지(俯仰天地)하여 부끄러울 것 없는 그러한 기분을 호연지기라고 했으리라고 추측했다(한기언, 앞의 책, 39~40쪽). 그리고 어떤 상황에 처하더라도 감정에 미혹되지 않는, 주저함 없는 웅대한 마음가짐을 기르는 것이 필요하다고 말하고 있는데, 그런 마음가짐을 호연지기(浩然之氣)라고 한다(하치야 구니오, 87쪽).

그런데 대장부와 결부시켜서 보면, 호연지기란 인자무적(仁者無敵)의 마음가짐과 같은 것이다. 즉, 호연지기는 스스로 정직하면 어느 누구와도 떳떳하게 맞설 수 있다는 마음가짐, 의로운 마음가짐을 꾸준히 지속시켜가게 되면 천하에도 미칠 수 있는 마음의 큰 기운이라고 할 수 있겠다.

민본위민(民本爲民)의 정치사상

맹자는 仁政이 德治요 民本이라는 공자의 사상을 계승하여, 民本을 철저히 역설하였다. 한마디로 "民이 가장 귀하고, 사직(社稷)이 그 다음으로 귀하며, 君은 가장 경(輕)한 것"이라는 것이다. 民本에 입각한 참된 德治를 펴는 것은 왕도정치(王道政治)요, 힘[力]으로 仁을 가장한[以力假仁] 정치는 패도정치(覇道政治)인 것이다.

그런데 맹자가 주장하는 왕도정치란 성선설에 입각하여 누구나 실천할 수 있는 정치의 실천이다. 그는 왕도정치란 군주의 선한 본성을 확충하면 쉽게 도달할 수 있는 것이요 절대로 불가능한 일이 아니라고 역설한다. '하지 않는다는 것과 할 수 없는 것'은 전혀 다른 것이며, 왕이 왕 노릇하는 것은 '태산을 옆에 끼고 북해를 건너는 것과 같이 하기 어려운 일이 아니라, 바로 나뭇가지를 꺾는 것과 같이 쉬운 일'이라고 한다. 좀 더 구체적으로, '차마 하기 어려운 마음으로 백성을 다스리는 것', '측은한 마음을 꾸준히 행하는 것'이 바로 왕도정치를 펴는 일이라고 한다. 내 집안의 노인을 노인으로 섬겨서 남의 노인에게까지 미치며, 내 어린아이를 사랑해서 다른 사람의 어린아이에게 미치게 한다면 천하를 손바닥 위에 올려놓고 움직일 수 있다. 그런 까닭에 왕이 은혜를 널리 퍼뜨리면 천하를 보호할 수 있고, 은혜를 널리 퍼뜨리지 않는다면 처와 자식도 보호할 수 없을 것이다.'

그러므로 왕도정치는 공자가 말한 인(仁) 또는 충서(忠恕)를 실천한 결과에 지나지 않는다. 역시 타고난 선한 본성의 확충이요 실천이다. 펑우란의 지적처럼(앞의 책, 105~106쪽), 여기에서 우리는 맹자가 어떻게 공자의 사상을 발전시켰는가를 알 수 있다. 공자는 충서를 개인의 자기수양에만 국한시킨 데 반해 맹자는 정치에까지 널리 적용시켰다. 즉 공자에게 있어서 충서는 단지 '안으로 성인[內聖]'이 되려는 도에 불과했지만 맹자에 의해서 충서는 '밖으로도 왕'이 되려는 데까지 확장되었다고 할 수 있다.

맹자는 땅이 작고 약한 나라들을 강하게 만드는 근본적인 방책 역시 민의를 존중하고 백성의 형편을 살필 줄 아는 어진 정치 여부에 달려 있다고 다음과 같이 역설한다.

양혜왕이 묻기를, "매우 강한 나라들[제, 진, 초]에게 복수를 하려면 어떻게 해야 합니까?" 맹자가 대답하기를 "사방 1백기의 땅만 되어도 왕 노릇을 할 수 있습니다."라고 하였다. "만약 왕이 어진 정치를 백성들에게 베풀어서 형벌을 줄이고 세금을 적게 거둔다면 백성들은 안심하고 밭을 갈고 김을 매어서 장성한 자들은 한가한 날에 효제충신의 도를 공부하여 집에 들어와서는 부형을 섬기고 나아가서는 웃어른을 섬길 것이니, 이들로 하여금 몽둥이를 가지고 앞장서서 진과 초나라의 튼튼한 갑옷과 날카로운 병기를 견디게 할 수 있을 것이다. 백성의 농사철을 빼앗아서 백성들이 밭을 갈고 김을 매어 부모를 봉양할 수 없게 한다면, 부모들은 추위에 얼어 굶어서 죽게 될 것이고 형제와 처자들은 뿔뿔이 흩어지게 될 것이니, 왕이 고통 받는 백성을 구한다면 누가 왕에게 맞서겠습니까?"

그러므로 "왕의 커다란 야망을 이루는 길은 왕도의 근본으로 돌아가는 것이어야 합니다. 지금 왕께서 훌륭한 정치를 하시고 인정을 베푸시어 천하에 벼슬하는 자들로 하여금 모두 왕의 조정에서 벼슬하기를 바라게 하며, 농부들에게 왕의 땅에서 농사짓게 하며, 장사꾼들로 하여금 왕의 저잣거리에서 장사하게 하며, 여행하는 사람으로 하여금 모두 왕의 거리에 나가기를 바라게 하면, 천하에 자기 왕을 미워하는 자들이 모두 왕에게 달려와 하소연하고자 할 것이니, 그렇게 하신다면 누가 막을 수 있겠습니까?"

맹자는 이처럼, 왕의 어진 정치, 왕도정치야말로 그 어떤 술책과 비교할 수 없는 부국의 근본임을 힘주어 말하고 있는 것이다. 맹자는 위정자의 임무는 백성을 보호하는 것이며, 이것은 "산 사람을 봉양하고 죽은 사람을 장사 지내는데 유감이 없도록 하는 것"이라고 보았다 (최영갑, 167쪽). 항산(恒産)이라야 항심(恒心)이요, 백성을 자식처럼 아끼고 보살필 때만 그들이 왕을 위해 몸 바쳐 싸울 것이고, 그러한 사실이 알려지면 자동적으로 이웃 나라들의 백성들도 다 모여들 것이니 국가는 강해질 수밖에 없다는 논리이다. 그러므로 그는 왕이 백성들의 생업을 우선적으로 보호해 줄 것을 설득하고 있다.

그런데 군주의 어진정치, 왕도정치를 중시하는 맹자는 나아가 좀 더 적극적으로 민본중심, 민본위주의 정치체제, 정치혁명까지 언급하고 있다. 그에 따르면, 왕권자체가 일단 天으로부터 주어진다고 할 수 있으나, 天은 말을 하지 않는 것이므로, 결국 민의(民意)에 의해 주어지는 것이라고 하여, 왕권민수설(王權民授說)을 주창하였다. 그러므로 그는 民意를 배반하고 一身의 이익만을 돌보기 위해 이력가인(以力假仁) 하는 패도자(覇道者)를 용납하지 않는다.

그는 주나라 무왕(武王)이 은나라의 폭군 주(紂)왕을 토벌한 것[伐

紂]을 당연시하였는데, "仁을 도둑질하는 자를 적(賊) 즉, 흉포하다고 하고, 義를 도둑질하는 자를 잔(殘), 잔학하다고 한다. 잔적(殘賊)의 인간은 一夫에 지나지 않는다. 一夫인 紂를 죽였다는 것은 들었어도 君主를 시해(弑害)했다는 것은 듣지 못했다"라고 하여, 역성혁명(易姓革命)을 시인하였다.

덕이 있는 군주가 아니고서는 맹자의 역성혁명론은 매우 두렵고 받아들이기 어려운 내용이었을 것이다. 그래서 실제로 후대에 몇몇 왕은 맹자의 글을 읽지 못하게 하거나 역성혁명이 나오는 부분을 아예 없애버리려고도 하였다.

맹자사상의 한계

맹자의 이상주의, 순자의 현실주의

맹자는 인간은 누구나 선한 본성을 가지고 태어난다고 본다. 그러므로 인의를 실천할 수 있고, 성인과 군자가 될 수 있다. 군주도 자신의 마음을 미루어 실천함으로써 왕도를 펼칠 수 있다고 보았다. 공자의 사상을 이어받아 한층 더 그 실천의 근거를 마련해 주었던 것이다.

왕도정치를 내세우면서 역성혁명까지 승인하는 그의 정치철학은 매우 혁신적이기도 하다. 아마 전국시대의 사상자유의 분위기와도 관련이 되어 있을 것이다. 민중의 삶을 존중하고 그들의 생활기반을 마련해 주면서 도덕적 자각에 기초한 인륜의 실천을 중시한 점에 있어서도 맹자의 이상주의는 인상적이고도 참신하다. 후대 우리의 실학자들이 민중의 삶과 괴리된 치자중심의 관념적인 주자학 풍토를 비판하면서 공맹의 민중중심의 근본으로 돌아가고자 했음을 기억한다. 유가의 보수적이고 형식적인 논리들, 봉건질서를 합리화시키고자 한 논리들 가운데, 맹자의 주장들은 그래도 현대의 시각에서 봐도 가슴을 뻥 뚫리게 만드는 시원한 청량감을 주는 것 같다.

그럼에도 불구하고 맹자는 주초 이래 계속되어 왔던 사회의 신분적 체제와 군주와 인민, 지배자와 피지배자, 군자와 소인 등등의 전통적인 차별에 대해서는 어떠한 의문도 제기하지 않았고, 오히려 그것을 유지·강화시키는 것이야말로 유가로서 자신의 사명이라고 생각했던 것 같다. 맹자 역시 인간사회에서 각 구성원들에게 주어진 일에는 차별이 있으며, 따라서 치자와 피치자, 귀족과 평민, 대인과 소인 등의 신분적 차별이 발생하는 것은 당연하다는 것, 그리고 그러한 기초 위에 군신, 부부, 장유 간의 도덕이 성립된다는 것을 당연시 여겼다. 그것이 결국 귀족적·가부장적 신분제의 고정화를 주장하는 유가 입장의 합리화로 연결된다는 것은 자명한 일이다.

맹자는 성선설을 제시하여 본성이라는 면에서 인간은 모두 평등하며 단지 인간이 악에 물드는 것은 본성이 이목의 욕심에 가려지기 때문이라고 주장하였다. 인간의 본성이 누구나 선험적으로 선하다는 것은 별문제가 없으며 그것이 외적인 영향에 의해 변화한다는 것도 우선 논리로서 성립된다. 그러나 인간이 본성적으로 선한 존재라는 점에서는 누구나 평등한 것임에도, 그러한 논리와 다르게 사회적 체제에서의 신분적인 차별, 그리고 민족적 차별을 강조하는 태도 사이에는 논리적인 비약, 비일관성을 보이고 있는 것 같다(藏原惟人, 68~70쪽 참조)는 주장은 타당하다고 여겨진다.

맹자는 전국시대의 막바지를 살았다. 그 또한 공자처럼 중원의 문화가 자신의 어깨위에 걸려 있다는 사명감과 자부심에 차 있었다. 그런 만큼 변호는 절실했고, 비판은 격렬했다. 그의 글은 유가의 전적 가운데서도 드물게 논설적이고, 논리적이며, 웅변적이다. 그렇지만 현실의 혼란은 도덕적 자각이나 책임의 각성으로 바로잡기에는 역부족이었다. 유가가 내세운 모든 인간의 존엄성과 내적 자발성, 그리고 도덕적 의지에의 호소들이 먹히지 않았다.

뒤이어 나타난 순자(荀子)는 이 같은 맹자의 교설을 비판하고 수정했다. 내면적이고 자율적인 방식으로의 접근은 실패하게 되어 있다. 그는 외면적 통제와 질서를 통해 인간을 규율하고자 했다. 법가의 종합을 이룬 한비자가 그의 제자인 것은 우연이 아니다.

3) 순자(荀子)의 사상

공자의 객관적인 예(禮) 측면을 계승

순자(대략 299~213 B.C.)의 이름은 황(況)이다. 순자 역시 공자의 사상을 계승했다. 공자의 仁사상의 객관적인 禮의 측면을 계승하였으며, 후에 이사(李斯), 한비자(韓非子) 등의 법가사상에 영향을 주었다.

논어와 맹자와는 달리『순자(荀子)』는 순자 자신이 직접 집필한 것이다. 총 32장으로 되어 있으며 논어, 노자, 맹자, 장자가 일화와 경구로 되어 있는 데 비해 이 책은 체계적인 논문으로 되어 있어서 본격적인 철학서라고 할 수 있다. 제자백가가 쟁론을 벌리는 시대에 산 그는 공자의 사상을 수호하려고 하였을 뿐만 아니라(신득렬, 앞의 책, 510), 새롭게 체계화 시켰다. 즉, 순자는 전국 말기 유가의 최대 대표자로서 유가에 대한 묵가나 도가 등의 비판에 대항하여, 여러 사상을 총괄적으로 검토, 비판하면서 그 속에서 유가의 입장에서 취할 것은 취하고, 당시 사회의 변화에 맞게 적응시키면서 부흥시켜, 한대(漢代) 이후 유교 전성(全盛)을 위한 기초를 다졌던 사상가라고 평가할 수 있다(藏原

惟人, 186쪽). 물론, 긍정적으로 본 평가이다.

순자사상의 합리성

순자의 주장은 공자나 맹자에 비해 현실적이고 합리적이었다고 볼 수 있다. 공자가 천명(天命)을 들어서 하늘의 뜻을 중시했음은 이미 언급한 바 있다. 공자에 비해서 맹자의 경우 천의(天意)는 민의(民意) 속에서 찾을 수 있다고 하여, 민의에 반하는 잘못된 군주는 역시 하늘도 버리는 것이라는 역성혁명의 논리로까지 전개시켰다.

순자의 경우는 더 나아가 인간과 사회의 행과 불행, 나라의 다스려짐과 어지러움, 가난과 부함, 홍수나 한발 등의 재해 등은 다 천에 달린 것이 아니라 사람에게 달려 있다고 보았다. 사람은 다른 금수들과 달리 생명, 지각, 의로움을 갖춘 가장 귀한 존재이기 때문에 인간이 올바로 행동하면 모든 것을 극복할 수 있다고 보았다. 인간중심적인 사고방식이 강하게 나타난다.

또한 합리적이고 과학적인 입장에 서서 당시 일반에 널리 펴져 있던 잘못된 여러 미신에 대해서 비판하면서 두려워할 것이 아니라 현명하게 대처하는 것이 중요하다고 여겼다. 일식이나 월식, 때아닌 비나 바람 등은 어느 시대나 일어났으며, 기우제나 점을 친다고 해결될 문제가 아니라는 것이다. 문제는 군주가 현명하여 정치를 잘 펼치느냐 여부인 것이다. 참으로 인간은 하늘이라는 존재에 자기 자신의 화복을 맡겨야 하는 것이 아니라, 인간의 노력 여하에 따라 얼마든지 여건을 개선시키고 좋은 삶을 살 수 있게 될 수 있다는 논리이다. 천명(天命)을 넘어서는 순자사상의 합리적인 경향이라고 하겠다.

성악설

맹자가 인간의 본성이 선하다고 보았다면, 순자는 악하다고 보았다. 순자는 다른 금수들과는 달리 인간은 생명과 지각능력, 의(義)를 구비한 귀한 존재임에는 틀림없으나, 교정되거나 제어되지 않은 인간의 자연적인 본성은 악하다고 보았다. 즉, 두 사람이 말하는 性의 개념은 다른 것이다. 맹자는 가이위선(可以爲善)할 수 있는 인간의 도덕적 성향을 본성으로 보았다면, 순자는 '타고난 취향[天之就]으로서 배울 필요도 없고 일삼을 필요도 없지만 인간에게 있는' 것으로 **본능적 욕구**(本能的 欲求)와 같은 것이다. 즉 순자는 인간의 **자연적 성향**(自然的 性向)을 인간의 본성으로 보았던 것이다. 인간의 본성은 호리(好利)하는 性이므로, 性의 요구대로 따르면 惡한 결과를 가져온다는 뜻에서 人性은 惡하다고[人之性惡] 하였다.

맹자에 의하면, 인간은 '차마 못하는 마음[不忍人之心]'인 '사단(四端)'을 태어날 때부터 고유하게 가지고 나왔기 때문에 이 사단을 충실히 확충시키면 성인도 된다고 했다. 그러나 순자에 의하면, 인간은 어떠한 선한 싹이나 실마리[선단(善端)]도 가지지 않고 태어났으며, 반대로 사실상 이익을 좋아하고 감각적 쾌락을 가지고 있는 악한 취향을 가지고 있다고 보았다.

그러나 이러한 악한 취향에도 불구하고 인간은 또한 지능을 가지고 있으며 이 지능이 인간을 선하게 될 수 있도록 만들었다고 하였다. 맹자가 인간의 본성은 선하기 때문에 사람은 누구나 다 요순이 될 수 있다고 주장한 데 반하여, 순자는 인간은 본래 지각능력, 즉 지능을 가졌기 때문에 어떤 사람이든지 다 우임금 같은 훌륭한 인물이 될 수 있다고 주장하였다(펑우란, 앞의 책 190~191쪽).

순자는 인성이 악하다고 보았기 때문에 인성을 형성하는 사회적 조건들에 주목하였다. 인간은 모임을 이루고 살아야 하며, 다투지 않고 함께 공존하려면 최소한의 욕구를 충족시키는 상태에서, 만인에게 제한이 부과되어야 한다. 예의 기능은 바로 이 한계를 수립하는 일이다. 예가 존재할 때 도덕이 존재한다. 예에 따라서 행동하는 사람은 도덕을 잘 지키는 사람이며, 예에 거슬려 행동하는 자는 반도덕적인 사람이다. 매우 공리주의적이며 묵자의 설명과도 아주 흡사하다(평우란, 같은 책, 193쪽).

그러나 순자는 악한 인간의 본성을 제어하기 위하여 예를 제정하는 것만으로는 부족하며 불충분하기 때문에 그것을 강제하고 그에 제재를 가할 기관이 있어야 한다고까지 주장하게 된다. 공자는 정치를 덕과 예로써 해야 하며, 형벌에 의한 힘의 정치를 반대했다. 맹자 역시 공자의 사상을 계승하면서 군주가 왕도정치를 할 수 있는 근거로서 선한 본성을 지니고 있으므로, '차마 못하는' 그 본성을 미루어 확충한다면, 인의를 중시하는 왕도정치를 펼 수 있다고 웅변했다. 그러나 순자는 인간의 본성이 악하기 때문에 군주의 권세가 없고, 예의의 감화가 없고, 법에 의한 정치가 없고, 형벌에 의한 금지가 없다면 천하는 혼란하여 망하게 될 것이라고 보았다. 즉, 강한 자는 약한 자를 해쳐 그의 것을 빼앗고 큰 집단은 작은 집단에게 폭력을 행사하여 그들을 교란시킬 것이기 때문에 천하의 모든 것이 엉망이 되어 순식간에 망할 수밖에 없다는 것이다. 이러한 순자의 주장 속에는 후에 전개될 법가의 논리가 강하게 배태되어 있음을 알 수 있다.

순자의 교육사상

순자에게 있어 善이란 오히려 그 본성의 욕구를 제어한 「위(僞)」 즉 人爲의 결과요, 禮란 性을 변화시켜 人爲로 만든[化性起僞] 결과이다. 순자의 禮는 心性의 자연적인 발로를 억제하고서 정하여지는 것이다. 순자는 음악을 도덕교육의 도구로서 생각하였는데, 이것이 줄곧 유가의 음악관이 되기도 했다.

순자는 禮나 善의 인위성(人爲性)을 주장했다. 즉, 禮나 善은 本性의 자연발로가 아니라, 오히려 타고난 자연적 성향으로서의 본성을 변화·개조시킴으로서[화성기위(化性起爲)] 가능해지는 것이다. 그러므로 결국 교육[學習]의 필요성이 대두된다. 그는 교육의 중요성을 인식하고 있었으며, 교육의 효과를 강조하였다. 그는 인간이 선하게 되기 위해서는 전승되어진 예를 중시해야 한다고 보았고 스승에 의해 교화되어야 한다고 보았다. 스승과 법도에 의한 교화, 예악에 대한 인도가 있어야 한다. 그런 다음에야 사양하는 마음을 갖게 되고, 사회규범과도 합치되어 잘 다스려진 사회로 돌아갈 수 있다고 보았다(『순자』「성악」).

성인(聖人)이란 어디까지나 후천적인 적(積: 학습의 노력)에 의하여 이루어진 인간일 뿐이다. 즉 積에 의한 性의 변화로써 이상적인 경지에 이른 사람이 곧 聖人이라는 것이다. 순자의 사상이 지니는 경험주의적 특징을 엿볼 수 있다.

순자사상의 평가

순자에 대한 평가는 대체적으로 부정적인 측면이 많은 것 같다. 그의 사상은 제자인 이사와 한비자에게 전수되고, 법가사상과 연계되어 중국의 통일에 기여하게 되었다. 그러나 진나라 붕괴 후 그의 제자들에 대한 비판과 함께 그 역시 질책의 대상이 되기도 했다. 그의 사상은 공자의 인의의 정신은 제대로 계승하지 못하고 오직 예만 강조하여 계승한 것으로 한계 지워지기도 한다. 신득렬은 순자는 훌륭한 제자인 이사(李斯, BC 280~208)와 한비자(韓非子, BC 280~233)를 배출하였는데, 이사는 법가의 입장에서 순자의 원리를 반대하였으며, 한비자는 재상이 되었을 때 유학자들의 저작을 검열하였다고 한다. 그리하여 이 두 사람은 유학사상가들의 미움을 샀으며, 순자의 평가에 악영향을 미쳤고, 역설적이게도 그의 유명한 제자들이 순자를 질책의 대상으로 만들었다고 평가했다(앞의 책, 511). 양계초도 중국학술사상 변천에 대해 기술하면서 한대(漢代) 이후 유학 중 순자의 학만 널리 전하게 되었음을 다음과 같이 밝히고 있다(앞의 책, 235~236쪽).

맹자는 요·순을 존숭하였고, 순자는 우왕(禹王)·탕왕(湯王)·문왕(文王)·무왕(武王)·성왕(成王)·주공(周公) 등의 후왕의 법으로 하였다. 맹자가 이미 세상을 떠나자 공손추(公孫丑)·만장(萬章)의 제자들은 책임을 다하지 못하여 그 도가 전하지 못하였다. 순자는 자신은 비록 등용되어 있지는 못하였으나 그의 제자 한비자·이사 등은 진나라에서 크게 두각을 나타냈다. … 한나라 이후부터 공학을 창명하였다고 하지만 실제로 전한 것은 겨우 순학(荀學)의 한 지파일 뿐이다. … 순경(荀卿)의 책은 모두 예를 숭상하였으니. … 양한의 경술은 순학을 하는 자가 십에 칠팔은 됨이 분명하다.

순자는 유학의 현실주의자였다. 순자는 명가 및 후기 묵가의 대다수 논증이 논리적인 궤변에 근거를 두고 있으므로 오류라고 생각하였다. 그리고 순자는 이 모든 오류가 생기는 원인을 성군(聖君)이 존재하지 않기 때문이라고 보았다. 성군이 존재했다면 그는 정치적인 권위로 백성의 마음을 통일시켜서 논쟁도 시비도 없는 곳에서 진정한 인생을 살도록 지도할 수 있었다고 본다.

순자의 주장은 당시 파란 많던 시대정신을 대변해 주었다. 그 시대는 만민이 다 전쟁의 쓰라린 고통을 종식시켜줄 정치적 통일을 열망하던 시대였다(핑우란, 앞의 책, 200~201쪽). 순자사상이 도래된 시대 상황은 그의 사상의 성격을 규정하고 그의 사상적 위치를 자리매김하는 원인이 되었다고 할 수 있다.

4) 주자(朱子, 朱熹)의 사상

유학의 물줄기를 바꿈

유교 또한 시대적 변화와 요청에 따라 다단한 굴곡을 겪는다. 주희가 살던 시대는 새로운 유학의 변모를 요구하는 시대였다. 유가는 맹자, 순자, 동중서와 같은 인물들이 나타나 한때 생명력을 드러내었지만, 특히 수당(隨唐)대 이후 노(老)·불(佛), 특히 선불교의 영향력에 밀려 생명력을 상실한 체 명맥만 유지하고 있었다. 유교는 당시의 정신적인 관심과 요구에 만족할 만한 해답을 주지 못했다. 도가의 융성과 불교의 도입으로 사람들은 형이상학적 문제, 즉 도덕적 가치를 초월한 문제에 더 관심을 두었다(핑우란, 앞의 책, 331). 이러한 정황 속에서 유학은 사상계의 물줄기를 바꿀 새로운 동력이 필요하였던 것이다.

또한 송대(宋代)는 당시 주변의 이민족인 요(遼)와 금(金)에 의해서 침략을 당한 때였으므로 이에 대항하기 위해서도 상당히 자주적인 독립정신이 요구되었다고 할 수 있다(성대유학과교재편찬위원회, 102쪽).

이러한 시대적 요구에 부응하여 유교의 물줄기를 바꾼 것은 주희(朱熹, 1130~1200)에서 그 정점을 이룬 신유학(新儒學)의 성립이었다.

주자학, 성리학을 신유학이라고 하는 것은 유교 경전의 훈고(訓詁)에 매달리던 한나라 때의 유학경향에 대하여 송나라 때에 새롭게 발흥했다는 의미에서다. 주자의 학설은 중국 고대의 사상을 총망라하여 이것을 융화(融和)하여 자신의 학설로 건설한 것이다. 주자의 학설 가운데는 공자의 仁, 자사(子思)의 誠, 맹자의 인의 등을 비롯하여 주렴계(朱濂溪), 정이천(程伊川), 장횡거(張橫渠), 강소절(邵康節) 등의 학설이 포함되어 있다. 주자는 이러한 학설을 체계적으로 조직하고, 또한 널리 불노(佛老)의 학설을 받아들여서 사색적으로 그 사상을 발전시켰으며[1] 유교의 학설은 그에 와서 그 면목을 새롭게 하였다(한기언, 앞의 책, 42쪽).

이처럼, 주자학 곧 성리학은 노·불 특히 이교도인 불교의 발흥에 대하여 한족중심의 중화주의적 정신에 의거 학문적으로 극복하고 대항하기 위해 유교의 전통을 새롭게 회복하려는 의지가 발로되어 재구성된 것이다. 구체적으로는 천리(天理)와 인성(人性)의 합일(合一)을 추구하는 형이상학적 체제를 구축하게 된다.

남송대(南宋代) 주희(朱熹)에 의해 집대성된 성리학은 특히, 선불교의 좌선(坐禪)과 내성(內省)을 통한 '직지인심(直指人心) 견성성불(見性成佛)'하는 돈오적(頓悟的) 상달(上達)의 수양방법에 자극받아, 심성(審性)과 궁리(窮理)를 통한 하학이상달(下學而上達) 방법을 찾아내 이

---

1 신유가의 사상적인 주요 원천으로서는 세 개의 사상노선이 있다. 첫째가 유가 그 자체요(맹자의 신비주의적 경향), 둘째는 불가로서 이는 선(禪)을 매개로 한 불교의 영향, 셋째 음양가에 대한 도교의 우주론적 해석이 그것이었다. 특히 선불교는 도가와 더불어 신유가의 형성기에 있어서 가장 영향력이 컸었다. 신유가에게는 선종이나 불학은 동의어였으며, 어떤 의미에서 신유가는 선종의 논리적 발전이라고 하여도 무방할 것 같다(펑우란, 같은 책, 333).

론화 시켰던 것이다. 수련의 방법에 있어서도 주자는 성리학의 수양법을 정좌법(靜坐法)이라고 하여, 선종의 선정법(禪定法)과 구별하였다. 즉 그에 따르면 정좌법은 끊임없이 마음을 거두는 것[專一思慮]인 반면에, 선정법은 마음을 버리는 것[排除思慮]이라는 것이다(조화태·정재걸, 1999, 22~23쪽). 그러나 황준연은 주자가 주장한 정좌법은 불가의 좌선의 방법과 외면상 별다른 차이가 없으며, 그러므로 그의 수양 방법론이 평소에 공격한 적(敵, 불교)의 방법을 닮았다는 모순이 있다고 보았다(앞의 책, 396).

성리학은 향리출신의 사대부학(士大夫學)으로 자리 잡았는데, 중국에서는 배불(排佛)의식하의 존화(尊華)·멸이(蔑夷)의 도통(道統)을 중시하고 춘추대의적(春秋大義的) 의리관을 강조하는 향리출신의 사대부학으로, 한국에서는 불교의 폐단을 극복하고 여말선초(麗末鮮初)의 새 시대를 여는 신진사대부의 학으로 자리 잡게 된다.

이(理)와 기(氣)를 통한 세계와 인간에 관한 포괄적 인식체계

동아시아의 모형에 의하면 하늘과 땅에 존재하고 현상하는 모든 사물과 사건은 기(氣)의 작용과 변이로 환원된다. 기의 모임과 흩어짐에 주목하면서 자연을 근본적 물질 혹은 원자들의 배열로 보지 않고 기의 우연적인 덩어리로 보았다. 기가 모이면, 즉 응집하면 사물이 생긴다. 하늘과 땅 사이에는 다양한 양태의 기들이 떠돌고 있다. 그것은 흡사 먼지가 자욱한 방이나 찌끼가 섞인 물그릇 같다. 기의 일차적 변형물인 음양오행이 서로 뒤섞이고 충돌하는 과정에서 이차적 생성물이 생기고 이들로부터 다양한 생물이 태어난다(한형조, 148~150쪽 참조). 기는 창조자나 조정자 없이 자체의 운동의 자연성에 의해 일정한 조직과 구성을 갖추어 나가는 추진력이다.

그러나 기가 있는 곳에는 반드시 '리'가 존재한다. 천하에 리 없는 기가 없고, 기 없는 리는 없는 것이다. 꽃과 나뭇잎, 돌멩이와 사슴 등 모든 것들은 '기'가 모여 생긴 것이다. 그러나 그렇다고 인정한다 하더라도 왜 꽃은 꽃이고 나뭇잎은 나뭇잎인가? 그 이유에 대해서는 알지 못한다. 여기에서 정이와 주희의 '理' 관념이 나왔다. 정주에 의하면 우리가 보는 우주는 '기' 뿐만 아니라 '리'의 산물이다. 즉, '기'의 응집이 상이한 '리'에 따라서 상이한 방법으로 일어나기 때문에 상이한 종류의 사물들이 존재한다. 꽃은 꽃의 리에 따라서 기가 응집되었기 때문에 꽃이 되었고, 나뭇잎의 리에 따라서 응집되었기 때문에 나뭇잎이 되는 것이다.

더 나아가 기의 세계는 천차만별이다. 장미(rose)를 예로 들자면, 장미는 흰색 장미, 빨간색 장미, 흑색 장미 등 헤아릴 수 없이 많은 종류의 장미가 존재한다. 그러나 이러한 다양한 장미를 특징짓는 그 무엇이 있다. 즉 지구상의 수없이 많은 꽃 가운데 오로지 장미만이 가지는 그 무엇, 장미의 정체성(정체성)이 '리'라는 것이다(황준연, 앞의 책, 374쪽 참조).

성리학에서는 이 세계와 모든 사물 및 인간은 이(理)와 기(氣)의 결합으로 존재한다고 설명한다. 우주[천지]에는 이치도[理] 있고 기운[氣]도 있다. 이치는 형이상의 도이며, 만물을 생성하는 근본이다. 기운[氣]이란 형이하의 사물, 그릇[器]이며 만물을 생성하는 재료[具]다. 그러므로 인간과 사물은 생성될 때에 반드시 이 이치를 품수한 연후에야 본성을 가지며 이 기운을 품수한 연후에야 형태를 갖는다. 모든 현상의 개별적 존재는 개별성을 갖는 근거[氣]가 있고, 그 이면에는 동질적인 보편성[理]이 내재한다는 것이다. 사물 그 자체는 단순히 기운이 모이고 흩어짐에 지나지 않지만, 반드시 이치에 따라서 모이고 흩어진다. 그것이 바로 기운이 모이고 흩어짐이 있을 때마다, 이치가 필연적으로 그 가운데 있다는 것이다.

세계의 유형적 존재는 모두가 음양오행이란 기의 요소로 구성되며, 유형적 세계는 모두 무형적 원리와 보편성 즉, 이를 내재하고 있다는 것이다. 만일 이치밖에 아무것도 없다면 소위 '형이상' 그 외에 아무것도 존재할 수 없었다. 그러나 우리의 물리적 세계는 그 위에 이치의 틀이 부과되어진 기운[氣]의 존재로 말미암아 만들어졌다. 기가 현상의 세계라면, 현상의 배후에는 반드시 리가 있는 것이다. "리가 있으면 곧 기도 있다."는 주자의 표현은 현상계[기의 세계]와 본체계 [리의 세계]를 따로 분리할 수 없다는 말이다(황준연, 373).

이치는 각 사물의 극, 즉 사물의 궁극적인 표준이다. 마찬가지로 전체로서의 우주는 또한 궁극적인 표준이 존재해야 하는데 이것은 최고의 것이며, 또 모든 것을 포함하고 있다. 그것은 모든 사물의 잡다한 이치를 포함하며, 또 천지만물의 이치의 총화이다. 그러므로 그것은 '태극(太極)'이라 불리 운다. 천지만물은 전체로서 하나의 태극이다. 그런데 인간과 동식물의 관점을 놓고 볼 때, 사람과 각개 동식물은 우주의 본체인 태극을 부여받아서 자신의 '리'로 삼는 것이다.

태극을 무엇으로 보느냐 하는 데 있어서 유가와 도가 학파의 차이가 드러나게 된다. 유가가 리의 입장에 선다면 도가는 기의 입장에 선다(성대유학과교재편찬위원회, 앞의 책, 103쪽). 유가가 태극을 리로 본다는 것은 보편적인 원칙, 표준을 더 근원적으로 삼는 유가의 도덕적이고 인문학적인 특성을 반영하고 있다고 여겨진다.

주희에 따르면, 태극은 전체로서의 우주의 총화일 뿐만 아니라 동시에 개개의 각 사물들 가운데 내재해 있다. 본래는 하나의 태극일 따름인데, 만물을 각기 그것을 품수[부여]받아 하나의 태극을 온전하게 갖춘다. 예컨대 하늘에 있는 달은 하나일 뿐이나 세상 도처에 그것이 분산되어 나누어 비춘다. 그렇다고 해서 "달이 나뉘어져 있다"고 말할 수는 없다는 것이다. 황준연의 지적처럼, 인간은 전체 인류의 구성분자며, 동시에 각 개인의 개성을 가진 존재다. 전체로서의 인권이 존중되어야 하는 동시에 개개인의 개성 또한 존중되어야 한다. 이처럼 모든 존재는 보편성과 특수성을 공유한다. 모든 사물에는 개개 존재에 리가 갖추어져 있고 동시에 모든 사물은 전체 질서 속의 리로 편입된다(같은 책, 380~381쪽). 유가철학이 갖고 있는 신비주의적인 색채가 잘 드러나는 주장이라고 생각된다.

즉, 인간의 이치와 우주의 보편적인 이치가 연결되어 있다는 논리는 맹자의 신비주의가 새롭게 발전되는 모습을 확인하게 된다. 일찍이 맹자는 "우리의 본성이 선하므로 사람마다 다 요순이 될 수 있다"고 주장했으며, 또 "우리의 마음을 극진히 하면, 우리의 본성을 알게 되고, 우리의 본성을 알면 하늘을 알게 된다(盡其心者知其性也, 知其性則知天矣)."(『맹자』「盡心上」)고 언명하였다. 이러한 맹자의 마음, 본성을 형이상학적인 해석을 가하면 어느덧 우리는 주자의 주장과 맞닥뜨리게 된다.

심성(心性)과 이기(理氣)

태극과 이기문제는 우주자연의 근본원리를 다루는 것이기도 하며 인간에 있어서는 심성론(心性論)으로 연결된다고 하겠다.

주자는 마음(心)이 성(性)과 정(情)을 통제[주재]한다고 보았다. 성은 리이며 성은 본체이고, 정은 작용이다. 성과 정은 모두 마음에서 나온다. 그러므로 마음은 그것을 통솔할 수 있다. 즉, 본성이란 마음의 '리'이고 감정이란 마음의 작용이며, 마음이란 본성과 감정의 주재자이다. 그리고 본성은 미발(未發), 미동(未動)이나 정은 이발(已發), 이동(已動)의 상태이다.

그런데 주자는 마음에 선악이 있다고 본다. 그것이 인심(人心)과 도심(道心)의 구별이다. 도심, 즉, 도덕의 마음은 순수하게 선한 마음으로 본성의 리에 관계된다. 그러나 인심, 즉 본능의 마음은 기와 관련되어 중도에 맞지 않으면, 즉 마음에 통제되지 않은 채 제멋대로 흐르게 되면 악하게 되는 것이다.

인간도 다른 사물과 마찬가지로 구체적인 세계에 산출된 구체적인 개체이다. 인간이 구체적인 형태를 갖기 위해서는 기운의 품수가 있어야 하며 만인에게 이치는 똑같이 부여되어 있다. 그런데 인간의 차이를 만드는 것은 기운이다. '기질지성'이라는 용어는 각 개인이 실제로 형태를 구비한 데서 생기는 성품을 뜻한다. 원래의 보편적인 형태의 이치를 천지지성, 본연지성이라 부르고 이것을 가지고 '기질지성'과 구분하였다. 인간의 본연지성은 같으나 기질지성에 의해 즉, "기(氣)의 청탁수박(淸濁粹駁)과 편전통색(偏全通塞)"의 차이를 낳는 것이다.

본연의 성을 해와 달로 비긴다면, 기질의 성은 마치 해와 달의 빛을 뒤덮는 구름이나 안개와 같은 것이다. 구름이나 안개를 제거하면 해와 달은 언제나 교교(皎皎)한 빛을 비추듯이 기질의 성을 변화시키면 본연의 성은 반드시 그 광명을 발휘할 수 있다는 것이었다(한기언, 앞의 책, 45쪽). 그러므로 교육이 필요한 것이다.

유가적 세계관은 인간의 정신만을 인정하거나 육체만을 인정하는 관점이 아닌 물심불리(物心不離)의 입장에 서 있다고 할 수 있다. 인간은 육체만의 존재도 아니고 정신만의 존재도 아니다. 기본적으로 생명체이며 동물적 본능도 지니고 있으나, 또한 다른 동물과 구분되는 도덕적 정신을 지니는 존재인 것이다. 즉, 생장지심(生長之心)[血氣之心], 지각지심(知覺之心)과 함께 인의지심(仁義之心)도 함께 지니고 있다.

그리고 혈기지심(血氣之心)과 지각지심(知覺之心)이 氣와 관련되어 있다면, 인의지심(仁義之心)은 理와 관계한다고 할 수 있다. 그러므로 血氣之心과 知覺之心이 人心과 관계되어 있다면, 仁義之心은 道心과 관계되어 있다고 할 수 있다.

또한 같은 맥락으로 인간의 性도 기질지성(氣質之性)으로서의 氣와 관련된 부분을 人性이라고 한다면, 본연지성(本然之性)으로서의 理와 관련된 부분은 本性이라고 할 수 있는 것이다.

그런데 理와 氣는 이처럼 현상의 세계를 볼 때, 떼려야 뗄 수 없는 관계에 있으면서도[불상리不相離], 그 근원에서의 소종래(所從來)는, 즉 원리적 측면에서는 서로 섞이거나 혼잡할 수 없는 관계[불상잡不相雜]에 놓여 있다고 할 수 있다.

교육의 필요성 중시

주자는 인간의 성에는 본연지성[천명지성]과 기질지성이 있다고 구분했다.

주자학, 성리학에서는 인간의 순선(純善)한 性, 즉 본연지성[천명지성]은 하늘에서 같은 理를 부여받았으므로 같으나, 기질지성, 즉 氣質의 차이에 의해서 청(淸)·탁(濁)·현(賢)·우(愚)의 차이가 발생한다고 여긴다. 마음이 발동할 때 사람의 기질지성은 중절(中節)의 상태를 지키지 못하고, 악의 방향으로 흐를 위험성이 있다. 사단(四端)은 리와 관련되나 칠정(七情)은 기에 관련된다. 그러므로 인간의 감정[情]은 잘 통제되고 중절(中節)의 상태를 지키면 악한 것이 아니나, 그렇지 못하면 악으로 빠질 위험성이 있는 것이다.

그러므로 기질(氣質)과 인욕(人欲)의 가리움을 제거하고 본연지성(本然之性)을 회복하는 것이 성인과 군자가 되는 길이라고 주장하게 된다. 이러한 점에서 성리학에서는 수양, 즉 교육의 필요성이 절대적으로 중요시되는 것이다.

주희는 이미 우리 인간에 또 만물에 태극이 완전하게 들어 있다고 말하였다. 태극은 모든 사물의 이치의 총화이므로 이 이치는 모두 우리에게 감추어져 있으나 우리의 형체 때문에 이치가 잘 나타나지 않는다. 우리 안에 들어 있는 태극은 흐린 물속에 있는 진주와 같다. 그러므로 우리가 해야 할 일은 이 진주를 볼 수 있게 하는 일이다. 그렇게 하는 방법은 '거경(居敬)'과 '격물치지(格物致知)' 즉 '궁리(窮理)인 셈이다.

경(敬)이란 항상 두려워하며, 주의 집중하여 마음의 분산이 없고 마음을 한 곳으로 수렴하는 것이요, 초롱초롱 맑게 깨어있는 상태요 자세라 할 수 있다. 敬은 인식주체자인 학습자의 게으르고 잡념과 욕심에 유혹받기 쉬운 마음과 몽롱한 마음을 인식대상의 한 곳으로 주의 집중시켜 주며, 항상 깨어있게 하는 작용을 하므로 학습에 있어서 필수적인 것이다.

궁리(窮理)의 방법이란 독서, 즉 유가의 경전에 대한 연구라고 할 수 있다. 이러한 경전의 연구를 통해서 이치를 궁구함으로써 도덕성을 확보하는 것을 의미한다고 하겠다. 즉, '천리'와 '인욕'을 분별하는 도덕성의 성격이 강하다고 하겠다. 이렇게 본다면 엄격한 도덕주의를 지향하고 있다고 하겠다(황준연, 앞의 책, 397~398쪽).

4. 한국 유학의 이(理)·기(氣) 논쟁과 인물성(人物性) 동이(同異)논쟁

1) 퇴계와 율곡의 이·기 논쟁

퇴계와 고봉(高峯) 기대승(奇大升, 1527~1572)과의 논쟁

이 논쟁은 퇴계의 나이 53세 이웃에 살던 정지운(鄭之雲)이 「태극도설(天命圖說)」을 지어서 보이자, 퇴계가 수긍하기 어려운 것을 고침으로부터 시작되었다. 즉, '사단은 리의 발이요, 칠정은 기의 발이다'(四端 發於理 七情 發於氣)라는 부분을 퇴계가 '사단은 이가 발한 것이요, 칠정은 기가 발한 것이다.'(四端 理之發 七情 氣之發)이라고 수정하였다.

그런데 기대승이 퇴계의 수정문이 이와 기를 너무 이원적으로 분리시켜 놓은 혐의가 짙다고 의문을 제기하였다. 사단(四端)이란 『孟子』 공손추(公孫丑)편에 나와 있는 인의예지(仁義禮智)의 단서인 측은(惻隱)·수오(羞惡)·사양(辭讓)·시비(是非)를 말하며, 칠정(七情)이란 『禮記』 예운(禮運)편에 나오는 희(喜)·노(怒)·애(哀)·구(懼)·애(愛)·오(惡)·욕(欲)을 말한다. 기대승은 四端이라는 것도 七情 이외에 따로 있는 것이라 할 수 없고, 氣를 떠난 理란 따로 없지 않은가? 즉, 서로 떼려야 뗄 수 없는 관계, '불상리(不相離)'의 관계를 무시한 것이 아닌가? 하는 점을 문제시한 것이다.

이에 대해 퇴계는 性도 본연지성(本然之性)과 기질지성(氣質之性)으로 구별되듯이, 情이라 할지라도 理에 관계하는 것과 氣에 관계하는 '소종래(所從來)'는 구별되어야 한다고 하여, 이와 기의 '불상잡(不相雜)'을 중시하였다. 여러 차례의 논의 끝에 퇴계는 '사단은 이가 발하고 기가 따르는 것이요, 칠정은 기가 발하고 이가 타는 것이다.'(四端理發而氣隨之 七情 氣發而理乘之)라고 결론지었다. 이런 관점을 이기호발론(理氣互發論)이라 할 수 있다.

율곡의 기일도론(氣一途論)

율곡의 이·기 논의는 우계(牛溪) 성혼(成渾, 1535~1598)과의 논쟁에서 본격화되었다. 율곡은 모든 자연현상은 그 일어남에 氣 아닌 것이 없고, 그 일어나는 까닭은 理 아닌 것이 없다고 전제했다. 그러나 율곡은 氣는 동정(動靜)이 있으나 理의 능동성은 인정하지 않고, 氣의 動靜은 '자연히 그러하다[機自爾]'고 주장했다.

율곡은 이·기 관계의 불상리(不相離)를 중시하여 하나이면서 둘이고(一而二) 둘이면서 하나(二而一)라고 보았다. 그의 이기관은 '리기영(理氣詠)'이라는 5언대구의 시 '수수방원기 공수대소병(水遂方圓器 空隨大小瓶)'에 잘 나타나 있다. 즉, 理는 氣의 개별적 현상에 따라 그에 내재한다고 보았던 것이다. 이렇게 율곡은 기일도설(氣一途說)로 理發, 즉 리의 운동성은 인정하지 않고 있다.

퇴계와 율곡은 사단과 칠정의 적용에 있어서도 서로 의견이 달랐다. 퇴계는 四端은 理가 發하여 氣가 이에 따르는 것이요, 七情은 氣가 發하여 理가 그 위에 타는 것이라고 보았음은 앞에서도 밝힌 바 있다. 그런데 율곡은 氣만이 發하며, 氣가 發한 七情 중에서 특히 선한 일면만을 택하여 發한 것이 四端이라고 보았다.

황준연은 퇴계와 율곡의 이기논의는 그 발단의 근원이 주희의 불필요한 기강리약설의 주장에서 비롯되었다고 한다. "기는 비록 리의 소생이지만, 이미 출생하면 리가 간섭할 수 없다. 말하자면 리가 기에 붙어 있으니, 일상생활의 운용에서는 모든 것이 기로 말미암은 것이다. 다만 이 기는 강하고, 리는 약하다[氣强理弱]"는 주자의 불필요한 표현이 이기론을 곤경(impasse)에 빠트리고 난해한 '아포리아(aporia)'로 작용할 가능성이 높다고 한다. 즉, 분리할 수 없는 상호협조와 의존 관계에 있는 리와 기를 두고 강약을 논하는 주자의 이기론의 곤경이 퇴·율의 논의를 낳았다는 것이다. 이황의 이론에 의하면 리도 운동의 주체요 기만큼 강한 존재로 어쩌면 이강기약(理强氣弱)의 측면이 가능하다는 것을 주장한 반면, 율곡에 의하면 기만이 주체적으로 운동하고 리는 기에 신세를 지고 있으므로 기만이 강하다고 해석할 수 있다는 것이다(376~377쪽).

퇴계와 율곡의 이기논의는 주희의 논리가 지닌 문제점에서 비롯되었다고 볼 수도 있지만, 퇴계와 율곡 두 사람의 삶의 진지한 성찰의 소산물로 보아야 한다. 한형조의 지적처럼(166~174쪽 참조), 이(理)는 우주의 척도이며, 현실[기의 세계]은 그 자체가 아니라 규범이나 이념과의 상대적 연관에서만 의미를 지닐 수 있다. 현실은 척도에 의해 가늠되어야 하고, 인간의 신체와 정신활동 또한 일정한 표준과 이념에 의해 제재, 간섭, 통제, 모형 되어야 한다. 퇴계와 율곡이 理發이니 氣發을 따지는 것은 본시 한가한 공리공론이 아니었다. 그것은 우주의 의미와 삶의 지표를 찾기 위한 진지한 성찰과 구도에서 출발했다고 볼 수 있는 것이다.

그러므로 퇴·율의 논리는 인간 심성에 대해 더 깊이 있게 파고들었고 심성중심의 한국유학을 특성지운 노력이라고 평가할 수 있다. 율곡의 논의는 퇴계와 대립된다고 볼 수 있으며, 또한 발전이요 연장이라고 할 수 있다. 율곡은 퇴계의 이론을 새롭게 연장시켜 창의적 범주를 확보한 것이다. 관념중심의 사고에서 실제현상에 대한 사고를 중시했다고도 볼 수 있다. 이념과 표준을 더욱 중시하느냐 경험과 실제를 더욱 중시하느냐의 문제이기도 하다. 주리론과 주기론의 대립이다.

호(湖)·락(洛) 간의 인물성동이론(人物性同異論)

이 논쟁은 우암(尤庵) 송시열(宋時烈, 1607~1689)의 제자인 수암(遂庵) 권상하(權尙夏)의 제자들 간에 벌어진 것이다.

① 이간(李柬) 중심의 洛論〈인물성동일관(人物性同一觀)〉

수암의 제자인 이간 중심의 젊은 학자들은 『中庸』의 「天命之謂性章句朱子註」에 나와 있는 '사람과 사물이 생겨남에 각기 그 부여된 理를 얻음으로 인하여 건순오상(健順五常)의 德이 되나니 이른바 性이라'는 주석에 근거하여 사람과 사물의 성이 같다고 주장했다. 인의예지신(仁義禮智信)이란 五常의 性을 금수는 물론 모든 사람이 품수 받았으며, 사람과 사물의 차이와 개별성의 차이는 性 자체의 本然性과는 상관없는 氣의 정통(正通) 편색(偏塞) 때문이라는 것이다.

② 한원진(韓元震) 중심의 湖論〈인물성이론(人物性異論)〉

그러나 수암의 제자 한원진 등은 『孟子』의 「生之謂性章句朱子註」에 나와 있는 '理로써 말하자면 인의예지(仁義禮智)를 품수받은 것이겠으나 어찌 사물이 얻어 온전하리오'라는 주석에 근거하여 人物性이 서로 다름을 주장했다. 性이란 것은 理가 氣 가운데 내재한 후에 생기는 것이요, 性이란 모든 氣質 이후에 지어진 개념이라고 하여, 性을 氣와 결부된 사물의 개별성으로 보았던 것이다. 天命은 형기(形氣)를 초월한 의미요, 形氣 이후 人과 物은 형상은 물론 성품도 다른 것이라는 것이다. 한원진 등은 그러므로 어찌 인간의 성품을 금수로 낮추어 같다고 보는가 라고 반문하였다.

호·락논쟁은 퇴·율 사상, 퇴·율 논쟁을 확대 적용한 것이라고 볼 수 있다. 심성론(心性論)의 논의를 우주와 인간을 넘어 동물과 사물에 까지 확대 적용한 것이다. 특히 호론(湖論)의 논점이 구체적인 인간과 경험적 대상을 주어진 조건으로 긍정하면서 사람과 사물을 이해하고 자 했던 철학적 모색이 있었다고 볼 수 있겠다. 그리고 이런 점에서 실학사상(實學思想)과도 관계성이 있다고 할 것이다.

5. 한국 유학의 계승

유학은 자연과 우주와의 합리적이고 조화로운 관계 속에서 인간을 관계 지우며, 현실을 중시하고 개개인의 자기수양을 통해 인간의 무 한한 가능성을 확대시키려는 인간중심의 합리적인 사유체계이다. 그 런 점에서 유학은 여전히 현실적인 인간 삶의 문제에 깊은 지혜를 제 시해 줄 수 있는 의미 있는 전통이다. 특히 현실 속에서의 지속적인 자기수양을 중시하는 유학의 교육원리는 새롭게 계승하고 발전시킬 만한 가치를 지녔다고 할 수 있다.

김정환은 우리 교육을 위한 유교의 계승 방안을 다음과 같이 지적 하고 있다. 첫째, 농경문화(農耕文化)의 특성·장점을 계승하는 일이 며, 둘째, 정교일치(政敎一致)의 사상의 발전적 계승이고, 셋째, "선 비"상의 재생이다. 그리고 넷째, 東洋의 예지(叡智)의 학문적 탐구·체 계화라고 보았다. 그는 교육학적 측면에서도 유교의 교설(敎說)에 나 타나 있는 직관적(直觀的)인 東洋의 예지(叡智)를 좀 더 아끼고 갈고 닦아 학문적으로 다듬어, 서양의 교육학설 만이 발호하는 우리 현실을 실사구시(實事求是) 하는 이론적 근거를 굳혀야 할 것이라고(앞의 책, 305~306쪽) 중시하고 있다. 참으로 귀한 지적이라 할 것이다.

여기에 몇 가지만 추가해 보고자 한다(이승원, 2002, 155~157쪽).

첫째, 관례(冠禮)와 계례(笄禮)의 정신을 회복하여 성인식을 의미 있게 계승하는 일이다. 우리는 사대부 양반을 중심으로『주자가례』에 의거, 미혼의 자제들을 성인으로 인정해 주는 관례와 계례를 실시했다. 남자는 15세부터 20세 사이에 길일을 택하여 어른의 복식을 입히고 머리를 올려 상투를 틀고 갓을 씌워주고 자(字)를 지어 주는 관례를, 그리고 여자는 15세가 되면 머리에 비녀를 꽂아주는 계례를 치러주었던 것이다. 이것은 일상생활에 있어 이제부터는 철이 없는 어린 아이가 아니라 예의를 지켜야 하고 사회 구성원으로서 책임과 의무가 주어졌음을 알리는 소중한 의식이었다. 그런데 현재는 관·혼·상·제의 의례 중 교육적인 가치가 가장 높았던 관례의 전통은 사라져 버렸으니 안타까운 일이다. 형식은 간소하게 그리고 현재에 맞도록 하면서도 원시시대의 성년식, 그리고 유교사회에서의 관례의 소중한 전통을 회복해야 하겠다.

둘째, '엄부자모(嚴父慈母)'의 부모상을 찾고 가정의 교육기능을 회복하는 일이다. 우리는 유교적 가정교육 풍토 속에서 '엄함'과 '자애로움'이 적절하게 조화를 이루어 자녀를 올바른 인간으로 키우는 소중한 전통을 생활화했다. 유교는 근본적으로 강직함과 온유함이 평형추처럼 균형을 이루고 있는 사유체제이다. 인(仁)이 사랑의 포용적 성격이라면, 의(義)는 그릇됨에 대한 배척의 분별성을 띄고 있는 것이다. 엄한 채찍과 감싸주는 자애로움 중 어느 하나가 상실될 때, 우리의 자녀들이 어떻게 따뜻하면서도 올곧은 인격을 형성할 수 있겠는가.

셋째, 실천궁행하는 교사상의 회복이 필요하다고 생각한다. 유학에서 스승이란 단순히 지식의 전달자가 아니라 고매한 인격으로 본을 보이는 사람이었음은 주지의 사실이다. 과거나 현재나 교사들의 사회·경제적 지위가 그다지 높지 못했음은 안타깝기는 하나 사실이다. 그럼에도 자부와 긍지를 가지고 존경을 받았다는 점은 구별될 수 있을 것이다. 그러나 교사의 권위는 교사들이 만들어 가는 것이다. 삶의 모범을 통해 지식뿐이 아니고 사람됨을 가르치는 선생들이 늘어갈 때, 진정한 교사의 권위를 찾을 수 있을 것이다.

넷째, 어릴 때부터 효제(孝悌)를 중심으로 한 미풍양식을 체험하고 생활화할 필요가 있을 것이다. 좋은 습관 아름다운 도덕적 성향은 말과 글로서 깨우쳐진다기보다는 자라나면서부터 반복된 체험을 통해 형성될 수 있다고 생각한다. 유교는 『소학』을 통해 먼저 쇄소응대(灑掃應待)를 행하게 한 후, 『대학』을 통해 그 이유를 이론적으로 가르쳐 주었다. 물론 부모가 본을 보여주어야 한다. 올바른 품성도야는 아이들 편에서는 귀찮고 힘 드는 과정이기도 할 것이다. 그러나 싫고 귀찮아도 해야 할 것은 해야 한다. 부모를 공경하고 형제간에 우애하며, 어른들께 공손하고 함부로 소리 지르거나 거친 말을 사용하지 않고 … 바른 태도와 예절이 몸에 배고 습관화되며 나아가 인격화되는 생활 속에서의 가르침, 얼마나 소중한가.

6. 유학사상의 교육적 의의 찾기

20년 전에 한국 사회에 신선한 이슈를 던진 『공자가 죽어야 나라가 산다』책 중에 나와 있는 공자와 유교에 대한 통렬한 비판을 먼저 살펴보자.

현란한 수식어에도 불구하고, 공자의 도덕은 '사람'을 위한 도덕이 아닌 '정치'를 위한 도덕이었고, '남성'을 위한 도덕이었고, '어른'을 위한 도덕이었고, '기득권자'를 위한 도덕이었고, 심지어 '주검'을 위한 도덕이었다. 때문에 공자의 도덕을 딛고 선 유교문화는 정치적 기만과 위선, '남성적 우월', '젊음과 창의성의 말살' 그리고 '주검숭배가 낳은 우울함'으로 가득할 수밖에 없었다. 그리고 이 이방인의 문화는 조선 왕실의 통치 이데올로기가 되어 우리의 삶 속으로 들어왔다. 그리고 그것은 사농공상으로 대표되는 신분사회, 토론 부재를 낳은 가부장 의식, 위선을 부추기는 군자의 논리, 끼리끼리의 협잡을 부르는 혈연적 폐쇄성과 그로 인한 분열 본질, 여성 차별을 부른 남성 우월 의식, 스승의 권위 강조로 인한 창의성 말살 교육 따위의 문제점들을 오늘날까지 지속시키고 있다. 이것들은 오늘날 우리들 삶의 공간에 필요한 투명성과 평등, 번득이는 창의력, 맑은 생명들과는 너무도 동떨어진 것들이다. 유교의 유효기간은 이제 끝난 것이다(김경일, 1999, 7쪽).

양계초는 양한(兩漢)의 유학 통일이후 유학이 끼친 영향에 대해 두 가지의 긍정적인 것과 두 가지의 부정적인 점에 대해 평가했는데, 긍정적인 점은 첫째는 명예와 절개가 성하고 풍속이 아름다워진 것, 둘째는 민의가 안정되고 나라가 소강(小康)상태에 들어간 점을 들었다. 부정적인 점으로는 첫째는 민권이 협소하고 정치의 근본이 서지 못했다는 점과 둘째 유학의 독점으로 학술·사상이 쇠퇴하게 되었다는 점을 들었다(243~249쪽). 그러면서 민권이 협소하고 정치의 근본이 서지 못했던 점을 다음과 같이 비판한다.

그 정치를 베푸는 수단이 간섭이다. 임금과 신하의 명분은 곧 강제이니, 그 사회의 질서는 등차이다. … 유교의 가장 큰 결점은 오로지 임금만을 위해서 법을 말하고 백성을 위해서는 법을 말하지 않는 것이다. … 유가에서 말하는 임금은 권리도 있고 의무도 있지만 백성은 의무는 있어도 권리는 없다고 한다.

이처럼 유학이 끼친 부정적 요인이 적지 않았고, 아직까지도 극복하지 못한 잔재들도 상존하는 것 같다. 그러나 모든 사상은 동전의 양면과 같다고 여겨진다. 오래된 유산 속에는 청산되어야 할 것들도 있고, 닦아서 새롭게 계승해야 할 것들도 있을 것이다. 교육적으로 새롭게 그 의미를 회복해야 할 것들을 나름대로 정리해 본다.

현실에 발을 딛고 하늘을 닮고자 함

유학은 일상의 현실생활에 기반을 두고 발전한 사상체계이다. 사람들끼리 모여 사는 현실 속에서 질서를 잡고 평화로운 공존을 추구하려고 하였다. 일상의 삶 속에서 하늘의 이치를 궁구하려는 사상이 유학이다. 이 점에서 초세적, 탈세적인 가치를 추구한 도가와 불가와는 구별된다.

공자의 수레여행에 대해 연민으로 바라보면서 "세상이 온갖 탁류로 넘실거리는데 그 흐름을 나뭇가지 하나로 막아보겠다는 건가."라고 은자(隱者)들의 무리는 조롱한다. 그때 공자는 탄식하여 말씀하시기를 "조수(鳥獸)와 더불어 무리를 같이하지 못할 것이니 내가 이 사람의 무리와 더불지 않고 누구와 더불겠는가? 천하가 도가 있다면 내가 구태여 고치려고 하지 않을 것이다(夫子 憮然曰 鳥獸不可與同群 吾 非斯人之徒 與 而誰與 天下有道 丘 不與易也)."라고 반박한다.

유가들은 인의의 실천과 예의 회복을 통해서 사회질서를 회복하고자 노력하였다. 유가사상은 '수기치인(修己治人)'을 이상으로 삼는다. 즉, 먼저 자기 자신의 수양에 힘쓰고, 이후 천하를 이상적으로 다스리는 것을 목표로 삼는 내성외왕(內聖外王)의 학문이다. 현실의 삶과 현실의 문제가 중요하기 때문에 사후에 대한 관심도 대단치 않다. 제자들이 귀신 섬기는 것과 죽음에 관해 물었을 때 공자는 "능히 사람을 섬기지 못하면서 어찌 능히 귀신을 섬기겠느냐?" "삶을 알지 못하면서 어찌 죽음을 알겠느냐?(未能事人 焉能事鬼 未知生 焉知死)"고 대답한다.

유학은 현실생활을 기반으로 하되, 자기수양을 통해 하늘과 소통하는 데까지 정신을 고양하려고 한다. 맹자는 "우리의 본성이 선하므로 사람마다 다 요순이 될 수 있고, 우리의 마음을 극진히 하면, 우리의 본성을 알게 되고, 우리의 본성을 알면 하늘을 알게 된다."고 말한다. 유학은 현실 속에서 성스러움을 추구하는 학문이다. 모순투성이인 현실 안에서 도피하지 않고 그것을 안으면서 유토피아를 꿈꾸는 인간의 철학, 그것이 유학이다. 흔들리는 현실 속에서 우왕좌왕하지 말고 중심을 잡고 학문에 정진하라고, 그것이 결국은 하늘의 본성을 실현해 가는 것이라고.

> 인간의 본성은 하늘에서 품수 받았다. 삶의 바른 도리는 그 초월적인 하늘의 본성을 실현해나가는 데 있다. 그 길을 닦아나가는 것이 교육이다(천명지위성(天命之謂性), 솔성지위도(率性之謂道), 수도지위교(修道之謂敎)."

유학은 다른 사상들과 달리 일상 속에서의 삶의 가치구현을 중시하고, 그 가능성을 이론적으로 전개했다는 점에서 현실에 발을 딛고 사는 자들을 위한 논리라 하겠다.

자기를 위한 공부〈위기지학 爲己之學〉를 중시함

유학은 철저히 남을 위한 학문[爲他之學]이 아닌 자기를 위한 학문을 지향한다. 유학은 타자에게 요구하기보다 스스로를 가다듬을 것을 권했다. 공자는 "남이 자기를 알아주지 않는 것을 근심하지 말고, 내가 남을 알지 못하는 것을 근심해야 한다고(不患人之不己知 患不知人也)" 가르쳤다. "군자는 자신에게 구할 뿐, 타인에게 구하지 않는다"고 했고, 또 "화살이 과녁을 맞히지 못하면 스스로를 돌아볼 뿐"이라고 했다.

"옛날 글을 하는 사람들은 자기의 몸을 닦고 덕을 기르기 위해서 글을 했다. 그런데 지금 글하는 이들은 배운 것을 다른 사람에게 가르쳐주고 그 값을 받아 그것으로 생활을 하려 한다. 군자는 자신의 수양을 위해서 글을 하고, 소인은 쌀 살 돈을 벌기 위해서 한다. 그렇기 때문에 소인은 묻지 않은 것까지 가르쳐 준다. 이것은 수선이다. 하나를 묻는데 둘을 가르쳐 주는 것은 수다다. 수선한 것도 수다스러운 것도 다 못 쓴다. 군자는 하나를 물어 오면 거기에만 해당되는 한 가지 대답을 해 줄 분이다." 이것은 순자(荀子)의 말이다. 이 말을 뒤집어 보면 예나 지금이나 학문을 자기 수양으로 하는 사람보다는 출세와 돈을 벌기 위해 하는 사람이 많은 것을 알 수 있다(권순우, 208~209쪽 재인용).

우리는 언제부터인가 남을 위한 공부를 제일로 삼고 살고 있다. 남을 이겨야 하는 경쟁 속에서 남보다 좋은 성적을 얻고 관련된 자격증을 획득하며 쓸 만한 인력자원이 되기 위해 바쁘다. 남들이 인정해 주고 알아주는 조건들과 스펙들을 쌓느라 혈안이 되고 있다. 인격교육이니 도덕교육이니 하는 말들은 철없는 소리로 전락한다. 눈에 보이지 않는 '사람됨'의 문제는 별로 중요치 않은 것이다. 전망이 있는 직종, 취업이 잘되는 전공, 많은 급여를 받을 수 있는 직업을 얻기 위한 사투가 교육이라는 명목으로 지속되고 있다. 사실 오늘날과 같지는 않았겠으나 공자 때도 마찬가지였던 것 같다. 그래서 공자는 "옛날 배우는 자는 자기를 위하였는데 오늘날 배우는 자는 남을 위한다(古之學者 爲己 今之學者 爲人)"고 탄식했는지 모른다.

물론, 현실에 발을 딛고 있는 인간들에게 위타지학도 필요하고 중요하다. 먹고 사는 문제보다 시급한 것은 없을 것이다. 그러나 문제는 모든 배움의 관심이 위타지학에 쏠리는 것이다. 인간이란 본시 기질지성과 함께 본연지성도 가지고 태어나는 존재요, 현실적 욕망과 함께 도덕적 자기검열이 필요한 존재이기 때문에 어느 한쪽만으로는 부족하다.

왜 유학은 자기를 위한 수련을 중시하는가? 왜 도덕적인 자기검열을 중시하는가? 그것은 근본적으로 자신 내면의 입법자인 양심(?)을 직시하고 그것과 화해할 때만 진정한 평화와 내적인 행복을 얻을 수 있기 때문이다. 한형조의 지적처럼, 유학은 바로 그 '자기'를 삼가고 두려워한다.

이 자기 훈련(self-discipline)의 관념이야말로, 새로운 세계의 인식론적 전환을 위해 우리가 내놓을 수 있는 분명하고 절실한 카드이다. 공부는 늘 가까운데서 그리고 낮은 곳에서 시작해야 한다. 이 순서가 엇갈려서는 안 된다. 가까운 것이란 이를테면 신체와 가정, 교우관계를 말하고 먼 것이란 사회와 역사, 국가 등을 말한다. 낮은 것이란 주변을 정돈하고 일상적인 루틴을 가다듬어나가는 일이고, 먼 것이란 삶의 궁극적 의미를 찾고 공동체의 평화와 질서를 모색하는 것을 뜻한다(같은 책, 75쪽). 그래서 유학에서는 『소학』을 먼저 배워서 쇄소응대(灑掃應對)와 진퇴(進退)의 예절 등을 먼저 함양한 후에 치지(致知)와 역행(力行) 등은 그 이후에 배워야 한다고 강조한다.

근대 너머의 기획은 근대 이전의 묵은 자산을 돌아보라고 말한다. 낡은 것이 못난 것이고 새로운 것이 좋은 것이라는 이분법에서 벗어나야 한다. 개인의 성취와 사회적 질서의 조화는 인간의 외부에 대해 자기 주장함으로써가 아니라 자기 자신을 자신의 내적 본성에 맞게 다듬어나가는 데 있다(같은 책, 74~75쪽).

'군자불기(君子不器, The Great man is no robot)'라고 한다. 하나의 직업이나 기능을 획득하기 위한 공부가 아니라 바로 '진정한 인간'이 되는 것을 유가들은 공부(工夫)요 교육이라고 생각했다. 군자는 교양 교육을 받은 사람으로 필요에 따라 정치가도 될 수 있으며, 교사도 될 수 있었다. 그러나 군자는 교양과 덕망과 예술적 감각을 지닌 문인(文人) 또는 덕인(德人)이지, 결코 기술, 지식, 실용적 감각만을 갖춘 기능인(技能人)이 아니다(김정환, 1989, 301~302쪽). 그리고 이는 철저한 자기훈련을 통해서만 키워질 수 있다는 말이다.

공동체적 유대와 관계성 회복

공자가 말한 사회생활 속에서 인의 구현은 충·서로, "내가 원하지 않는 것을 남에게 시키지 않는 것(기소불욕 물시어인(己所不欲 勿施於人)"이라고 할 수 있다. 사람의 마음은 다 마찬가지이므로, 내가 원하는 것은 남도 원하고 내가 원하지 않는 것은 남도 원하지 않을 것이다. 그러므로 인이란 자기의 마음을 미루어 남의 마음을 이해하고 동정하는 것이다. 공자는 "내가 서고 싶은 자리에 남을 세우고, 내가 바라는 것을 남에게 주라"는 이타적 공적 태도로 삶을 설계하고 공동체의 질서를 모색하라고 가르쳤다. 구체적으로는 나와 가까운 관계[부모]로부터, 그리고 형제로부터 시작하여 남의 부모, 형제로 확대되는 것이다. 가족 윤리적인 색채를 탈피하지는 못했지만 '나를 미루어 남에게 미치는[推己及人]' 자세로 공동체의 관계성을 회복하려고 했던 것이다.

한형조의 지적처럼, 유학과 근대는 인간 간의 관계성 회복이란 측면에 볼 때, 정반대에 서 있다고 할 수 있다(앞의 책, 72쪽). 근대적 사고는 인간의 본질을 도덕감이 아니라 사적 욕망으로 보며, 사회를 자기 절제와 배려를 통한 공동체적 유대라기보다 개인의 욕망을 충족시키기 위해 물질을 소비하고 타자와 경쟁하는 공간으로 이해한다. 과학과 기술은 이 같은 이념에 따라 욕망의 무한충족을 위한 수단과 도구를 제공하고, 법률과 제도는 도덕과 관습 대신 분절된 이해관계를 조절하고 사회를 유지하기 위한 파수꾼으로 등장했던 것이다. 그래서 근대는 '관계'의 선험적 지평을 잃어버렸다. 신과의 관계, 그리고 이웃과의 관계, 그리고 사물과의 관계를 모두 잃어버리고 광야에 내몰렸다. 그 소외와 물화 가운데 인격이 빠져 있고, 모든 것이 투쟁과 갈등으로 보는 비인간화가 있다. 지금처럼 개인의 욕망이 권력과 산업, 매스컴에 의해 조장되고 조정된 시절이 없었음에도 우리는 이 사태를 충분히 자각하고 있지 못하고 있다. 욕망은 '자신의 내적 본성'과 합치하지 않으면 그 충족은 곧 소모와 피로, 그리고 사회적 해악과 갈등으로 이어진다.

가장 긴밀한 관계인 가족과 혈연 또한 그 타자화에서 예외가 아니다. 행복을 일구어가는 최후의 보루인 가족관계마저 휘청거리고 있다. 잘나고 못나고를 떠나서 아끼고 사랑하는, '그럼에도 불구하고 사랑하는' 관계가 깨어지고 있으며, 가족의 교육기능도 사라지고 있다. 가족의 해체가 진행되고, 소외가 심화되는 것은 인간을 적나라한 이해관계 위에서만 바라보았기 때문이라면 지나칠까. 유학은 근대 이후 이해관계로 파편화된 관계성을 회복하라고 가르친다. 가정에서의 긴밀한 유대를 기반으로 사회적 유대로 확대시키라고.

경(敬)의 공부 방법

유학, 성리학에서 가르쳐 준 공부방법이 있다. 필자가 가장 중요한 유학의 유산으로 여기고 있는 것이 바로 이 '경'의 공부법이다. 마음을 수렴하고 중심을 잡는 공부 방법은 단순한 농업사회가 아니라 사회·학문·직업의 변화가 번잡하고 빠르게 진행되는 현대사회에 들어서 더욱 의미 있는 자기관리요 수양방법이라고 여겨진다.

정주학의 풍토를 이어받은 한국 성리학은 학습자의 학문수양에 있어서 敬의 자세를 무엇보다도 요체로 삼았다.

기질(氣質)의 가리움과 인욕(人欲)을 제거함으로서만 성숙인격자로서의 성인과 군자가 될 수 있다고 여기는 성리학에 있어서, 敬은 理가 主가 되고 氣가 從이 되는 개인 내적인 질서를 수립하여 도덕적인 행동을 가능하게 하는 역할을 하는 실체로 파악되고 있다. 뿐만 아니라 敬은 학습자들에게 外物의 유혹과 잡념을 떨쳐버리고 '格物致知'에 이르게 하는 요체로 여겨지고 있다.

'격물치지(格物致知)'는 갑자기 이루어지는 것이 아니라 오랜 노력을 통하여 그 사람의 역량에 따라 성취되는 것으로, 여기서 敬의 자세가 중요하다. 敬에 대한 성리학자들의 대표적인 정의는 다음과 같다.

- 謝上蔡 – "항상 깨어 있는 법이다"[常惺惺法].
- 程伊川 – "마음을 오로지 하여 일체의 잡념도 없는 경지요, 가지런히 마음이 정돈되고 엄숙한 경지이다"[主一無適 整齊 嚴肅].

• 尹和靖 – "그 마음을 거두어들여 어떠한 사물도 그 마음속에 용납하지 아니하는 것이다"[其心收斂 不容一物].

결국 敬이란 항상 두려워하며, 주의 집중하여 마음의 분산이 없고 마음을 한 곳으로 수렴하는 것이요, 초롱초롱 맑게 깨어있는 상태요 자세라 할 수 있다.

마음이 여러 가지 잡념들로 분산되는 것을 심란(心亂)이라고 한다. 이 생각 저 고민 등으로 하고 있는 일에 집중하지 못하게 하고 항상 분주하기만 하지 소득이 없는 상태에 빠지기 쉽다. 공부할 때는 공부만 하면 된다. 놀 때는 재미있게 놀기만 하면 된다. 집에 있을 때는 집안일만 잘하면 된다. 직장에서는 직장의 일만 매진하면 된다. 주어진 역할만 잘하면 된다. 학생은 자기 공부만 열심히 하면 된다. 그 결과나 미래에 대한 두려움, 쓸데없는 염려들이 나의 시간과 열심을 발목 잡지 않도록 해야 한다. 미래는 미래에 맡기면 된다. 그래야 한 가지라도 충실을 기할 수 있다.

내가 하고 있는 전공으로 잘 살 수 있을까? 그만두고 공무원 시험을 준비해야 하는 것 아니야? 조금 평판이 좋은 대학과 전공으로 지금이라도 바꿔야 되는 것 아닌가? 영화를 보고 싶은데 기말고사 때문에… 우리는 늘 마음이 바쁘다. 한 시간이라도 잡념 없이 책에 집중하기가 쉽지 않다. 이성을 사랑하기도 쉽지 않다. 마음속으로 이것저것을 재고 따지느라 진정으로 그 사람만을 사랑하기가 쉽지 않다. 사랑하는 법도 배워야 되나 보다. 물론 모든 것이 마음먹는다고 쉽게 되는 것이 아니다. 평상시 훈련되고 생활화 되어야 한다.

공자는 "군자는 근본을 힘쓸 것이니, 근본이 서면 도가 생길 것이다(君子務本 本立而道生)"고 했고, "아침에 도를 깨달으면 저녁에 죽더라도 가한 것이다(朝聞道 夕死 可)"고도 했다.

敬은 인식주체자인 학습자의 게으르고 잡념과 욕심에 유혹 받기 쉬운 마음과 몽롱한 마음을 인식대상의 한 곳으로 주의 집중시켜 주며, 항상 깨어있게 하는 작용을 하므로 학습에 있어서 필수적인 것이다. 누가 업어 가도 모르도록 무엇엔가 깊이 빠져볼 수 없을까? 그렇게 공부할 수만 있다면 남은 몰라도 자기 자신은 내적 충만감에 뿌듯해지지 않을까?

1. 유학의 성격에 관해 설명해 보자.

2. 공자의 사상을 인(仁)을 중심으로 정리해 보고, 그 한계점을 찾아보자.

3. 공자의 교육사상을 정리해 보고, 각자 토의해 보자.

4. 맹자의 성선설을 사단(四端)을 중심으로 정리하고, 자유롭게 토의해 보자.

5. 순자의 주장들을 간략히 정리해 보자.

6. 주자(朱子)의 사상을 이(理)·기(氣) 논의를 중심으로 정리해 보자.

7. 퇴계와 율곡의 사단칠정론(四端七情論)을 간략히 비교해 보자.

8. 유학사상의 교육적 의의를 자유롭게 토의해 보자.

9. 다음 사항들을 간략히 정리해 보자.
   ① 상례자(相禮者)   ② 예(禮)
   ③ 충(忠)·서(恕)   ④ 수주대토(守株待兎)
   ⑤ 대장부와 호연지기(浩然之氣)   ⑥ 역성혁명(易姓革命)

4장

노장(老莊)사상

"사람은 자연을 떠나 문화의 존재로 군림하면서 천지를 물질의 보물창고로 여기기 시작했다. 그 이래로 사람들은 그 보물 창고 안에서 하룻강아지 범 무서운 줄도 모르고 제멋대로 살고 있다. 무엇이 두려운 줄 모르는데 무엇이 겁나겠는가? 장자는 문화라는 것이 벼랑인 줄 알았지만 우리는 모르고 살 뿐이다. 벼랑에서 떨어지고 싶지 않은가? 그러려면 혼망(混芒)하고 담막(澹漠)하라. 혼망과 담막은 도가가 요구하는 마음가짐이다. 분별하고 시비걸기를 일삼는 날카로운 마음을 버리는 것이 혼망이요, 하나의 속셈도 없이 맑고 투명해 조용하고 고요한 것이 담막이다. 이렇게 살아보라. 그러면 세상이 아무리 혼란스러워도 풀꽃처럼 살 수 있다."(윤재근, 2004, 160~161쪽).

1. 사상 형성배경

농업사회의 꾸밈없고 순수한 농부들의 삶을 이상화함

노장사상은 농부들의 순박하면서도 꾸밈없는 소박한 삶을 이상화한 것이라고 할 수 있다. 주어진 현실에 순응하면서 지나친 욕심 없이 뿌린 대로 거두고 하늘의 도우심에 감사할 줄 아는 태고의 농부들의 순박함을 이상화한 것이다. 즉, 원시사회의 단순성을 이상화하고 문명을 거부하였다. 그러므로 펑우란의 지적처럼(정인재 역, 2004, 41~44쪽 참조), 유가가 인간의 사회적 책임을 강조하는 데 반해 도가는 인간의 자연적인 면과 자발적인 면을 강조하였다고 한다. 또한 농부들은 원시적이며 소박한 생활환경에서 직접 감지한 것을 소중히 여기는데, 이와 같이 농부들의 의견을 대변하는 철학자들이 사물을 직관적으로 감지하는 것을 자기 철학의 출발점으로 삼는 것도 무리는 아니라는 것이다.

노장사상은 꾸밈없고 순수한 농부들의 삶을 이상화하고, 농부들의 원초적인 세계인식, 소박한 생활환경에서 직접 감지하는 것을 소중히 여기는 사유방식을 출발점으로 삼았다고 하겠다.

은자(隱者)들의 세속적 가치의 부정

춘추·전국시대와 같이 사회가 극도로 혼란한 때에는 몰락하여 실의에 빠진 지식인들이 무수히 많았을 것이고, 이들은 세상에 드러내지 않고 자신의 몸을 보존하는 것에 더 큰 관심을 두는 경향이 강했을 것이다. 도가철학의 출발점은 생명을 보존하고 상해를 피하는 것이라 할 수 있으며, 도가의 선구자라고 할 수 있는 양주(楊朱)에 의해 두드러진다. 양주의 근본사상은 '위아주의(爲我主義)'와 '경물중생(輕物重生)'의 두 가지이며, 이 사상은 겸애를 부르짖는 묵자의 사상과는 정반대임을 알 수 있다(같은 책, 89쪽). 맹자는 "정강이의 털 한 올을 뽑아 천하가 이롭게 된다 해도 하지 않는다고" 양주의 위아주의를 비판했으나, 이들은 천하를 얻은들 자신의 몸을 보전하지 못한다면 무슨 의미가 있느냐고 되묻고 있을지 모른다. 차라리 자연 속에 은둔(隱遁)하는 편이 괜히 혼란한 세상에 끼어들어 해를 자초하지 않는 더욱 지혜로운 길이라고 여기고 있는 것이다.

이들은 유학과 같은 세간적 사고(世間的 思考)에 반발을 느꼈을 것이다. 즉 지식의 진보와 인위적인 문화의 발전에 회의를 느꼈고, 예악이니 인의니 도덕이니, 군신이니 권력이니 하는 것에 역겨움을 느꼈을 것이다. 세속적 가치를 부정하는 이러한 사고 경향이 마침내 노장류의 극도의 이상주의에 입각한 초세적(超世的) 철학사상을 창출하였다고 보여 진다.

논어에만도 초(楚)의 은자(隱者)들이 많이 소개된다. 공자의 인생관을 비웃으며 세속을 버리고 자연과 더불어 사는 은자들(접여(接輿), 장저(長沮), 걸익(傑溺), 하조장인(荷篠丈人))의 언행이 기록되었다.

그들은 공자를 연민으로 바라본다. 혼란한 세상에 질서를 잡아서 안정을 기하고 백성들의 삶을 개선시키려는 공자의 노력을 "안 되는 줄 알면서도 하려고 기를 쓰는 사람"이라고 비아냥댄다. 도가는 이들 은자들의 철학을 원류로 하고 있다.

반(反) 주(周)의 문화적 기반인 송(宋)에서 발달

노자의 출생지인 초(楚)는 공자의 노(魯)와 달리 주문화(周文化)의 영향을 받지 않은 곳이라고 하며, 그러므로 주문화에 대한 비판이 가능했던 곳이라고 한다. 노자와 장자가 다 같이 宋과 깊은 관련(장자는 宋人, 노자는 송의 패(沛)에 가 있었음)이 있는 인물들인데, 송은 과거 주에 패망한 은(殷)의 유민들이 거주한 곳이다. 그러므로 노장철학은 패잔자(敗殘者)의 거주지에서 나온 사상이고, 특히 주문화를 비판적으로 보는 패잔자적 사상이었던 까닭에 유학과 대조·대립되는 반유학적 성질을 지니게 된다. 재야적(在野的) 철학으로 일반민중의 정신생활을 뒷받침하는 데 공헌했다.

전목(錢穆)은 장주(莊周)가 살았던 송나라의 문화적 기반이 주(周)와는 근본적으로 달라서 종교적이고, 질박하며, 한 가지 관념을 외골수로 실천하는 기질이 두드러진다고 다음과 같이 밝히고 있다(차주환 역, 1985, 316~317쪽).

> 장주(莊周)는 宋나라 사람이었다. 송은 상(商)의 후손에서 나왔다. 중국에서는 古代에 동방(東方)의 商사람과 서방(西方)의 주(周)사람이 성격상으로나 문화상으로나 뚜렷한 차이가 있었다. 옛사람들이 말하기를, 商은 귀(鬼)를 숭상하고 周는 文을 숭상한다고 하였다. 상사람들은 귀신과 상제(上帝)를 믿어 짙은 종교적인 기미를 띠고 있었다. … 이와 관련되는 것은 상사람들이 현리(玄理, 깊고 오묘한 이치)를 좋아했던 일로, 그들은 왕왕 한 가지 이상을 인생의 실제보다 훨씬 중요시했다. … 그러나 옛사람들은 또 상은 질(質)을 숭상하고 주는 문을 숭상한다고 말했다. 상사람들은 종교적인 기미를 띠고 귀신을 인생보다 더욱 중요시한데다가 어찌해서 또 그들이 質을 숭상한다고 한 것인가. 그것은 質이 질박(質樸)의 뜻이고 또 질직(質直)의 뜻이기 때문이다. 대체로 상사람들은 한 가지 관념을 굳게 지니게 되면 그 밖의 모든 것을 돌보지 않고, 다만

자기 마음속의 관념에 따라 솔직하게 해내고 전연 변동이 없고 전연 은폐함이 없다. 그래서 그들이 質을 숭상했다고 말한 것이다. … 그들의 마음속에 이렇다고 생각하면 그 밖의 모든 환경과 실정은 전연 돌아보지 않았던 것이다. 이 역시 그들의 질의 일면이기도 한 것이다. 장자는 송나라 사람이므로 우리가 당시의 송나라 사람들의 일반적인 기질을 이해해야 장주의 사람됨과 그의 사상의 큰 근본을 이해하는 데 도움을 줄 수 있게 된다.

남방문화의 특성에서 형성

양계초(梁啓超)에 의하면(한무희 역, 1992, 196~197쪽), "북쪽 지방은 춥고 메말라서, 생활해 가기에 분주하였고, 사회를 유지해 가는데, 자급자족하지 못할까 걱정하였으므로 현묘한 철리(哲理)에 힘쓸 여유가 없었다. 그러므로 그 학술·사상은 항상 실제생활에 힘썼고, 인간의 일에 절실하게 하였고 힘써 행함을 귀하게 여겼고 경험을 중시하였다. 그래서 수신(修身)·제가(齊家)·치국(治國) 등 인류사회를 유익하게 하는 도의와 학술이 가장 발달하였다. 그러므로 가족을 중히 여기게 되어 족장제도(族長制度)로써 정치의 근본을 삼았던 것이다. 노인을 공경하고 조상을 존중하였다. 따라서 옛것을 숭상하는 생각을 중시하게 되었고, 보수적인 생각이 깊어졌으며, 배타적인 힘이 강하게 되었다. 곧 예전에는 군주를 선왕이라고 칭하였고, 그 나라를 내지(內地)라 하였고 나라 밖을 이적(夷狄)이라 하였으며, 예문(禮文)을 중히 하고 친애함을 힘썼으며, 법률을 지키고 천명(天命)을 두려워하였으니, 이것이 북학(北學)의 정신이다."이라고 한다.

이러한 북쪽 지역에 비해서, "남쪽 지방은 이와 반대이다. 그 기후는 온화하고 토지는 기름져 생활해 가기가 용이하여 그곳 백성들은 반드시 자기 자신이나 가족들의 생활문제에 대해서는 걱정할 필요가 없었다. 그러므로 항상 현실세계에서 달관하였으며, 처음에는 세상을 소홀히 하다가 얼마 후에는 세상을 즐기었고, 나중에는 염세에 빠지게 되어 실제에 관한 일들을 힘써 돌보지 않았으므로 예법을 중시하지 않았으며, 경험에 구애받지 않으므로 선왕을 중시하지 않았고, 또 그 발달이 비교적 늦어져서 중원(中原) 사람들은 항상 변방 사람들을 오랑캐라고 업신여겼으며 야만인이라고 하였다. 그러므로 북학파에 대하여 증오하고 파괴하려는 마음이 있었다. 남방 사람들은 현리(玄理)를 탐구하고 세계를 초탈하였으며, 물아(物我)를 일치시켰고 계급을 평등하게 하였으며, 사사로운 사랑을 경시하고 번거로움을 싫어하였으며, 자연을 밝히고 본성에 순응하였다. 이것이 남학(南學)의 정신이다."라고 하였다.

양계초는 유가와 도가로 특징 지워지는 북학과 남학의 차이점을 다음과 같이 정리했다.

> [북파] ① 실제를 숭상, ② 역행(力行) 위주, ③ 인사(人事) 귀중히 여김, ④ 정치·법률을 밝게 함, ⑤ 계급을 중하게 여김, ⑥ 경험 중시, ⑦ 보수(保守)를 좋아함, ⑧ 면강(勉强) 위주, ⑨ 천명을 두려워함, ⑩ 외세를 배척, ⑪ 자강(自强)을 중히 여김
> [남파] ① 허상(虛想)을 숭상, ② 무위(無爲) 위주, ③ 출세를 귀하게 여김, ④ 평등을 중히 여김, ⑤ 창조 중시, ⑥ 파괴를 좋아함, ⑦ 자연을 밝게 함, ⑧ 하늘에 맡김, ⑨ 겸약(謙弱)을 중시함

노장의 도가사상은 중국 북방적 특성에 기반을 둔 유가와는 달리 남방문화에 기반하여 발전하였음을 알 수 있는 것이다.

달관(達觀)의 신비주의 특색

노자와 장자의 철학에 서로 다른 점이 없지 않으나 대체적인 경향은 같다.

아집(我執)에 기초한 세속적 가치를 부정하는 것 – 그래서 다 같이 부정어인 무(無)를 자주 사용한다. 무위(無爲)라든가 무아(無我) – 부정의 철학이 노장철학의 한 특색이라고 하겠다. 패잔자의 심리가 반영되었다고도 하겠으나, 현실적인 욕망을 버리고 물질적 가치와는 다른 관점에서 삶을 접근했다고 하겠다.

도가와 불가 모두 세태(世態)의 무상(無常)함을 주장한다. 그래서 불완전하고 가변적인 세상을 벗어나서 정신적이고 영원한 평안함을 추구하게 된다. 그들이 바라는 것은 이제 물질적 욕구의 충족이 아니라, 정신적 행복 즉 '안심입명(安心立命)'으로서의 '마음의 평안'인 것이다. 세속적인 영화를 체념하거나 달관함으로써 괴로움을 잊으려했을 것이다. 인생을 달관한 사람들이야말로 어떠한 혼란 격변의 사태를 맞으면서도 불안해하지 않고 초조해하지 않는다. 평온한 마음으로 운명을 맞을 수 있다. 그들은 대상세계, 현실의 조건을 개혁하기보다 인생과 화복에 대한 자신의 마음가짐을 바꾸는 것을 중시했던 것이다.

이 달관의 철학은 매우 상징적 우화적(愚話的) 방법을 구사한다. 격조 높은 문학의 방법을 통해 초세적 달관의 철학은 마침내 보기 드문 신비주의 경향도 드러낸다.

유가와 도가는 중국 사상사에서 두 가지 주요한 흐름이다. 그러나 대립의 위치에 있는 유학이 관학화되고 정통철학 시 됨에 따라 노장철학은 자연히 반 정통철학으로 여겨져 왔다고 하겠다. 유학의 정통성이 강조될 때마다 으레 이단시 되고 배척되기 일쑤였다. 유가가 양지를 차지했다면 도가는 음지였다고 할 수 있다. 그러나 그만큼 노장철학은 민중생활 서민생활과 밀착된 사상으로 자리 잡았다고 하겠다.

특히, 천지자연과 호흡하면서 일체가 되는 것을 추구한 노장의 삶의 지향점은 중국지식인들의 이상적 삶의 하나로 자리 잡았을 뿐만 아니라, 불교사상에도 영향을 주어 선(禪)불교의 발전으로 이어지게 하였다.

2. 노자(老子)의 철학

노자는 대단히 모호한 인물이다. 사기(史記)에 의하면 노자(기원전 604~531)의 성명은 이이(李耳, 字는 백양伯陽, 謚은 담(聃))이며 초(楚)나라 사람이라고 한다. 그러나 그의 실재성과 어느 때 인물인지는 아직도 의문이 많다. 다만 확실한 것은 노자라는 이름에 의탁하여 전해지던 단편적 사상들이 춘추시대부터 상당히 산견되었던 듯하고, 적어도 전국시대부터 한초(漢初)에 이르는 기간에는 『노자·도덕경(道德經)』이 도가의 경전으로 확고히 정리된 것으로 믿어진다. 구라하라 고레히토는 노자가 살았던 시대에 대하여 공자 이후, 맹자 이전인 기원전 400년 전후라고 추정하는 것이 타당하다고 생각한다고 밝히기도 했다(1999, 127쪽). 그러나 그의 실재성과 살았던 시기 등은 여전히 명확하지 않은 상태이다.

핑우란은 『노자·도덕경(道德經)』이 편집된 시기를 공자와 동시대 또는 전시대가 아닌 명가의 혜시나 공손룡 이후로 보아야 한다고 주장한다(앞의 책, 126~127쪽). 실제로 공자보다 연상인 노담(老聃)이라는 인물이 살았다고 해도, 『노자』라고 제목이 붙은 책은 후대의 저작이며, 그 책이 혜시나 공손룡 이전이 아니고 그 이후에 쓰여 지고 편집되었다고 믿는다고 했다. 그 이유는 『노자』 책에는 무명(無名)에 대한 토론이 꽤 많이 수록되어 있는데, 무명에 대하여 논하려면 우선 '명(名)' 그 자체에 대한 논의가 앞서야 하기 때문이라는 주장이다. 매우 타당성 있는 추리라고 여겨진다.

전목 역시 『노자』라는 책은 전국 말기에 늦게 나온 것이며, 그런 점에서 노자가 아닌 장주(莊周)를 도가의 비조(鼻祖)로 볼 수 있다고 다음과 같이 주장한다(앞의 책, 316).

다만 현대인으로 눈으로 여러 가지 논증을 근거로 해서 본다면 〈장자〉라는 책은 실제로는 〈老子五千言〉 이전에 나왔다. 장주(莊周) 이전에 노담(老聃)이란 사람이 있었느냐의 여부는 여기서는 논하지 않기로 한다. 그러나 〈老子五千言〉은 틀림없이 전국 말기에 늦게 나온 책이다. 이렇게 말하고 보면 도가의 비조(鼻祖)로는 책을 저술하고 주장을 내세워서 확고하게 하나의 사상의 계통을 성립시킨 공적이라는 점에서는 사실상 장주(莊周)를 믿어야 한다.

전해 오는 이야기에 의하면 노자는 주나라 때 허난성의 장서실(藏書室)을 관리하던 주하사(柱下史)였으며 지혜가 뛰어나 존경받았다고 한다. 장자가 하급계층의 신분이었음에 비해, 노자는 귀족계층의 출신이었다고 하겠다. 노자의 지혜, 그의 순수한 옷차림과 겸손한 태도, 적은 소유에 대한 만족, 단순한 삶의 추구 등은 오늘날까지도 많은 사람에게 영향을 미치고 있다.

늙어서 태어난 아이, 노자

기원전 604년 9월 14일, 중국 초나라 고현(苦縣)의 여향(厲鄕) 곡인리(曲仁里)에 한 여인이 자두나무[李樹]에 기댄 채 아이를 낳았다. 그런데 이 아이의 어머니는 떨어지는 별을 찬양하면서 62년 동안 임신해 있던 상태였고, 그때 아이는 태어나자마자 말을 할 수 있었다고 한다. 그 아이는 주위의 자두나무를 가리키며 "나는 이 나무를 따서 성(姓)을 짓겠다."라고 말했다. 그 후 그는 자두나무[李]에다 자신의 큰 귀(耳)를 상징하는 이름을 붙여 스스로 이름을 이이(李耳)라 했다. 그러나 그의 머리칼은 벌써 하얀 눈처럼 희었기 때문에, 사람들은 그를 두고 노자라 불렀다. 노(老)는 늙었다는 뜻이고, 자(子)는 '하늘의 아들'이라는 뜻을 가진 존칭어다.

노자의 출생지에 관해 하치야 구니오는 신빙성을 의심하면서, 풍자조의 시각에서 보면 고현은 괴로운 현 또는 맛이 쓴 현이라는 이상한 지명이고, 여향의 여(厲)라는 글자는 나병의 나(癩)와 같은 의미로 곤궁에 처해있는 데다 병에 걸렸다는 뜻이라고 보았다. 더욱이 곡인리라면 인(仁)을 굽힌 사람들이 살고 있는 곳이니 전체적으로 거짓말 같다는 느낌이 든다고 말하면서, 그 지명에 해당하는 장소가 실제로 있었는지, 그런 의미에서 노자가 실제 했던 사람이었던가에 대해서도 의문이 남는다고 했다. 그에 따르면, 안휘성과의 경계 근처에 하남성의 녹읍(鹿邑)이라는 곳이 있고, 거기서 동쪽으로 조금 떨어진 곳에 태청궁(太淸宮)이라는 작은 마을이 있는데, 이곳이 바로 초나라 고현 여향 곡인리라는 해석이 있다고 한다. 그곳에 가면 그곳이 곡인리였다고 쓰여 있는 간판이 있으며, 이것이 사실이라면 노자는 초나라 북단에서 태어났다고 추정한다(김교빈 역, 1999, 96~97쪽).

노자는 주나라에서 왕실의 장서고를 기록하는 수장실사(守藏室史)로서, 사십여 년간 있었다고 한다. 이 무렵 공자의 방문을 받았는데, 공자는 노자에게 깍듯이 예를 갖추고 자신의 의견과 그에 대한 노자의 견해에 대해 물었다. 백발이 성성한 노자가 볼 때, 공자는 아직도 혈기가 왕성한 청년에 지나지 않았다. 이 기록이 『장자』에 나온다(권순우 편역, 227~228쪽 재인용).

공자는 옛날 책 같은데서 여러 가지를 끌어내어 자기의 생각하는 바를 설명하고 노자의 의견을 물었다. 노자는, "지금 당신이 하는 말들은 모두 옛날 사람들이 책에 써 놓은 것들이야. 그런 것이 지금 이 세상 사람들에게 소용이 있겠는가, 나보고 말하라면, 요즘 군자라고 하는 것은 때를 만나면 벼슬자리를 얻어 세상에 나가고, 때를 만나지 못하면 쑥대같이 바람에 쓰러지고 마는 거더군. 크게 장사하는 사람은 곳간에 잔뜩 물건을 쌓아두고도 겉으로는 아무것도 없는 것 같이 보이고, 군자는 안에 큰 덕을 지니고 있으면서도 남이 보면 바보 같다는 거야. 그대도 그 교만과 욕심 그리고 내로라하는 태도를 버려야 해." 공자는 예에 대해서는 한 마디도 말하지 않았다.

공자는 노자를 만나고 돌아와서 제자들에게, "새는 날 수가 있고, 물고기는 헤엄을 칠 줄 알고, 들짐승은 뛸 줄 안다. 뛰는 놈은 그물로 잡을 수 있고, 헤엄치는 놈은 낚시로 잡을 수 있고, 나는 놈은 활로 쏘아 잡을 수가 있다. 허나 용이 되면 어쩔 수가 없다. 용이란 변화가 무쌍하여 구름을 타고 하늘에 오르기도 하고, 몸을 숨기어 보이지 않게도 한다. 노자는 바로 용이다. 그의 학식과 덕은 헤아릴 수가 없다."고 새삼스럽게 감탄해 마지않았다고 한다.

물론 공자를 깎아내리고 노자를 높이기 위해서 구성한 글이라 여겨진다. 이처럼 공자에게 따끔한 충고를 가한 노자는 스스로 재능을 숨겨 이름이 드러나지 않도록 애썼다.

그러나 주나라가 망하는 것을 보고 그곳을 떠나기 위해 함곡관에 이르렀을 때, 국경을 수비하던 관리 윤희(尹喜)라는 사람에게 붙들리고 말았다. 그리고 그가 권하는 대로, 상하 양편의 오천 자로 된 『도덕경(道德經)』을 완성하게 됐는데, 이렇게 본다면 윤희라는 사람이야말로 거의 노자와 맞먹을 정도로 큰 공헌을 했다고 말할 수 있다.

만약 그가 노자에게 글을 쓰도록 종용하지 않았다면, 오늘 우리는 가장 값진 한 권의 책을 얻지 못했을 것이다. 노자의 『도덕경』은 중국인들에게는 물론 세계의 많은 사상가, 문학가 등에게 영감을 주고 영향을 미쳤던 보고(寶庫) 중의 보고로 널리 평가받고 있다.

그는 백육십 살 또는 이백 살을 살았다고도 전해지는데, 그 최후를 정확히 아는 사람은 없다.

1) 노자사상의 핵심

우주의 근원 : 무(無)·도(道)

노자는 만물을 無 또는 道에서 나왔다고 생각했다. 즉 '천하의 만물은 有에서 생겼고, 유는 無에서 생겼'든가 '道가 一을 낳으니, 一이 二를 낳고, 二가 三을 낳고, 三이 萬物을 낳았다'고 한다. 결국 우주의 근원이 無 또는 道라는 것이다. 도란 이름을 붙일 수 없는 무명(無名)이요, 모든 이름 있는 것들, 유명(有名)을 생기게 하는 원천이다.

노자가 말하는 道란 만물생성의 근원이요, 본체를 말한다. 도는 자립, 자존, 영원불변이며 만물에 퍼져 있어 보편, 불멸의 것이다. 가장 위대한 실재이므로 이것을 大라 하고, 절대 유일의 것이므로 '一'이라고 한다. 물론, 보려고 하여도 보이지 않고 들으려고 해도 들리지 않고, 붙잡으려고 해도 붙잡히지 않는 초감각적인 존재이다. 이리하여 상징적이며 시적인 표현으로 '도'라는 말을 쓴 것이다. 노자의 道야말로 초감각적이고 절대적인 것이어서, 무엇이라 말로 표현할 수 없는 것으로, 억지로 이름 하여 道니 大라 할 뿐이다(한기언, 앞의 책, 26). 아는 사람은 말하지 않는다. 말하는 사람은 모르는 사람이다. 도(道)라고 하는 것은 말로써 나타낼 수는 없는 것이다. 도를 알 수는 있더라도 그것을 말로 하기는 어렵다. 그래서 정말 도를 깨친 사람은 말을 하지 않는다는 것이다. 그것은 말로서 할 수 없기 때문이다. "말로 표현할 수 있는 도는 영원불변의 도가 아니다"(道可道 非常道).

노자는 도에 대하여 이렇게 설명한다(『노자』제25장).

> 하늘과 땅이 생기기 전부터 그 무언가가 혼돈(混沌) 상태로 존재하였다. 그것은 고요하고 텅 빈 상태를 변함없이 유지하였다. 그것은 계속 운동하여 그침이 없었다. 우리는 그것은 천하의 어머니라고 할 수 있지만 그 이름을 알 수 없으므로 그냥 도라 부르기로 한다.

노자의 도는 만물의 본체인 만큼, 仁義와 禮로서의 도(道)인 유학의 도와는 다르다. 공자 등 유가가 말하는 도란 인의와 예 등 인간이 마땅히 따라야 할 올바른 덕을 의미한다고 하겠다. 이는 인간 사회를 상하, 귀천, 친소 등 차별과 대립으로 파악하고 분수에 맞는 올바른 삶의 자세와 관련되어 있다고 하겠다. 그러나 노자는 유가가 말하는 차별을 근거로 한 인위적인 구분에 반대하고 이 차별과 대립을 초월한 불변의 도, 참된 도가 존재하며 그것이 우주의 실상이라고 보고 있다.

김득만의 지적처럼(2004, 89~90쪽), 도가철학은 유가 철학의 비판에서 시작된다. 유가는 합리주의적 도덕론이라 할 수 있으며, 선천적인 도덕 원리를 지적(知的)으로 인식할 수 있다고 생각하였다. 그러나 도가에서는 이러한 합리주의적 도덕론을 비판하며, 도덕의 근원이 지적으로 파악될 수 있다는 유가의 대전제를 우선 부정하고 나서는 것이다. 바로 이러한 의미에서 우리는 도가와 유가 사상의 대립을 무명(無名) 대 유명(有名), 그리고 무위(無爲) 대 유위(有爲)의 대립으로 파악할 수 있다.

그런 의미에서 구라하라 고레히토의 지적처럼(앞의 책, 131쪽), 노자의 우주철학은 극히 추상적인 논리인 듯하지만, 유가 등의 차별 사상과 이에 기초한 도덕과 정치에 대한 현실적인 비판 속에서 발생한 극히 현실적인 일면을 가진 이론이었고, 동시에 이 점은 도가가 유가보다 후에 나타난 학파라는 하나의 확실한 증거이기도 한 것이다.

노자가 말하는 도란 만물을 생성시키는 근원으로서 형체 있고 소리 있는 모든 것이 그곳에서 생겨나고 또 그곳으로 돌아가는 것이다. 또 볼 수도 없고 들을 수도 없으며 무어라고 말로 표현할 수도 없는 궁극적 실재요 초자연적인 것이라 하겠다.

인간을 포함한 만물은 생멸(生滅)과 변화(變化)를 되풀이하는 유한한 존재이지만, 도는 만물의 생멸과 변화를 초월하여 유구하고 무한하다. 유한한 존재인 인간이 무한한 실재인 이 도에 대하여 근원적인 눈을 뜨게 되고 그 형체 없는 형체를 지그시 바라보고 그 소리 없는 소리에 차분히 귀를 기울일 때, 자기가 본래 어떠한 존재이며 무엇을 해나가면 좋을까, 또 인간이 참으로 산다고 하는 일은 도대체 무엇일까 하는 것이 명백해진다고 가르치는 것이 노자철학의 근본이다.

도(道)와 무(無)의 변증법적 운동

만물이 본체인 道로부터 생겨났으므로 만물은 궁극적으로 다시 道[其根]로 돌아간다고 한다. 이렇게 근원인 도로 돌아가는 것을 '복명(復命)' 또는 '상(常)'이라 한다.

이 복명 또는 상은 영겁을 두고도 변하지 않는 우주·만물의 법칙이다. 인간 역시 도로 말미암아 생겨났다가 도로 돌아가야 하는 존재임으로 도의 운동법칙을 알아서 그대로 행해야 한다는 이론이 나온다.

만물은 끊임없는 운동 및 변화·발전 속에 있다. 그런데 만물이 성하면 즉, 극에 이르면 반드시 반작용으로 쇠퇴하기 마련인 것이다. 그러므로 노자의 이론은 변증법적인 성격을 지니고 있다.

사물이 성하면 반드시 쇠퇴해 가는 것[物盛必衰]은 도의 대립전화법칙에 의한 것이다. 다시 말해서, 대립은 항상 시간의 흐름에서 서로를 이뤄주며 존재나 사물은 항상 상성관계(相成關係)에 놓여 있다. 사물은 즉, 굽음에서 온전함으로 진행하며 움푹 파임에서 차여짐으로 낡음에서 새로움으로 변화하고 적음에서 얻어지고 많음에서 유혹되는 것이다. 이것은 도의 필연적 사태로서 正이 극에 이르면 반드시 反으로 운동하기 마련이다. 이것이 다시 반에 이르러 정으로 끊임없이 도의 운동은 반복되는 것이다(최병준, 111쪽).

그러나 변증법으로서 노자의 도와 무의 변화와 운동은 진보·향상을 만들어 내는 전진적인 정(正) → 반(反) → 합(合)과는 다른 것으로 보아야 한다. 구라하라 고레히토는 노자의 변증법적인 사고방식은 현대의 변증법과는 완전히 일치하는 것은 아니고, 거기에는 서로 다른 점이 있다고 한다(앞의 책, 147~158쪽 참조). 그 다른 점은 첫째로 노자가 말하는 변화와 발전은 직선형이든 나선형이든 무한히 향상하는 전진적인 운동이 아니라 최후에는 원점으로 회귀하는 순환적인 운동이라는 점이고, 둘째로 자연과 사회에서의 모순과 대립, 그 진화와 통일이 대립물의 투쟁에 의해 진행되는 것이 아니라 조화에 의한 통일을 중시하는 점이다.

노자의 변증법적인 사고방식은 우주 자연과 인간 삶을 보는 지혜와 관련이 있다고 여겨진다. 즉, 성공한 뒤엔 물러가는 것이 옳다. "차면 기울기 마련이니 이만하면 족하다 할 때에 그만두어야 한다. 예리하면 부러지기 쉬우니 오래 견디기 어렵다. 금은보배가 집에 꽉 차 있으면 그것을 어찌 간수할 수 있을까? 부귀를 누리면 마음이 교만해지고 마음이 교만해지면 스스로 화를 입게 된다. 성공하여 이름이 난 뒤에는 물러앉는 것이 옳다." 이것이 노자의 가르침이다.

그리고 노자의 도와 무의 변화와 움직임은 결국 조화와 통일을 지향하고 있으므로 인간의 삶도 그러한 도의 원리와 맞도록 해야 한다. 즉, 노자가 말하는 도와 무는 자연 세계와의 조화를 이루는 삶의 자세와 관련되어 있다고 하겠다. 이 자연세계에는 인간의 원시적 정서도 포함된다. 이 도를 따른다는 것은 결코 극적으로 자연의 리듬을 거스르지 않는 것을 말하며, 우리 자신의 감정과 욕망과 긴장을 이루면서 싸우지 않는 것을 말한다.

무위(無爲)·자연(自然)사상

도의 운동은 反의 형식(反者 道之動)으로 이루어진다. 그런가 하면 그것은 무위·자연한 것이다. 그러므로 反으로서의 無爲·自然한 형식이 도의 운동법칙이다.

反이란 복명과 같이 '반복한다'라는 뜻과 더불어 '반대'의 뜻을 가진다.

세속적 가치와 반대로 생각하고 유학에서 중요하다고 여기는 이상적 가치를 모두 부정한다. 그와 같은 질서나 제도·규범을 뒷받침하고 있는 것, 그들의 인간관·가치관이나 그들이 찬미하는 문명·문화 자체를 근본적으로 비판하고 부정한다. 인간의 언어에 의한 가치 부여나 작위에 의한 질서 규정을 모두 상대적인 것으로 보고, 세상 사람이 아름답다고 하는 것도 실은 추악한 것이며 선이라고 하는 것도 사실은 불선이라는 것을 간파했다.

유의 효용성을 부인하고 무의 유용성을 역설하고 움직임[動]보다 고요함[靜]을, 꽉 찬 것[滿]보다 빈 것[虛]을, 나아감[進]보다 물러남[退]을, 기교[巧]보다 서투름[拙]을, 수컷[雄]보다 암컷[雌]을, 성인보다 영아(嬰兒)를, 강함[强]보다 약함[弱]을 귀중하게 여긴다.

따라서 인간들은 누구나 약(弱), 허(虛), 정(靜), 무(無)와 같은 태도로 살아야 한다고 생각하며, 동시에 무위·자연의 태도를 취해야 한다고 본다.

「무위이무불위(無爲而無不爲)」 - 무위·자연은 결코 아무것도 하지 않음을 가리키는 것이 아니라 僞(거짓)로서의 인위적 조작이 없을 것을 역설함에 지나지 않는다고 하겠다. 僞를 배격하는 데 그의 철학의 순수성이 있고, 자연성을 역설하는 데 그의 철학의 낙천성이 있다고 하겠다. 펑우란은 노자의 무위자연을 다음과 같이 설명하고 있다(앞의 책, 134~136쪽).

무위란 말이 정말로 완전히 행동을 정지하거나 아무것도 하지 않는다는 것을 의미하지 않는다. 무위는 억지로 하지 않고, 별로 힘들이지 않고 행위하는 것을 뜻하며, 인위적이 아닌, 또 인공(人工)의 힘을 가하지 않은 자연스러운 행위를 뜻한다. … 사족(蛇足)이란 이야기는 너무 지나친 행위를 하여 자기 목적을 망쳐 놓은 좋은 예이다. … 인공적이고 인위적인 행위는 자연적이며 자발적인 행위와 대립된다. … '무위'의 가르침에 의하면, 인간은 필수적이고 자연적인 행위만 하라고 한다. … 이렇게 행동하려면 소박함을 우리 인생의 지도이념으로 삼아야 한다. … 도란 나무둥치 통나무[朴樸] 같은 것인데 이것이야말로 소박한 것 그대로다. … 좀 더 정확히 말하면 일단 해놓은 일은 도로 원상태로 돌리거나 전혀 어떤 일도 하지 않는 것이다. 노자가 이렇게 말하는 이유는 이 세계의 문젯거리는 할 일이 많이 쌓인 데서 오는 것이 아니라, 너무나 많은 일을 해놓았기 때문이라고 한다.

근본적인 관심은 자기의 행동이 도의 자세에 어긋나지 않느냐에 있고, 도의 자세를 어기거나 혹은 그것을 왜곡 내지 해치는 것은 위(僞), 즉 인위(人僞)의 악덕으로서 엄격히 부정한다.

무위의 실천은 곧잘 물의 유연성을 전형으로 삼는다. 물의 유연성과 여성의 강인함을 동경하는 노자의 사상이기도 하다. 현대인들이 가장 공감하고 있는 부분이 바로 물처럼 살라는 것이다.

무위란 '아무것도 하지 않는 것'이 아니라, 억지를 피하고 자연스럽게 행하는 것을 가리킨다. 억지로 꾸며서 하는 행위는 오래가지 못하고 곧 그치게 마련이다. "자기의 키를 커 보이게 하기 위해 발끝으로 꼿꼿이 선 사람은 오래 서 있지 못하고, 마음이 급하여 두 다리를 크게 벌려 걷는 사람은 멀리 가지 못하며, 스스로 나타내려는 사람은 도리어 드러나지 못한다."라고 한다. 환경이나 때를 기다리지 못하고 자기 욕심대로 정권을 잡아보려 하거나 욕심껏 돈을 벌어보려 하는 사람은 반드시 실패하게 되어 있다. 이 간단한 이치를 모르고 욕망대로 행하다가 망한 사람이 어디 한둘이겠는가?

그렇다면, 이러한 무위에 도달하기 위해서 우리는 어떻게 해야 할까? 노자는 먼저 우리가 분별지(分別知)를 버려야 한다고 말한다.

흔히 사람들은 부귀영화를 좋은 것이라 여기고, 빈천굴욕을 나쁜 것이라 여긴다. 하지만 이것들은 본래 하나다. 동전의 양면과 마찬가지로, 복과 화는 우리가 늘 안고 가야 하는 두 가지에 지나지 않는다. 그러므로 재앙은 복이 의지하는 바요, 복은 재앙이 깃드는 곳이다. 올바른 것이 다시 기이한 것이 되고, 길(吉)한 것이 다시 흉(凶)한 것으로 된다. 이처럼 화복은 본디 둘이 아니고 하나인데도, 사람들은 상대적인 관념에 사로잡혀 재앙을 멀리하려 하고 복을 구하려 한다. 바로 여기로부터 모든 환란이 생겨난다. 새옹지마의 가르침이 떠오른다.

아울러 '무위'는 '도'를 인식하고 '도'의 작용과 일치가 되는 것을 의미한다. 다시 말하면 '자연'의 법칙을 파악하고 그 법칙을 끝까지 현실 생활에 적용하는 것이 '무위 정신'이다. 따라서 노자가 말하는 '무위'는 더 적극적인 무불위(無不爲)를 실현하기 위한 것이라고 할 수 있다(김득만, 앞의 책, 65쪽). "도는 항상 아무것도 하지 않지만 그렇다고 해서 하지 않는 것도 없다(道常無爲而無不爲)"라고 말한다. 계산되거나 계획된 행위가 아니므로 하는 것 없는 것처럼 보이지만 실상은 모든 것이 변화하고 존재하게 만드는 원인이 된다(최영갑, 2014, 65쪽)는 것이다. 오히려 무위적인 자연스러움이 더 큰 효용성을 낳을 수 있다는 것이다. 아무것도 하지 않으나 모든 것을 해낼 수 있다는 논리이다.

2) 노자의 주장들

위선과 가식을 버리라

노자는 유가에서 내세운 명분주의와 인위적인 조작에 반대하고 무위자연(無爲自然)에 처할 것을 주장했다. 그는 유가의 인위적인 도덕이 끼치는 폐단과 인간의 위선을 고발함으로써 좀 더 근원적인 진리로 나아가고자 했다.

뤄양(洛陽)을 떠날 무렵, 공자가 다시 노자를 찾아 작별 인사를 드리자 그는 공자에게 다음과 같이 충고했다고 한다.

"부자는 재물을 가지고 사람을 배웅하고, 선비는 말로써 사람을 배웅한다고 하오. 그런데 나는 돈이 없으므로 선비의 흉내를 내어 말로써 선물을 대신할까 하오. 총명한 사람이 자칫 죽을 고비에 이르게 되는 것은 남의 행동을 잘 비평하기 때문이오. 또 학식이 많은 사람이 자주 위험한 고비에 부딪치는 것은 남의 허물을 잘 지적하기 때문이오. 그러므로 말과 행동을 조심하고 자기의 주장을 함부로 내세워서는 안 되오!"

노자가 공자에게 한 충고는 노자 24장에 나오는 내용으로, '자기를 드러내는 사람은 어둡고[自見者不明] 제 주장만 옳다고 하는 사람은 남의 뜻을 얻지 못하며[自是者不彰] 제 자랑만 늘어놓는 사람에게는 제 몫의 공마저도 없고[自伐者無功] 자기만 잘났다고 으쓱대는 사람은 오래가지 못한다[自矜者不長]는 삶의 철학에 기반한 가르침이라 하겠다.

과연 큰 도(大道)란 무엇일까? 노자에 의하면, 그것은 무위자연의 도다. 위대한 도가 무너졌기 때문에 인의가 생겨났고, 지혜가 나오고 나서 큰 거짓이 생겨났고, 집안이 불화하기 때문에 효와 자애가 강조되었으며, 나라가 혼란할 때 충신이 필요했다는 것이다. 최영갑의 말처럼(앞의 책, 85쪽), 잘 생각해보면 노자의 주장이 매우 이치에 맞는 것임을 알 수 있다. 질병이 생기는 곳에 의사가 있는 것처럼, 국가가 혼란해야 충신이 생기는 것이다. 그래서 자연스러운 도가 사라지자 인의와 같은 인위적인 도리가 생겼다는 것이다. 백성에게 충성을 다하라고 가르치는 것은 그만큼 나쁜 사회가 되었다는 것을 의미하는 것이 아닌가? 그러므로 성스러움을 없애고 지혜를 버리면 백성은 효도하고 자애롭게 될 것이라는 논리이다. 노자의 주장처럼 유가에서 강조하는 덕들은 이미 그것들이 사라지고 없음을 반증해주는 것이라고 보아야 한다.

그러므로 애초부터 큰 도리를 굳게 잡아나갔더라면 아무 일도 없었을 것을 사람들이 인위적으로 일을 꾸미려 하니 일이 꼬였던 것이고, 다시 그것을 억지로 고치려 하니 일이 더 얽히고설키게 되었다는 뜻이다. 이런 배경에서 노자는 유가에서 말하는 성스러움과 지혜와 인의를 오히려 끊어버릴 것을 요구한다.

그릇의 빈 곳이 쓰임 받고, 굽은 나무가 제 수명을 누린다

유가에서 말하는 도(道)란 인간의 윤리에 국한된 것이다. 하지만 노자가 말하고자 하는 도는 천지 만물, 모든 자연의 이법(理法)으로서 우주의 근본 원천을 의미한다. 다시 말하면 도란 우리 인간의 머리로 이해할 수 없는 세계의 궁극적 원인으로서, 모든 법칙 중의 법칙이자 모든 척도 중의 척도다.

그런데 이 세상에서 어떤 모양을 갖는 존재는 모두 도에서 생겨난다고 말할 수 있는데, 이 도는 어떠한 시간적·공간적 한계도 갖지 않기 때문에 무극(無極)이다. 그렇다고 해서 이 무가 단순히 텅 비어 있는 공무(空無)인 것은 아니고, 도리어 모든 존재를 생겨나게 하는 무(無)라고 해야 할 것이다.

노자는 무의 효용성을 다음과 같이 비유한다.

"수레바퀴에는 서른 개의 바큇살이 한 바퀴의 통에 모여 있긴 하지만 그 가운데가 비어 있기 때문에 우리가 수레를 사용할 수 있으며, 또 찰흙을 이겨서 그릇을 만들 때 그 빈 곳이 있기 때문에 그릇을 쓸 수 있으며, 문과 창문을 뚫고 방을 만들되 그 가운데가 비어 있기 때문에 우리가 방을 쓸 수 있다. 그러므로 유(有)가 이용되는 까닭은 무가 작용하기 때문인 것이다."

빈 부분이 있어야 채울 수 있고, 모자라는 부분이 있어야 도울 수 있는 법이다. 꽉 찬 것이 좋고 텅 빈 것이 나쁜 것이 아니라는 것이다. 유보다 무가 쓰임새가 크다는 그의 역설이다. 조금만 생각해 보아도 무릎을 치며 공감이 가는 논리이다.

노자는 또 말한다. 굽은 나무가 제 수명을 누리고, 자벌레는 몸을 굽혔다가 펴면서 앞으로 나아가고, 물은 파인 곳에 고이며, 옷은 닳아져야 새것을 입고, 욕심이 적어야 만족을 얻으며, 아는 것이 많으면 도리어 미혹에 빠진다. 보기 좋게 잘 자란 나무는 그것을 쓰겠다는 사람들이 많아 곧 벌목되고 만다. 나무의 입장에서 보면 제 수명을 누리지 못하는 것이다.

가끔 우리가 보듯이, 크게 이룬 것(大成)은 모자란 것 같으나 그 쓰임에 그침이 없고, 크게 찬 것은 빈 것 같으나 그 쓰임에 다함이 없다. 크게 곧은 것은 굽은 것 같고, 크게 교묘함은 서툰 것 같고, 크게 말을 잘함은 말더듬이 같다. 이와 같이, 쓸모없음이 쓸모 있음이 되는 것이다. 노자는 세상의 잣대와 관점으로 유, 무를 재단하지 말라고 한다. 무용의 유용가치를 안다면 세상을 대하는 삶의 태도가 바뀔 수 있을 것이다. 차별하고 분별하고, 순위를 매기고 가치를 매기고 하는, 그렇게 길들여졌고 학습되었던 가치관은 폐기되어야 하는 것이다.

갓난아이처럼, 그리고 물처럼 살아라

공자는 "우리가 선에 대해서는 선으로 대하되, 악에 대해서는 어디까지나 정의로써 응징해야 한다."라고 했다. 이에 반해 노자는 선에 대해서는 말할 것도 없고, 악에 대해서까지 포용하기를 가르친다. "적에게도 덕을 베풀라. 오직 다투지 않은 그것으로 인해 천하가 그와 더불어 다툴 수 없다."라고 말한 것이다.

노자는 갓난아이처럼, 그리고 물처럼의 본성에 따라 소박하게 유연하게, 그리고 겸손하게 살 것을 강조한다. 그렇게 사는 것이 도에 부합하는 삶이라는 것이다.

억지로 삶을 꾸미지 말고 영아처럼 사는 것을 노자는 권하고 있다.

> 덕을 두터이 지니고 있는 사람은 갓난아기와 같다. 독이 있는 벌이나 전갈과 뱀도 물지 않고, 사나운 맹수도 덤벼들지 못하며, 날짐승도 덮치지 못한다. 뼈는 약하고 근육은 부드럽지만 쥐는 힘은 단단하다. 아직 남녀의 교합을 알지 못하나 음경이 일어서는 것은 정기가 지극하기 때문이다. 하루 종일 울어도 목이 쉬지 않는 것은 조화가 지극하기 때문이다 (『노자』 55장).

노자가 말하는 성인은 바로 갓난아이처럼 순진하고 소박하며 겸손하게 낮추는 그리고 꾸밈없는 삶의 자세를 견지하는 사람이다.

또 노자가 강조하고자 하는 것은 유연함과 겸손한 삶이다. 마치 부드러운 물이 견고한 바위를 뚫는 것처럼, 부드러움은 딱딱함을 이길 수 있다.

> 최상의 선은 물과 같다. 물은 만물을 이롭게 할 뿐 다투지 않고 모두가 싫어하는 곳에 처하므로 도에 가깝다. 머물 곳을 잘 고르고, 마음은 심연을 닮고, 사람들에게는 어질고, 말은 믿음직하며, 바르게 다스리고, 일은 능력 있게 하고, 움직일 때는 때에 맞게 한다. 다투지 않으므로 허물도 없다(『노자』 8장).

> 천하에 물보다 더 부드럽고 약한 것은 없으나 굳고 강한 것도 물을 이기지 못하니 어떤 것도 물과 바꿀만한 것이 없다(『노자』 78장).

상선약수(上善若水)다. 최고의 선은 물과 같다. 만물을 이롭게 하되 다투지 않는 물과 같이 살아야 한다고 말한다. 노자가 말하는 도란 어떤 의미에서 물과 같다. 물은 모든 사물을 이롭게 하면서도 먼저 가려고 다투지 않으며, 사람들이 싫어하는 낮은 곳에 머물려 한다. 물과 같이, 모름지기 현자는 이웃에게 선을 베풀며 유익을 안겨주면 서도 다른 사람 앞에 자신을 내세우지 않으며 항상 겸손한 자세로 유연하게 살아간다.

갓난아이와 물처럼 살아있는 것들은 유약하고 부드럽고 연하지만 죽은 것들은 뻣뻣하고 딱딱한 법이다. 부드럽고 유연함이 지니고 있는 삶의 지혜를 본받아야 한다. 자기를 내세우고 아집에 사로잡히게 되면 생명을 유지할 수 없다. 패망과 죽음의 길만이 기다리고 있다.

무위(無爲)의 통치

현자에게 요구되는 무위자연의 도는 정치가나 통치자에게도 요구되게 마련이다. 특히 정치는 백성과 천하 만물에 미치는 영향이 매우 크므로, 무위의 도덕정치가 더욱 중요한 것이다.

최영갑은 노자 사상의 배경을 다른 제자백가들과 같이 춘추시대의 혼란을 어떻게 극복하고 도탄에 빠진 백성들의 삶을 어떻게 개선할 수 있을까 하는 정치적인 관심에서 이해해야 한다고 밝히고 있다 (2014, 66~70쪽 참조). 즉, 춘추시대의 시대상황을 이해한다면 노자의 사상은 단순한 수양론적 의미보다 정치적 기술이 내포되어 있음을 인식해야 한다는 것이다. 노자도 제자백가와 비슷한 생각에서 출발한다. 힘들고 고통받는 백성을 편안하게 할 수 있는 방법이 무엇인지 고민하게 되었고 나름대로의 해법을 제시한 것이라고 본다. 노자는 당시의 상황에 대해서 다음과 같이 언급하고 있다.

조정은 화려한데 백성의 논밭은 황폐하고, 창고는 비어 있는데 위정자는 비단옷을 입고 날카로운 칼을 차고 음식에 물릴 지경이 되고 재물은 남아돈다. 이것을 일컬어 도둑이라 하는 것이니 정말로 도가 아니다(『노자』 53장).

위정자들이 세금을 너무 많이 받아먹기 때문에 백성이 굶주리는 것이다. 백성을 다스리기 어려운 것은 위정자들이 인위적으로 무엇인가를 하려고 하기 때문에 다스리기 어려운 것이다. 백성이 쉽게 죽음으로 내몰리는 것은 위정자들이 지나치게 사치스러운 삶을 추구하기 때문에 죽음으로 내몰리는 것이다(『노자』 75장).

노자는 인간의 인위적인 노력이나 지혜가 발달할수록 사회는 더욱 혼란해지고 수렁으로 빠진다는 생각을 했고, 그렇기 때문에 인간의 본래 모습인 도의 상태로 돌아가야 한다고 주장했던 것이다. 노자는 인간의 지식이나 지혜로 국가를 다스리지 말고 무위(無爲), 무사(無事), 자연(自然)으로 통치할 것을 주장했다.

노자에 의하면, 정치가는 다변(多辯)을 일삼아서는 안 된다. 통치자가 말을 많이 하다 보면 말에 실수가 있게 마련이고, 국민들이 식상해하고 피곤해한다. 또한 통치자는 많은 법률을 만들 필요 없이 담담하게 스스로 덕을 펴나가기만 하면 된다.

정치가가 위선을 부리거나 힘으로 다스리려고 하면, 백성들이 그를 불신하고 경멸한다. 스스로 마음을 비우고 국민이 원하는 방향으로 국정을 이끌어간다면 모두의 환영을 받을 수 있을 것이다.

천하에 금기조항이 많을수록 백성은 더욱 가난해지고, 백성들에게 편리한 기구가 많을수록 나라는 더욱 어지러워지며, 사람들의 재주가 많을수록 기이한 물건이 많이 나오고, 법령이 밝아질수록 도적도 많아진다. 이 모든 것이 억지로 백성을 다스리려 하는 데서 오는 폐단이 아닐까?

현자를 특별히 대접하지 않아야만 백성들이 서로 다투지 않게 되고, 얻기 힘든 재물을 귀하게 여기지 않아야만 백성들이 도적질할 마음을 먹지 않게 되며, 욕심낼 만한 것을 드러내 보이지 않아야만 백성들의 마음이 어지럽지 않게 된다(不尙賢 使民不爭 不貴難得之貨 使民不爲盜 不見可欲 使民心不亂). 지식 있고 지혜로운 자라고 해서 특별대우를 하면 모두 학벌만 갖추려 할 것이고, 돈이 있건 없건 모든 국민이 법 앞에서 평등해야만 악착스럽게 돈을 벌려는 생각을 하지 않게 되고, 또한 사람의 탐심을 자극하지 않아야만 국민이 순박해진다.

어진 임금이 천하를 다스리는 방법은 다른 데 있는 것이 아니다. 스스로 고집을 피우지 않고 백성들 편에 서서 그들의 눈높이와 마음에 맞도록 스스로 맞춰나가면 된다. 설령 백성들이 귀로 듣기 좋은 것, 눈으로 보기 좋은 것에 대해서만 욕심을 낸다 할지라도, 천진난만한 갓난아이를 대하는 것처럼 다스려나가야 한다.

성인은 물 흘러가듯이 자연스럽게 나라를 다스려야 하는데, 가령 백성들이 죽음을 중하게 여기고, 먹는 음식을 맛있게 여기며, 입는 의복을 아름답게 여기고, 사는 거처를 평안하게 여기며, 행하는 풍습을 사랑하도록 하면 된다. 기괴하고 특별한 것에 마음을 두기보다 가장 평범하고 상식적인 삶을 살도록 해주면 그만이다. 그러면 백성들은 늙어 죽을 때까지 다른 나라를 부러워하는 일이 없을 것이다.

작은 나라와 적은 백성을 꿈꾸다

유가는 춘추전국시대의 혼란한 사회 속에서 인위적인 도덕에 의해 질서를 회복하려 했다. 그러나 노자는 이러한 방법에 반대하고, 무위자연을 주장했다. 유가에서는 인의니 예악이니 하여 어떤 규범과 덕목을 내세우지만, 노자는 모든 억지스러움을 버리고 차라리 자연으로 돌아가라고 외친다.

또한 노자는 정치론에서 유가의 대통일 국가라는 이상에 맞서며, '작은 나라와 적은 백성[小國寡民]'이라는 이상사회를 제시했다. 인위적인 도덕과 잡다한 지식에서 벗어나 소박하게 생활하는 것이 가장 행복한 삶이며, 위정자는 백성들의 이러한 삶을 보장하기 위해서 무위의 정치를 시행해야 한다고 보았다.

이상사회 역시 소박함. 실로 비문명 상태 속에서 아무 갈등 없이 원시적 자급자족을 이룰 수 있는 사회, 이른바 도원향적(桃源鄕的)「소국과민(小國寡民)」이 그의 이상사회요 이상국이라 할 수 있다.

노자는 "왕의 교화가 잘 미친 태평한 나라는 이웃 나라와 서로 바라보며, 닭과 개의 소리가 서로 들리고, 백성들은 각각 그 음식을 맛보며, 훌륭한 의복에 풍속이 편안하며, 생업을 누려서 늙어 죽음에 이르러서도 서로 왕래하지 않는다"라고 하였다.

이러한 노자의 주장이 가능한 사회는 자급자족을 우선으로 하는 태고의 단순한 농업사회일 것이다. 이동을 필수로 하는 목축사회나 모든 필요한 것들을 다른 이들의 도움으로만 얻을 수 있는 사회에서는 꿈도 꿀 수 없는 일일 것이다. 물론, 노자는 수레도 없고 문자도 없는 사회를 희망하는 것이 아니라 그런 것들이 사용되지 않아도 되는 소박하고 자족한 국가를 이상사회라고 여겼다(최영갑, 82쪽)고 볼 수 있다.

그런 면에서 이 주장은 지나치게 번잡하고 복잡한 관계 속에 얽혀 있고, 많은 이동 수단이 필수적으로 요구되는 현대인들의 삶을 되돌아보게 한다. 생존을 위해서 그렇게 분주하게 살고 있지만, 우리들 속에 쉼은 있는지, 복잡한 패턴 속에서의 안정감을 잃어버리고 살고 있지는 않은지.

3) 노자사상의 역설과 그 의의

노자가 인간들에게 패배와 무능의 방도를 가르치는 것으로 오해할 수 있으나, 그의 주장의 이면에는 ① 모든 가치판단이 상대적이라는 것, ② 사물이 한편으로 지극해지면 마침내 쇠퇴해진다는 것, ③ 심지어 물이 바위를 뚫듯, 약한 것이 강한 것을 이기는 것이 도의 법칙이라고 생각하기 때문이었다.

노자의 역설은 그의 강한 정치적 대안이기도 하다. 성인과 지식을 배척하는 그의 이면에는 '민리백배(民利百倍)'를 꾀하려는 역설의 논리가 있고, 인의를 배척하는 이면에는 '민복효자(民復孝慈)'를 노리는 역설적 의도가 담겼다고 하겠다. 노자는 인간의 인위적인 노력이나 지혜가 발달할수록 사회는 더욱 혼란해지고 수렁으로 빠진다는 생각을 했고, 그렇기 때문에 인간의 지식이나 지혜로 국가를 다스리지 말고 무위(無爲), 무사(無事), 자연(自然)으로 통치할 것을 주장했던 것이다.

인간은 어디까지나 허정(虛靜)·무욕(無慾)·겸하(謙下)·유약(柔弱)한 태도를 취해야만 이상적 인격을 이루는 것이다. 타고난 그대로의 질박(質樸)함[자연성]을 잃지 않는 영아(嬰兒)와 같은 인간이라야 이상적 인간이라고 노자는 강변한다.

노자가 남영주에게 설명해준다. "항상 올바른 삶의 법은 자연과 하나가 되는 것이고 그 하나를 잃지 않는 것이지요. 점괘 따위에 기대어 길흉을 점치지 않는 것이고, 자연에 머물러 자연에 맡기는 것이오. 남의 일에 신경 쓰지 말고 자신을 살펴 구해야지요. 그리하여 자신을 걸림 없게 하고 마음속을 텅 비워 어린아이가 되는 거요. 어린아이는 온종일 울어대도 목이 쉬질 않지요. 자연과 어울림이 지극하기 때문이지요. 종일 조막손을 쥐고 있어도 당기질 않지요. 자연의 덕과 함께 있기 때문이지요. 종일 노려보아도 눈이 깜박거리질 않지요. 바깥 것에 사로잡히지 않는 까닭이지요. 가도 가는 바를 모르고 살아도 할 바를 모르지요. 만물과 더불어 순응하면서 변화와 함께하는 까닭이지요."

노자는 공자와는 달리 혼란한 세상을 구하기 위해 가식과 인위적인 삶을 버리고 자연 세계와의 조화 속에서 무위자연에 처할 것을 가르쳤다고 하겠다.

노자는 현실의 사회에 정치적인 관심을 갖고 때로는 현실적인 위정자들의 자세에 날카로운 비난을 퍼붓지만, 그 정치적인 관심은 어디까지나 무위의 입장에 서는 것이고 유위의 입장에 서는 세속적인 그것과는 근본적으로 성격을 달리한다. 그는 힘을 원리로 하는 유위의 지배를 부정하고 온갖 제도와 규범을 마련하여 백성을 속박하는 작위(作爲)의 정치를 부정하는 것이다.

구라하라 고레히토는 노자사상의 의의에 대하여 다음과 같이 밝히고 있다(앞의 책, 162쪽).

노자의 사상과 논리에는 오늘날 보면 소극적이고 오히려 복고적인 점이 있다. 그러나 그가 지금부터 2천 수백 년 전 동양의 일국에서 강권에 의한 인민의 자유 억압에 반대하였고, 귀족적·가부장적인 차별과 그에 기초한 정치에 반대하였으며, 그것을 기본적으로 긍정한 유가사상을 비판하고 그 차별을 바탕으로 한 형이상학적인 논리에 대해 부정을 통해 변증법적인 논리를 이론적으로 체계화하고 발전시켰음에 대해서는 중국에서뿐만 아니라 세계사상사의 발전이라는 측면에서도 높이 평가할 만하다.

노자사상에 대한 대단한 평가이다. 인위적 작위의 논리에 대한 부정 논리의 변증법적 발전, 無爲와 反의 논리를 통한 궁극적인 회복과 행복의 추구, 노자의 대안이다.

3. 장자의 철학

장자(莊子, 본명은 周, 369~286 B.C., 宋人)는 노자의 철학을 계승한 도가의 대표적 학자이며, 맹자와 같은 전국시대의 인물이다. 전국시대의 인물답게 안으로는 노자의 철학을 계승하여 더욱 철저히 발전시키는 한편 밖으로는 인문도덕의 확립에 힘쓰는 유학사상을 맹렬히 공박한다. 동시에 당시 학자들의 아집과 파벌의식의 폐해를 극복하고자 하였다.

장주(Chuang-tzu)로 알려진 장자(莊子, Zhungzi)는 실존 인물일 가능성이 매우 높다. 그의 이름이 붙여진 책 『장자』는 여러 사람의 글이 덧붙여져 이루어진 책이다. 원래 70여 편으로 내려오던 것을 진(晉)의 곽상(郭象)이 33편으로 정리하여 현재의 모습이 된 것이다. 그중 내편(內篇, Inner Chapters) (1편부터 7편까지)이라고 불리는 것을 따로 분리하기도 하는데, 이것은 장자의 핵심부가 되는 초기본으로 볼 수 있으며, 또한 장자의 관점을 생생하게 드러내는 것이라 할 수 있다.

1) 장자의 생애

장자의 전기(傳記)는 노자만큼이나 분명하게 드러나지 않고 있다.

그에 대한 가장 오래된 전기는 사마천의 『사기』 「노자한비열전」이지만, 「자객열전(刺客列傳)」에서 위나라 출신의 칼잡이보다도 훨씬 분량이 적은 235자의 간단한 기록만 남기고 있다고 한다(안병주, 譯註 莊子 1의 解題, 2003, 7쪽).

뿐만 아니라 장자의 신상과 관련된 사실은 거의 없다고 한다. 그는 몽(蒙)땅 사람으로서 이름은 周이고 字가 자휴(子休)라는 것, 일찍이 칠원(漆園)의 관리가 된 적이 있으며, 梁나라 혜왕(惠王)과 齊나라 선왕(宣王)과 동시대 인물이라는 것, 또 그의 주장은 노자의 주장과 같다는 것, 십여만 권의 저서를 남겼고 내용의 대부분이 우언(寓言)이며 공자의 무리를 비판하고 노자의 학술을 밝혔다는 것이 관련된 기록의 전부이며, 초나라 위왕(威王)이 천금을 보내 재상으로 초빙하려 했지만 희생의 소의 비유를 들어 거절했다는 『장자』 〈열어구(列御寇)〉편에 기록된 것과 동일한 내용의 짤막한 일화가 말미에 붙어 있을 뿐이라는 것이다. 그리고 그 기록된 내용의 사실여부도 확실치 않다고 한다.

그럼에도 장자가 활동했던 시기가 양나라 혜왕, 제나라 선왕의 시대, 곧 맹자와 동시대의 인물이요 양나라 재상을 지낸 적이 있는 혜시(惠施)와 절친한 사이였다는 것 등은 어느 정도 일치를 보고 있다고 하겠다.

노자와 함께 도가를 형성한 장자는 송나라의 몽읍(蒙邑)에서 출생했다. 이곳은 호수와 숲이 많았고 경치가 아름다웠으며 기후는 온화했다. 전목의 다음 설명은 장자가 살던 몽읍, 즉 몽현(蒙縣)의 토양이 기름지고 경치가 아름다우며, 수로(水路)의 발달로 교통이 좋은 곳이었음을 말해주고 있다(앞의 책, 317쪽).

장자는 몽현 칠원성(漆園城)의 말단 관직에 있었다. 장자는 유가에서 말하는 은거(隱居)하여 자기 뜻을 추구하는 사람이었다. 그는 천하는 혼탁하여 세속은 같이 살아갈 만하지 못하다고 여겼던 것이다. 그가 칠원리(漆園吏) 노릇을 한 것은 아마도 그것으로 그의 경제와 생활이 억지로 해결될 수 있어서였을 것이다(같은 책, 318쪽).

노자와 장자를 묶어 우리는 흔히 노장(老莊)사상이라고 부른다. 하지만 이 두 사람 사이에는 차이가 있다. 노자가 정치와 사회의 현실에 어느 정도 관심을 가지고 있었던 반면, 장자는 개인의 안심입명(安心立命)에만 몰두했다. 노자가 혼란한 세상을 구하기 위해 무위자연에 처할 것을 가르쳤던 반면, 장자는 속세를 초탈하여 유유자적하고자 했다.

노자의 『도덕경』이 깊은 사색을 필요로 하는 철학적 작품인 데 비해, 장자의 『남화경(南華經)』은 읽는 사람을 도취의 망아(忘我) 상태로 빠져들게 하는 문학적 작품이다. 장자는 철학자임과 동시에 탁월한 산문가로서, 일천여 년 동안 그의 문학을 모방하려는 사람들이 많았다. 그의 문장은 모두 우화(寓話) 형식으로 되어 있고 내용도 대부분 허구적이기는 하지만, 『이솝 우화』에서처럼 무궁무진한 의미가 들어 있다.

2) 장자의 사상

노자의 도(道)의 관념을 계승함

- 만물은 道의 나타남이다.

장자는 노자의 도의 관념을 계승하였다.

도는 천지가 있기 이전인 그 옛날부터 본래 있었다. 귀신과 상제를 신령스럽게 하며 하늘과 땅을 낳았다. 태극보다 앞에 놓여 있어도 높지 않고, 육극보다 아래 놓여 있어도 깊지 않다. 천지에 앞서서 생겨났어도 오래되었다고 할 수 없으며 상고보다 오래 살았지만 늙었다고 할 수 없다 (『장자』「大宗師」).

그 道는 자기원인(自本自根)의 것으로 어디에나 있다(無所不在)고 한다. 동곽자가 장자에게 도라는 것이 어디에 있는가라고 물었을 때, 장자는 없는 곳에 없다고 대답한다. 그리고 구체적으로 대답하기를 땅강아지나 개미에도 있고, 돌피에도 있으며, 기왓장, 벽돌짝, 심지어 똥, 오줌에도 있다고 하였다. 만물은 모두 도의 나타남이라고 보았다. 만물이 도로 말미암아 생겨나며, 모든 사물이 도의 자기현현(顯現)이요, 모든 우주 만물의 모든 현상이 道의 自化현상에 지나지 않는다고 보았다. 노자의 도의 관념을 계승하고 있는 것이다.

장자에 의하면, 우리 눈앞에 펼쳐져 있는 삼라만상은 모두 도가 나타난 것에 다름 아니다. 도 밖에 만유(萬有, 만물)가 없고, 만유 외에 도가 없다. 만물은 도가 밖으로 나타난 것이므로, 도는 만물을 생성하게 한다고 말할 수 있다. 만물은 도에서 생겨나고, 다시 도로 돌아간다. 도는 절대무차별로서 시간과 공간을 초월하며, 스스로 근본이 된다. 도는 모든 것을 보내고 맞아들이며, 모든 것을 파괴하고 건설한다.

그리고 도는 역시 무와 같으면서, 언어로 표현할 수 없는 우주만물의 근원, 즉 우주의 실체로 보았다.

그런데 장자는 노자의 도의 관념을 계승함은 물론, 더욱 상세하게 발전시켰다고 볼 수 있다. 장자는 노자의 "우리가 도라고 하는 것은 참된 도가 아니며, 우리가 이름이라고 하는 것은 참된 이름이 아니다 (道可道非常道. 名可名非常名)"라고 하는 사상을 더욱 발전시키고 계승하였다. 그러므로 그의 근본 사상은 노자에 비해 매우 상세하다(김용섭, 앞의 책, 71쪽). 장자의 다음 말이 바로 노자의 사상을 한층 더 자세하게 설명한 대표적인 경우가 될 것이다.

> 도란 〈귀로〉 들을 수가 없는 것이니, 들었다면 〈도가〉 아니오. 도는 〈눈으로〉 볼 수가 없는 것이니, 보였다면 〈도가〉 아니오. 도는 말할 수가 없는 것이니, 말했다면 〈도가〉 아니오. 만물에 형체를 베풀어 주면서도 그 스스로는 형체가 없음을 안다면 그 도는 의당 뭐라 이름 붙이지 못하게 되오(『장자』, 「知北遊」).

세속적 가치를 초월함

장자는 천하는 혼탁하여 세속에 뜻을 두고 같이 살아갈 만한 것이 못된다고 여기고 있었다. 앞에서 언급한 것처럼, 그가 칠원리(漆園吏) 노릇을 한 것은 아마도 그것으로 그의 경제와 생활이 억지로 해결될 수 있어서였을 것이다. 최영갑은 그의 벼슬이 옻나무 밭을 관리하는 하급관리였을 것으로 추측한다(2014, 115쪽). 그는 더 이상은 활동할 생각을 하지 않았고 세속의 부귀현달(富貴顯達)과 공명사업(功名事業)에 대해서는 정말 마음을 동요시키지 않았던 것 같다.

그가 한번은 그의 친구인 양(梁)의 대재상 혜시를 만나러 갔었는데, 어떤 사람이 혜시를 보고 말했다. "장주의 재주와 언변은 당신을 훨씬 능가하는데 그가 오면 당신의 재상 자리는 지켜내지 못할 것이요." 혜시는 다급해져서 명령을 내려 양의 도성 안에서 사흘 동안 밤낮을 계속 수사하였는데 그것은 장주가 간 곳을 수사하자는 것이었다. 그 결과로 장주는 집으로 가서 그를 만났다. 장주는 이렇게 말했다 (『장자』「秋水」).

> 자네는 남방에 원추(鵷鶵)라는 새가 있다는 것을 아나? 그 새는 南海

에서 곧장 北海까지 날아가는 데 그 먼 여행길에서 오동나무를 발견하지 않으면 내려앉아 묵지 않고, 예천(醴泉)을 만나지 않으면 내려가 마시지 않고, 속칭 금령자(金鈴子)라고 하는 동실(楝實)을 만나지 않는다면 다른 물건은 전연 먹지 않네. 마침 그 새가 날아서 지나갈 때에 아래서 올빼미 한 마리가 입에 죽은 쥐 하나를 물고 있었는데 그것은 벌써 썩어버려 냄새가 났네. 그 올빼미는 원추가 자기의 죽은 쥐를 탐낼까 겁을 집어먹고 다급해져서 머리를 쳐들고 그 새를 보고 입을 활짝 벌리고 "헉" 하고 한 마디 크게 소리쳤네. 지금 자네는 자네의 양나라 재상자리를 가지고 나에게 "헉"하는 한 마디를 내려고 생각하는 것인가?

장자는 자기가 죽은 쥐를 물고 있는 올빼미와 같은 그까짓 재상자리를 탐낼까 봐 자신을 경계하느냐고 혜시를 면박하고 있는 것이다. 세상 사람들이 그렇게 염원하는 재상자리를 그는 정말 하찮게 여기고 있는 것이다. 그와 같은 장자의 삶의 자세가 확인되는 장면이 또 나타난다. 그 후 초왕(楚王)이 장주의 대단한 명성을 듣게 되어 정중하게 두 대부(大夫)를 보내 예를 갖추어 초빙했다. 그는 마침 복수(濮水) 가에서 낚시질을 하고 있었는데, 낚싯대를 든 채 거들떠보는 듯 마는 듯 다음과 같이 말했다(『장자』「秋水」).

내가 듣기로는 초나라에 신령한 거북이 한 마리가 있었는데 죽은 지가 3천 년이 되었다더군. 당신네 임금이 그것을 비단 보자기로 싸서 수놓은 상자에다 담아가지고서 태묘(太廟) 안에 간직해 두고 국가에 의문 나는 어려운 일이 생기면 그것에 대고 길흉(吉凶)을 묻는다고 하는데, 내가 물어보고 싶소. 이 한 마리의 신령한 거북은 죽어서 한 벌의 껍데기를 남겨 사람들에게 귀중하게 여겨지기를 원하겠어요? 그렇지 않으면 살아서 꼬리를 진흙 길에서 끌며 기어가기를 바라겠어요?" 그 두 대부는 말했다. "신령한 거북을 위해서 생각하자면 살아서 꼬리를 진흙 길에서 끌며 기어가기를 바라겠지요." 장주는 말했다. "그렇소. 당신네들은 돌아가 주시오. 나는 마침 꼬리를 진흙길에서 끌며 기어 다니려고 생각하고 있는 거요."

장자의 세속에 발을 담그지 않으려는 자세를 모른 채, 정말 하찮고 추한 공명심을 보이고 자랑하는 한 사나이에 대해 장자는 심하게 면박을 주는 모습이 나온다(『장자』「列禦寇」).

한번은 송나라에 조상(曺商)이라는 사람이 宋王의 命을 받고서 秦나라에 사신으로 갔다가 진왕의 대단한 환심을 사서 1백 량의 수레를 얻어 가지고 송나라로 돌아온 일이 있었다. 그가 장자를 찾아가서 만나고 이렇게 말했다. "나로 하여금 빈촌(貧村)의 낮은 처마 밑에 살면서 얼굴을 누렇게 하고 목을 움츠리고 짚신을 삼으면서 살아가게 하려 한다면 나는 그런 재주는 없소. 나에게 말 한마디로 만승(萬乘)의 임금 마음을 풀어주어 당장에 백 량의 수레가 나를 뒤따르게 하라면 그것은 내가 해낼 기능을 가지고 있소." 장주는 이렇게 말했다. "내가 듣기로는 진왕이 병이 나면 소명(召命)을 내려 의원을 찾는다고 합니다. 그를 위해 종기를 따준 사람에게는 수레 하나를 주고, 그를 위해 피질을 핥아준 사람에게는 수레 다섯을 주고, 더욱 냄새나고 더욱 구질스러운 일을 해낼수록 수레를 더욱 많이 얻는다고 합니다. 당신도 진왕을 위해 치질을 핥아준 게구료! 어떻게 그토록 많은 수레를 얻었단 말이요! 자, 빨리 가버리시오!

속이다 뻥 뚫리는 장자의 면박이다. 조상이란 사내는 부끄러움을 느끼긴 했을까? 한 마디로 장자는 세상 사람들이 그렇게 아등바등 취하고자 하는 부귀현달, 공명 같은 것에 연연하지 않고, 아니 더러운 오물처럼 여기고 처신했던 것이다. 마치 올빼미가 입에 문 썩은 쥐 고깃덩이처럼, 죽어서 비단에 둘러싸인 거북이처럼, 냄새나는 치질을 핥아주고 받은 수레처럼 하찮은 것으로 치부했던 것이다. 장자에 의하면 세상 사람들이 그토록 갖고자 취하고자 하는 세상의 부귀현달은 대단히 성공한 것처럼 보이나 썩은 고깃덩이를 빼앗기지 않으려는 투쟁이요, 가진 자에게 더럽게 비위를 맞추어야 얻을 수 있는 것이며, 오히려 귀한 생명까지 버려야 얻을 수 있는 것이라는 말이기도 하다.

장자는 요(堯) 임금이 나라를 넘겨주려 했을 때 천자자리를 탐내지 않고, "뱁새는 숲속에 둥우리를 지어도 나뭇가지 하나면 되고, 아무리 큰 짐승이 강물을 마신다 해도 제 배가 차면 그만인 것이다. 나는 이대로 있는 것이 좋다."고 사양했던 허유(許由)처럼, 속절없는 세상의 부귀현달을 꿈꾸지 않았다. 세상의 부귀현달은 그에게는 덧없고 의미 없는 것이라는 내면적 판단에 근거하고 있었다고 하겠다. 장자의 이러한 처세관은 나아가 인위적 문명을 거부하는 단계로 발전함은 물론이다.

살펴본 것처럼, 그는 벼슬에 연연하지 않고 매우 자유로운 삶을 추구했던 인물이었다. 그에게 있어서 인간의 자유는 그 어느 것과도 바꿀 수 없는 가장 중요한 과제였기 때문이다. 이러한 『장자』의 특징 때문에 "후대에도 많은 사람에게 영향을 끼쳤고, 중국인의 삶에서 내면적인 부분은 장자로 채워졌다고 해도 과언이 아닐 것이다"는 평가도 있다(최영갑, 115쪽). 뜬구름과 같은 부귀와 영달을 쫓지 않고 자기 내면의 자유로움을 우선적으로 갈구하는 삶. 진정한 선비들이 꿈꾸었던 삶이기도 했다.

무용(無用)의 유용(有用)으로의 가치 전환 : 피압박민의 고통과 절망을 대변하는 철학자

한형조의 지적처럼(105~107쪽 참조), 수도인 주(周) 왕실의 도서관장을 지낸 노자에 비하면 그의 경력은 초라하고 보잘것없다. 노자가 귀족계급 출신이었던 데 비해 장자는 몰락한 지식인 아니면 하층농민

출신이었을 것이다. 장자는 평생을 가난과 궁핍 속에서 보냈다. 부와 권력에 대한 질시와 경멸 또한 신랄하기 그지없었다. 춘추전국은 주의 봉건질서가 무너지고 새로운 질서가 개편되는 과도기였다. 크고 작은 전쟁과 부역에 시달리며 백성들의 삶은 더욱 곤고해져갔다. 죽음과 기아가 일상이 되어가면서 혹은 숨고, 혹은 도적이 되었으며, 혹은 저항했다. 장자는 이들 피압박민의 고통과 절망을 대변하는 철학자이다. 그의 저술에 꼽추나 언청이 같은 기형아와 더불어 전쟁에서 죽은 해골과 상이자, 그리고 형벌로 발이 잘리고 코가 베인 사람들이 지천으로 등장하는 것은 우연이 아니다.

장자는 세속의 사람들이 가장 추하다고 하는 발 잘린 절름발이나, 꼽추, 언청이 같은 불구자들을 들어 그들의 입을 통하여 세속의 평가와 달리 무용이 오히려 유용할 수 있음을 힘주어 말한다.

> 지리소(支離疏)는 턱이 배꼽 아래에 숨어 있고, 어깨가 이마보다도 높고, 상투는 하늘을 가리키고, 오장이 위에 있으며, 두 넓적다리는 옆구리에 닿아 있다. (그러한 신체적 특징 덕분에) 바느질과 세탁으로 충분히 입에 풀칠할 수 있으며, 키를 까불고 쌀을 골라내서 생기는 곡식으로 족히 열 사람을 먹여 살린다. 나라에서 군인을 징집하면 지리소는 팔뚝을 걷어붙이고 그 사이를 휘젓고 돌아다니며, 나라에 큰 부역이 있으면 지리소는 일정한 병이 있으므로 일을 받지 않고, 나라에서 병자에게 곡식을 나눠주게 되면 3종의 곡식과 열 다발의 땔나무를 받는다. 그 몸을 지리하게 한 사람도 충분히 자기 몸을 잘 기르고 천수를 마치는데, 또 하물며 그 덕을 지리하게 한 사람이겠는가?(『장자』「人間世」).

남들은 병신이라고 손가락질할지는 몰라도 신체의 결함 때문에 더욱 삶을 안존하게 유지할 수 있다는 것이요, 세속에서는 무용이라고 말할지 모르나 실제로는 유용하게 살고 있음을 역설하고 있는 것이다.

노자가 무(無)의 가치를 발견하고, 무용한 것은 실제로 유용할 수 있다는 반가치적 사고를 했는데, 장자는 구체적으로 증명해 내고자 했다고 할 수 있다. 장자는 오히려 이들을 내세움으로써 외형적인 모습에 사로잡히고 구애받으며 정상처럼, 남보다 잘 보이려고 꾸미는 데 집착하는 세속 인간들의 어리석음을 질타하고 비웃고 있는 것이리라. 오히려 세속에서 말하는 무용이 오히려 유용이 된다는 것을 강조하고 있다고 하겠다.

인위적인 도덕규범을 반대함

장자도 노자와 같이 인위적인 도덕규범을 반대하고 무위의 정치를 논한다.

장자는 도덕에 자연스럽게 순응하는 행위를 반대하는 것이 아니라 도덕적 규범에 행위를 의식적으로 짜 맞추려는 태도를 반대했다.

장자는 인의니 예지니 하는 모든 유가적인 주장들은 자연스러움을 인위적으로 막아버리고 제약하는 벼랑과 같은 것이요, 인간중심의 작위적인 문화라는 것 역시 결국은 불행과 파괴를 낳는 것으로 파악하고 있다. 하늘의 뜻을 알아서 꾸미지 말고 자연스럽게 행동하면 되는데, 예의니 격식 같은 것에 마음을 쓰다 보니, 정작 그 진정한 목적을 놓치게 된다는 것이다. 장자는 공자를 등장시켜서 다음과 같이 말한다(권순우 편역, 209~210쪽 재인용).

공자가 어느 때 어떤 사람에게 아주 심각하게 묻기를, "참(眞)이란 대체 어떤 것입니까?" "참이란 지성을 말하는 것입니다. … 술을 마시는 데도 즐겁게 마시자는 것이 목적이지 그릇 같은 것은 문제가 안 됩니다. 부모의 상을 입는 것도 애통한 정, 그것이 주이지 의식 같은 것에 마음을 쓸 필요는 없는 것입니다. 예의 같은 것은 속인들이 따지는 일입니다. 참된 사람은 하늘의 뜻을 알아서 자연 그대로 좇을 뿐입니다. 생각하는 대로 마음 내키는 대로 행동하면 되는 것입니다. 그러나 어리석은 사람들은 하늘의 뜻을 알 수 없어서 세속적인 것, 예의나 격식 같은 것에 몹시 마음을 쓰게 되는 것입니다. 당신도 길을 잘못 들었습니다."라고 대답하더라고 한다. 대체 그 사람은 누구였을까?

즐기고자 하면 즐겁게 하면 되는 것이며, 애통한 정을 표현하고자 하면 참으로 그렇게 하면 되는 것이지, 거기에 무슨 격식이니 예의 같은 군더더기를 덧붙여 이렇게 해라 저렇게 해라 하다 보면, 그것은 지성을 다함이 아니라 형식으로 흐를 수밖에 없다는 예리한 지적이다. 참으로 장자다운 발상이요 핵심이다. 아울러 노장사상이 인간의 꾸미지 않은 원초적인 마음가짐에 근간을 두고 있음을 다시 한 번 확인할 수 있다.

사람이 욕심내 다듬어진 것을 기(器)라고 한다. 기란 등걸을 파서 만든 그릇이라는 말이다. 편하기 위해 만들어 낸 것[器]이 오히려 인간을 못살게 한다는 것이다. 이처럼 인의니 예절이니, 정명(正名)이니 하는 것들은 시비를 거는 짓거리에 불과하다고(『장자』「天運」) 할 수 있다.

자연의 이치를 파악함

도교는 확실히 감정적 갈등과 긴장을 제거함으로써 가능하게 되는 마음의 평화와 상당히 관련이 있다. 그것은 자연의 이치에 맞게, 그것에 부합하여 행위 하는 것이다.

장자 3편 「양생주(養生主)」편에 나와 있는 한 백정[포정(庖丁)]이 고기를 가르는 기술이 가히 환상적으로 그려지고 있다.

포정이 문혜군(文惠君)을 위해서 소를 잡는데, 손으로 쇠뿔을 잡고, 어깨에 소를 기대게 하고, 발로 소를 밟고, 무릎을 세워 소를 누르면, (칼질하는 소리가 처음에는) 획획하고 울리며, 칼을 움직여 나가면 쐐쐐 소리가 나는데 모두 음률에 맞지 않음이 없어서 상림(桑林)의 무악(舞樂)에 부합되었으며, 경수(經首)의 박자에 꼭 맞았다. 문혜군이 말했다.

"아! 훌륭하구나. 기술이 어찌 이런 경지에 이를 수 있는가!"

포정이 칼을 내려놓고 대답했다.

"제가 좋아하는 것은 道인데, 이것은 기술에서 더 나아간 것입니다. 처음 제가 소를 해부하던 때에는 눈에 비치는 것이 온전한 소 아님이 없었습니다. 그런데 3년이 지난 뒤에는 온전한 소는 보이지 않게 되었습니다. 지금은 제가 神을 통해 소를 대하고, 눈으로 보지 않습니다. 감각 기관의 지각 능력이 활동을 멈추고, 대신 신묘한 작용이 움직이면 자연의 결을 따라 커다란 틈새를 치며, 커다란 공간에서 칼을 움직이되 본시 그러한 바를 따를 뿐인지라, 경락과 뼈에 살이 붙어 있는 부분과 살과 힘줄이 엉켜있는 부위도 (칼의 움직임을) 조금도 방해하지 않는데 하물며 큰 뼈이겠습니까?"

무슨 말인가? 소의 몸에도 자연의 규칙이 있다는 것이다. 자연의 규칙에 따라서 자연스럽게 처리하다 보면 문제가 안 된다는 얘기다. "어디에 뼈가 있고 어디에 이러저러한 힘줄이 붙어 있는가는 정해져 있습니다. 나도 미숙할 때는 뼈에 부딪쳐 칼날을 버린 적도 있었지만, 소의 몸체 구조를 잘 알고 나서부터는 아무리 복잡한 구조라도 일정한 틈이 있다는 것을 알게 되었습니다. 그 틈에 칼을 넣기 때문에 칼날이 상하지 않는 것입니다" 하고 대답했다고 한다.

그런 일은 실제로 있을 수 없다고 생각되지만, 천연 자연의 섭리를 설명하는 것으로서 대단히 설득력 있는 이야기다(하치야 구니오, 앞의 책, 144쪽). 자연스럽게 이치에 따라 그저 손이 가는 데로 마음과 하나가 되어, 아니 마음이 가는 데로 피아(彼我)의 구분을 넘어 오케스트라를 연주하듯이 각을 뜰 수 있는 것이다. 그러므로 성패에 크게 연연하지 않게 되고 자연스럽게 집중할 수 있게 되는 것이다.

본성의 자유로움 실현(物我一體) : 상대적 행복을 얻는 길 1

장자는 "하늘과 땅 사이에 있는 모든 사물이 서로 얽히고 뭉쳐서 하나의 전체를 이루고 있다."라고 말한다. 이것이 그의 만물일체론(萬物一體論)이다. 우리가 경험하는 모든 사물은 전체의 한 부분에 지나지 않으며, 어떠한 개별적 변화도 전체 질서에 영향을 주지 못한다. 가령 한쪽의 완성은 다른 쪽의 파멸을 뜻하므로, 전체 질서에는 변함이 없다는 뜻이다.

만물과 사람은 다르다는 생각을 버려야 한다. 아집을 버리고 사물을 바라볼 때 피아를 초월하여 진위를 가리게 되며(道樞, 兩行), 나아가 모든 사물을 그 사물의 입장에서 파악(以物觀物)하게 된다 - 어느것이 낫다든가 못하다고 할 수 없다 - 만물이 각각 그것대로의 존재의의를 가진 만큼 그것들이 평등함을 깨닫게 된다 - 자연의 이 평등성을 천균(天均)이라 한다. 천균사상이 「제물론(齊物論)」의 내용이다.

'양행'을 통한 '천균'을 깨닫지 못하는 인간은 무지함으로 자꾸 시비를 구별하고 평가하려고만 든다. 종류와 개수에 변함이 없는데도 일희일비하는 원숭이는 다름 아닌 우리 모두의 얼굴이다. 우리는 아직 충분히 진화하지 못한 것이다.

신명(神明)을 괴롭혀서 억지로 一이 되려고만 하고 그것이 본래 같음을 알지 못하는 것을 조삼(朝三)이라 한다. 무엇을 朝三이라 하는가. 원숭이를 기르는 자가 도토리를 원숭이들에게 나누어 주면서, "아침에 세 개 저녁에 네 개 주겠다."고 하자 원숭이들이 모두 성을 냈다. 그래서 다시, "그렇다면 아침에 네 개 저녁에 세 개 주겠다."고 하자

원숭이들이 모두 기뻐하였다고 한다. 하루에 일곱 개라는 명과 실이 아무런 변화가 없는데도 기뻐하고 노여워하는 마음이 작용하였으니 (이러한 잘못을 저지르지 않으려면) 또한 절대의 시(是)를 따라야 할 것이다. 이 때문에 성인은 시비(是非)를 조화해서 천균(天鈞)에서 편안히 쉰다. 이것을 일컬어 양행(兩行)이라 한다.

'천균'은 모든 것을 조화롭게 하는 자연스러운 경지를 말하고, '양행'은 시비의 어느 쪽을 취사선택함 없이 양자를 고르게 조화시키는 것이다(최영갑, 134쪽). 즉, 사물의 피아를 초월하여 취사선택 없이 사물의 입장에서 파악하게 되면[양행], 모두가 평등함을[천균] 알 수 있다는 것이다.

천하에는 가을 털의 끝보다 큰 것이 없고 태산은 가장 작다. 일찍 죽은 아이보다 장수한 사람은 없고 8백 년을 살았다고 하는 팽조(彭祖)는 가장 일찍 죽은 것이다. (萬物齊同의 세계에서는) 천지도 나와 나란히 生하고 만물도 나와 하나이다.

행복 역시 각 사물에 주어진 자연성(道로서의 德)을 따를 때 느끼게 된다 - 대붕(大鵬)과 소조(小鳥)가 각기 크고 작은 능력의 한계를 지니면서 그 타고난 능력을 원활히 발휘할 때 느껴지는 것이 행복이다 - 인간의 타고난 질박한 자연성을 지키고 따를 때 인간의 행복이 있게 된다.

장자는 잘 이해가 되지 않는 이야기를 한다.

남해의 황제는 숙이고 북해의 황제는 홀이고 중앙의 황제는 혼돈이다. 숙과 홀이 때때로 혼돈의 땅에서 함께 만났는데, 혼돈이 그들을 매우 잘 대접하였더니 숙과 홀이 혼돈의 은덕에 보답하려고 함께 상의하여 이렇게 말했다. "사람들은 모두 일곱 개의 구멍이 있어 보고 듣고 먹고 숨 쉬는데 이 혼돈만은 없으니 시험 삼아 구멍을 뚫어줍시다." 하루에 구멍 한 개씩 뚫었더니 칠일 만에 죽어버렸다(『장자』「응제왕」).

장자는 왜 이처럼 황당한 이야기를 지어냈을까? 최영갑의 주장처럼(123~124쪽), 인간의 기준과 가치를 가지고 남의 타고난 본성을 함부로 재단하는 어리석음에 대한 경고라고 볼 수 있을 것 같다. 즉, 인간이 알고 있는 얄팍한 지식으로 도의 세계를 재단하려고 하는 것에 대해 경고라고 할 수 있다.

혼돈은 그 스스로 아무런 문제가 없는데 옆에서 보는 숙과 홀은 마치 자기들의 관점에서 답답하다고 여기고 혼돈에게 위해를 가한 것이다. 혼돈은 자연 그대로의 타고난 모습이다. 그런데 인간이 거기에다 인위적인 힘을 가하는 순간 위험에 빠지게 된다. 인간이 옳다고 여기는 가치관이 정말 옳은 것인지 장자는 묻고 있는 것이다. 왜 인간은 자기들의 관점으로 다른 존재들의 자연성을 훼손하는 데 혈안이 되어있는지를.

장자는 우리의 타고난 본성을 자유롭게, 그리고 구김살 없이 펼쳐감으로써 행복을 얻을 수 있음을 밝혔다. 그러나 이것은 절대적인 행복이 아니라 상대적 행복을 얻는 단계라고 하겠다. 절대적인 행복을 얻으려면 사물의 본성을 좀 더 깊이 통찰할 수 있어야 한다.

자연의 이치로써 정감을 순화함 : 상대적 행복을 얻는 길 2 - 죽음의 이해(物化)

장자에는 인간이 당한 가장 큰 재난에 대한 토론이 많이 실려 있다. 인간의 불행에서 가장 근원적인 밑바탕에는 죽음에 대한 공포와 죽음이 닥쳐올 것에 대한 불안이 있다. 이러한 정감[情]으로 인하여 당하는 정신적인 고통은 어떠한 육체적인 고문보다 가혹한 것이다. 그러나 인간은 이치[理]로서 정감을 완화시킬 수 있다. 이것을 도가의 말로 표현하면 이치로 정감을 순화 '이이화정(以理化情)' 시키는 일이다(펑우란, 앞의 책, 146~147쪽).

장자에 있어서 장수(長壽)는 확실히 권고되는 사항이다. 그런데, 다른 한편, 장수에 도움을 주는 바로 그 마음의 평정은 우리가 너무 심각하게 죽음에 대해서 신경 쓰지 말 것을 요구하고 있다. 모든 것들은 만물의 변화라는 사실이다. 노자는 사람도 한낱 추구(芻狗)에 불과하다고 했다. 제사를 지낸 다음에 길가에 버려지는 풀강아지와 같이 별것 아니라는 말이다.

그는 인간의 비극이 더 많이 살고자 하는 인간의 욕망에서 비롯되었음을 알았다. 장자는 이들 욕망이 본질적인 것이 아니라 자연으로부터의 비본질적 소외이며, 이 소외를 극복하지 않는 한, 비극은 종식되지 않는다는 것을 거의 예언자적으로 설파했다. 그렇기에 그의 언어는 몽환적이고 비현실적이며 역설적이다. 그렇지 않은가. 인간은 자신의 삶을 영속시키려 하며 소멸을 두려워한다. 근본적인 사실은 바로 여기에 있다. 우리의 모든 영위와 문화는 바로 이 하드코어를 둘러싸고 펼쳐져 있다. 장자는 이 무의식의 뿌리를 넘어서지 않는 한 해방이나 자유는 없다고 생각했다. 그래서 장자도 불교와 더불어 '나 없음[喪我]'을 강조한다(한형조, 110~111쪽 재인용).

나 없음[喪我], 오상아(吾喪我)는 즉 내가 나를 잃었다 함이다. 노자는 나를 버리라[舍己] 했고 장자는 나를 없애라[無己] 했다. 삶이 괴로운 것은 나를 버리지 않고 나를 취하기[取己] 때문이다. 취기면 더럽고 사기면 깨끗하고 무기면 깨끗하다 한다. 취기만 알고 무기는 몰라라 하는 무리를 일러 소인이라 한다.

그런데 그렇게 죽음에 대해서 두려워하고 죽지 않으려고 발버둥치는 것은 생사를 둘로 보고 길흉(吉凶)을 둘로 보고 화복(禍福)을 둘로 보기 때문이다. 그렇기에 우리는 삶을 구애(拘碍)하게 된다. 구애란 걸림이 잡혀 있다는 말이다.

장자는 말한다(『장자』「제물론」). 죽기 싫어서 아등바등할 것 없다고. 혹시 죽음 너머의 세계가 더 좋은 것일지도 모르는 것 아니냐고.

　　내 어찌 生을 좋아하는 것이 미혹된 것이 아님을 알 수 있으며, 내 어찌 죽음을 싫어하는 것이 마치 젊어서 고향을 잃고 고향으로 되돌아갈 줄 모르는 경우와 같지 않은지 내 어찌 알 수 있겠는가. 여희(麗姬)는 애(艾) 땅 수비대 관리의 딸이었는데, 진(晉)나라 군인들이 (국경을 침입하여) 처음 잡아왔을 때는 그녀는 옷섶이 흥건하도록 울고불고했었다. 그러나 급기야 왕의 처소에 들어 왕과 함께 비단금침을 두르고 산해진미를 맛보고 난 다음에는 처음의 그 어이없는 눈물을 후회하였네. 죽은 사람이 당초에 살기를 바랐던 것을 후회하지 않는다는 것을 내 어찌 알겠는가.

장자의 죽음에 임하는 자세는 참으로 놀랍다. 한형조는 다음과 같이 그 장면을 멋있게 해석하고 있다(125~126쪽 재인용).

　　삶에서 자유로운 사람은 죽음을 두려워하지 않는다. 죽음에 대한 낙관적 기대도 비관적 탄식도 없다. 장자가 죽으려 할 때 둘러섰던 제자들이 오랜 주(周)문화의 전통에 따라 후히 장사를 지내고 싶다고 했다. 장자는 손을 저으면서 말했다. "나는 하늘과 땅을 관으로 삼고, 해와 달을 옥구슬, 별들을 주렴으로 하여, 만물의 호송 속에서 떠나갈 것이다. 장례 준비가 다 되었는데 뭘 더 보태겠단 말이냐." 제자들이 말했다. "그리하시면 까마귀나 소리개가 달려들어 뜯지 않겠습니까." 장자가 말했다. "땅 위에 두면 까마귀밥이 될 것이고, 땅 밑에 두면 개미밥이 될 것인데,

굳이 이쪽 밥그릇을 저리 넘길 일이 무어냐." 장자는 자기 아내가 죽었을 때도 두 다리를 뻗고 앉아 질그릇을 두들기며 노래를 불렀다.

모든 것이 다 도의 자화(自化)요 물화(物化)이다. 무엇 때문에 조금 더 살려고 발버둥 치는가? 왜 이리 죽음을 두려워하는가? 모든 것이 도(道)의 자화(自化)요 물화(物化)일 따름인데. 나는 원래 없었던 생명이 아닌가. 없었다가 있었던 생명이니 있다가 없은들 무어 대수로울 것이 있는가. 지극히 단순하고 어이없는 이 유추가 그를 슬픔과 고통으로부터 벗어나게 해주었다(한형조, 128쪽). 정감으로 인하여 당하는 정신적인 고통은 어떠한 육체적인 고통보다 크고 가혹하지만 이치(理致)를 이해함으로써 정감(情感)을 완화시킬 수 있다.

삶과 죽음 그리고 대부분의 사람들에게 매우 중요하게 여겨지는 다른 모든 것들은 물화(物化, 사물의 변화)이다. 즉, 하나의 세계가 변화한 것에 불과하다고 보아야 한다. 가장 많이 회자되는 장자의 호접몽(胡蝶夢) 이야기다.

옛날에 장자가 꿈에 나비가 된 적이 있었다. 훨훨 날아다니는 나비가 되어 스스로 흡족해하고 있었다. 자신이 장자라는 것도 깨닫지 못했다. 그러다 문득 잠에서 깨어나니, 자신은 엄연히 장자였다. 도대체 장자가 꿈에 나비가 된 것인지, 아니면 나비가 꿈에 장자가 된 것인지 알 수가 없었다. 장자와 나비 사이에는 반드시 분별이 있을 것이다. 이것을 일러 '물화'라고 한다(『장자』「제물론」)

장자는 이 이야기를 왜 했을까? 감각적 지각의 상대성과 그 감각적 지식을 바탕으로 내린 판단의 위험성을 지적하고자 했다고도 볼 수 있다. 그런데, 그 스스로 '물화'라고 한다고 밝히는 것을 보면, 나비와 장자와의 구분 없음, 즉 사물의 변화를 통한 연계성을 말하려고 한 것은 아닐까.

물화라는 것은 바로 모든 사물이 서로 독립적으로 존재하는 것이 아니라 인과관계 혹은 연결된 존재이며, 그런 관계를 알지 못하고 피차를 구분하고 상대적으로 사물을 판단하는 것은 매우 어리석은 일이다(최영갑, 129쪽). 삶과 죽음도 연결되어 있는 사물의 변화, 세계의 변화에 지나지 않는다는 것이다. 그러니 너무 연연해서는 안 되는 것이다. 이러한 이치가 장자를 죽음의 공포에서 벗어나 유쾌한 나들이처럼 편히 받아들이게 했다. 사물의 변화는 즐거움의 근원이 되어야 하며, 실로 우리는 사물의 변화에 어울려야 하고 우리의 마음에서 그 변화의 순간에 융합되어야 한다.

감각적 인식을 벗어나 자연이라는 절대의 지평에서 사유함 : 절대적 행복을 얻는 길 1

장자는 인간의 인식은 감각적 인식과 자기중심의 편견으로 인해의 한계가 있다고 지적한다. 즉, 불완전한 오감을 통한, 그 감각적 지식을 바탕으로 내린 판단은 상대적이고 주관적인 판단일 수밖에 없다는 위험성을 날카롭게 지적했다. 모장(毛嬙)과 여희(麗姬)를 사람들이 아름답게 여기지만, 고기가 그들을 보면 깊이 숨어버리고 새가 그들을 보면 날아가 버리지 않는가 반문한다.

감각적 지식은 어디까지나 때와 장소 및 나의 상태에 따라 상대적인 것에 불과하며, 특히 나(및 自派)를 기준으로 한, 그리고 인간중심의 미추(美醜) · 선악(善惡) · 진위(眞僞)의 판단 역시 절대적으로 보면 타당한 것이 아니라는 것이다. 장자는 인간중심의 감각적 경험에 의존한 판단의 오류와 한계에 대해서 다음과 같이 날카롭게 지적한다(『장자』「齊物論」).

왕예(王倪)가 설결(齧缺)이에게 물었다. 사람은 습기 있는 곳에서 잠을 자면 요통에 걸려 반신불수로 죽지만 어디 미꾸라지도 그렇던가? 나무 위에 서면 사람은 다리가 후들거리고 가슴이 떨려 무서워지만 어디 원숭이도 그렇던가? 이 셋 가운데 누가 올바른 거처를 아는가? 또 사람은 소나 돼지 따위의 가축을 먹고 사슴은 풀을 뜯고 지네는 뱀을 맛있어하고 올빼미는 쥐를 즐기는데, 이 넷 중 누가 참맛을 알고 있다고 하겠는가?

또 암원숭이는 긴팔원숭이와 짝하고 순록은 사슴과 교배하며 미꾸라지는 물고기와 노닌다. 사람들이 모장과 여희를 미인이라 여기지만 그들을 보면 고기는 물속으로 깊이 숨고 새는 그를 보면 하늘 높이 날아오르며, 사슴은 꽁무니가 빠지도록 도망친다. 이 넷 중 누가 천하의 올바른 아름다움을 알고 있을까? 내가 보건대 인의(仁義)의 단서와 시비(是非)의 길은 어수선하고 어지럽다. 그러니 어찌 내가 그것을 제대로 가려내겠는가.

그러므로 인간중심의 판단과 감각과 경험에 의존한 판단은 인간과 사물을 제대로 판단하여 시비를 가릴 수 없는 한계가 있는 것이다. 옳고 그름을 판단할 수 있는 기준도 찾기 어렵고, 인간들이 사용하고 있는 언어의 제약과 한계로 인해 시비를 가리기도 어려운 것이다. 그러므로 자신들의 주장만이 옳다고 주장하지 말라는 것이다. 전체성의 연관을 고려하는 거시안(巨視眼)을 가져야 하며, 아울러 편견의 원인인 아집(我執)으로부터 벗어나야 함을 주장한다.

자연이라는 절대의 지평에서 보면 인간은 결코 만물의 중심도 아니요 만물의 척도도 아니다. 크게 보아야 한다.

도가에서 말하는 천지(天地)란 자연을 일러 말함이요, 자연이 하는 일을 무위(無爲)라 한다. 그 무위를 천무불복(天無不覆) 지무불재(地無不載)라고 하기도 한다. 하늘은 무엇이든지 다 같이 덮어 준다. 땅은 무엇이든지 다 같이 실어준다. 사람과 다람쥐, 나비가 숨 쉬는 바람은 다 같다. 딛고 있는 흙도 다 같고 마시는 물도 다 같다. 그런데 유독 인간만이 잘난 척하며 내 땅, 네 땅 하며 평수를 재고 오두방정을 떨며 출세를 위해 아우성친다. 실로 수많은 에고(ego)들의 각축장이다. 장자는 인간중심의 사고방식과 삶의 양태에 대한 근본적인 부정과 함께 자연이라는 절대적 지평에서 접근하도록 주장하고 있는 것이다.

그러니 사람은 귀하고 벌레는 천하다고 하지 말라. 만물이 다 하나라고 생각하라는 것이 노자의 포일(抱一)이다. 어미가 새끼를 안듯이 만물을 품에 안아라. 장주는 나비와 함께 그런 포일의 꿈을 꾼다.

사물을 볼 때 우주 만물인 전체성(天正)의 입장에서 보려고 할 때만 상대성을 벗어나 제대로 볼 수 있다 - 道의 自化로 이루어지는 우주의 전체성이야말로 어떠한 변화에도 평형을 유지하기 때문이라는 것이다 - 한편의 생출(生出)현상은 다른 편의 사멸(死滅)현상을 가져오고, 한편의 사멸은 다른 편의 생출로 보충됨을 지적한다.

그리고 전체성의 관점에서 볼 때만 우물 안의 개구리가 범하는 자신의 경험세계라는 부분적인 편견에 빠지지 않을 수 있는 것이다.

물아일체(物我一體)의 실현 : 절대적 자유를 얻는 길 2

장자는 "하늘과 땅 사이에 있는 모든 사물이 서로 얽히고 뭉쳐서 하나의 전체를 이루고 있다."라고 말한다. 이것이 그의 만물일체론(萬物一體論)이다. 우리가 경험하는 모든 사물은 전체의 한 부분에 지나지 않으며, 어떠한 개별적 변화도 전체 질서에 영향을 주지 못한다.

가령 한쪽의 완성은 다른 쪽의 파멸을 뜻하므로, 전체 질서에는 변함이 없다는 뜻이다.

그러나 한 걸음 더 나아가 道에 대한 투철한 자각이 있어야 하고 특별한 수행이 필요하다. 우리는 나와 만물이 한 몸[物我一體]임을 깨닫게 되며, 나와 만물을 차별하게 하는 사려작용을 잠재우는 수행, 즉 심재(心齋) 또는 좌망(坐忘)의 수행이 필요하다.

심재는 마음을 가지런히 하고 비워서 공허하게 만드는 것, 즉 재계(齋戒)하는 것이다. 잡념을 없애고 마음을 통일하는 것으로, 귀로 듣지 말고 마음으로 듣도록 하며, 나아가 기(氣)로 듣도록 하는 것이다. 귀는 소리를 들을 뿐이고 마음은 밖에서 들어온 것에 맞추어 깨달을 뿐이나, 기는 공허하여 무엇이나 다 받아들인다. 참된 도는 오직 공허 속에 모이니, 이 공허가 바로 곧 심재이다.

좌망이란 분별과 차별을 잊는다는 것이다. 손발이나 몸을 잊고, 귀와 눈의 작용을 물리쳐서, 형체를 떠나 지식을 버리고 저 위대한 도와 하나가 되는 것이다.

설명하기도 어려운 경지임에 틀림없다. 그저 편하고 담담하게 그리고 고요히 있으면서 마음을 텅 비게 하고 아무런 작위(作爲)도 없이 평안하게 머물러 쉬는 것이며, 나와 사물, 아는 것과 모르는 것의 분별과 차별을 잊어버리고 도와 한 몸이 되는 단계에 이르는 것이다.

그때에 우리는 천지와 조화되고 만물과 한 몸이 되어 불사불생의 절대경지에 이룰 수 있다는 것이다.

이 절대 경지에서 궁극적 행복이 이루어지는 셈이다. 이 경지에 이른 사람을 聖人, 진인(眞人) 또는 지인(至人)이라 한다.

"지인은 신통력을 가진 존재이다. 뭇가의 수풀 우거진 곳이 불에 타도 그를 뜨겁게 할 수 없으며, 황하나 한수(漢水)가 얼어붙을 정도로 춥더라도 그를 춥게 할 수 없으며, 격렬한 우레가 산을 쪼개고 바람이 바다를 뒤흔들지라도 그를 놀라게 할 수 없다. 그 같은 사람은 구름을 타고 해와 달을 몰아서 사해(四海)의 밖에서 노닌다. 죽음과 삶도 자신을 변화시키지 못하는데 하물며 이해의 말단 따위이겠는가?"

그러므로 또 말한다. "성인은 살아 있을 때는 자연스레 행동하고, 죽으면 만물의 변화를 따르고, 고요히 있을 때는 음기(陰氣)에 덕을 맞추고, 움직이면 양기(陽氣)에 조화된다." 복 때문에 앞장서지 않고, 화 때문에 나서지도 않으며, 사물을 느끼고서야 응하고 외부로부터 닥쳐와야 움직인다. 어쩔 수 없어야 비로소 일어나고, 잔재주나 속임수를 버리고서 자연의 이치에 따른다. 그래서 자연의 재난을 받지 않고, 외부의 사물에 얽매이지 않으며, 남의 비난을 받지 않고 신령(神靈)의 벌도 받지 않는다. 살아 있으면 둥둥 떠 있는 듯하고 죽으면 편히 쉬는 것 같다. 이 일 저 일을 생각하지 않고 앞질러 꾀하지 않으며, 지혜의 빛을 겉으로 드러내지 않고 성실하나 아무것도 기대하지 않는다. 잠들었을 때는 꿈을 꾸지 않고, 깨어나서는 걱정거리가 없으며, 그 정신은 순수하고 그 영혼은 고달프지 않다. 마음을 텅 비게 하고 조용히 담담하므로 비로소 자연의 덕과 하나가 되는 것이다(『장자』「刻意」).

펑우란은 장자의 생사와 분별의 차이를 잊고 지와 무지의 차별을 넘어서는 관점, 그렇게 인생을 보는 태도를 도가의 최종 단계임인 '不知의 知'요 '고차원의 지혜'로 여기면서, 다음과 같이 주장하였다(정인재 역, 앞의 책, 155~158쪽).

장자는 초기 도가들이 풀지 못했던 근본문제에 대한 최종적인 답안을 제시하였다.

그 근본문제란 어떻게 삶을 보존하고서 위험을 피할 수 있을까 하는 문제다. 그러나 진인(眞人)은 그것을 문제로 삼지 않는다. … 장자는 생사의 문제를 문제시하지 않았기 때문에 원시 도가들의 근본문제를 해결할 수 있었다. … 철학이 할 수 있는 것은 인간에게 인생을 보는 태도를 가르쳐 준다. … 그러므로 '지식'을 버린다는 것은 바로 이러한 차별을 잊어버리는[忘] 일이다. 일단 모든 차별을 잊어버리면 다만 무차별의 '하나'만이 남게 되는데 이것이 '큰 전체[大全]'이다. 이 경지에 도달함으로써 성인은 보다 고차원의 지혜를 갖게 되고 이러한 지혜를 도가는 '不知의 知'라고 하였다. … 그러나 '무지'와 '부지'는 근본적으로 다르다. 무지의 상태는 그냥 모르는 상태이지만 부지의 상태는 전에 가졌던 지식을 버린 후에 도달할 수 있다. … 성인은 근본적 무지 상태에 머물러 있는 사람이 아니다. 성인은 처음엔 일상적인 지식으로 분별하였다가 나중엔 그 분별을 잊는다. … 지식을 거부한 상태에 도달한 지혜를 '부지의 지'라고 부른다.

만물과 한 몸이 되는 절대 경지를 말하는 데서 장자철학의 신비주의 색채가 분명해진다.

나와 만물이 한 몸(物我一體)임을 깨닫게 되며, 나와 만물을 차별하게 하는 사려작용을 잠재우는 수행, 즉 심재(心齋) 또는 좌망(坐忘), 不知의 知, 자연의 덕과 하나가 됨…. 어느 경지일까? 사람이 수행한다고 도달할 수 있을까?

3) 장자사상의 의의

중국사상사, 중국철학사에서 차지하는 장자의 위치는 어떠한가? 전목(錢穆)은 중국학술사 연구에 큰 기여를 하였던 대학자였으나, 유가의 정통성을 필요 이상 부각시키려 한다고 평가되어 왔다. 그런 그가 장주에 대해서는 누구보다 높게 평가하고 있다는 사실만 보아도 중국사상사에서 차지하는 장주의 역할을 매우 크다고 하겠다. 전목의 평가를 보자(앞의 책, 321쪽).

장주는 진정 유례없는 대철인(大哲人)이고 동시에 절세의 대문호(大文豪)로 그의 책을 읽어가기만 하면 그는 당신의 마음을 정말로 감동시켜 줄 것이다. 그의 이름자는 2천 년 동안 언제나 사람들의 마음속에 있어 왔다. 그는 상하고금의 온 세상 사람들을 깡그리 조소하고 깡그리 매도 하였으나 사람들은 그에게 조소 매도될수록 더욱 그를 좋아하게 된다. 그러나 또 그의 사상과 문장만은 진정 천고(千古)가 하루같이 언제나 하늘과 땅 사이에 남아 있을 것이다.

중국사상사에 있어서 장주의 위치와 역할을 가늠하기 위해서 잘 알려진 그의 글한 편을 살펴보도록 하자. 장자는 언어로 표현하는 것, 말의 불완전함, 한계에 대하여 말하고자 다음과 같은 예를 들었다.

제나라의 환공은 춘추시대 최초의 패자로서 매우 막강한 군주였다. 이 환공이 어느 날 독서를 하고 있었는데, 윤편(輪扁)이라는 자가 뜰에 서 마차 바퀴를 만들고 있었다. 윤(輪)이란 차바퀴 만드는 일을 생업으로 하는 사람이란 뜻이므로, 윤편이라 함은 차바퀴 만드는 편씨라는 의미이다.

윤편이 환공 쪽을 바라보니 책을 읽고 있었기 때문에, "그 책을 쓴 사람은 지금 살아있는 사람입니까?" 하고 물었다. 환공이 "이것은 옛날의 위대한 사람이 쓴 책이다." 하고 대답하자, 윤편은 "그러면 임금께서는 위대한 사람의 찌꺼기를 읽고 있는 것이군요." 하고 말했기 때문에 환공은 화가 나서 "무례한 놈이구나. 제대로 조리가 통하는 이유를 말하지 않으면 목을 베겠다."고 위협했다.

그래서 당시 70세였던 윤편은 다음과 같이 대답했다.

"나는 어릴 때부터 쭉 차바퀴를 만들어왔습니다. 제자도 많이 있습니다. 그러나 차축(車軸)을 끼우는 구멍 파는 일은 가장 중요한 작업인데 손대중이 어렵고 제자들에게 말로는 아무리 해도 제대로 전달되지 않습니다. 너무 많이 깎아도 안 되고, 덜 깎아도 안 됩니다. 딱 맞추어 부드럽게 움직일 수 있게 하려면 대단히 어려운 요령이 필요합니다. 그 요령은 스스로 터득하는 수밖에 없고, 말로는 도저히 표현되지 않습니다. 따라서 임금님께서 지금 읽고 계시는 책도 분명히 긴요한 부분은 쓰여 있지 않은 옛사람의 찌꺼기임에 틀림없다고 생각했던 것입니다."

장자는 이 이야기를 통해 말로는, 언어로는 정작 본질적인 것은 나타낼 수 없다는 것을 설득력 있게 가르쳐주고 있다고 할 수 있다.

윤편의 이야기만 보아도, 장자의 사상은 후세 중국 사상의 뼈와 살이 되었다는 평이(하치야 구니오, 앞의 책, 137쪽) 너무나 적절하다고 여겨진다. 장자는 구체적으로 중국 불교발달에 큰 영향을 끼쳤던 것이다. 선종(禪宗)은 장자 철학의 영향이 절대적이었음은 주지의 사실이다. 윤편의 이야기는 선종의 선사들이 "부처의 깨달음은 말로 나타낼 수 없는 것이다." 그러므로 문자를 벗어나 직접 인간 마음의 본성을 봄으로써 깨달음을 얻어야 한다는[不立文字 直指人心 見性成佛] 핵심과 조우할 수밖에 없는 것이다.

4) 노장사상의 같음과 다름

노자와 장자의 철학에 서로 다른 점이 없지 않으나 대체적인 경향은 같다. 아집(我執)에 기초한 세속적 가치를 부정하는 것이다. 그래서 다 같이 부정어인 「無」를 자주 사용한다. 無爲라든가 無我, 부정의 철학이 노장철학의 대표적인 특색이라고 할 수 있다.

노자와 장자를 묶어 우리는 흔히 노장(老莊)사상이라고 부른다. 하지만 이 두 사람 사이에는 차이가 있다. 장자사상이 노자에서 출발하지만 노자에서 벗어난 데가 많다고 한다(藏原惟人, 175~183쪽 참조). 노자가 세계의 시초에 대해 "천하의 만물은 유에서 발생하였고, 유는 무에서 발생하였다(天下萬物生於有 有生於無)"고 하였지만, 장자는 "갑자기 유다 무다 하지만, 유무 중 어떤 것이 유이고 어떤 것이 무인지를 알지 못한다(俄而有無矣 而未知有無之果 孰有孰無也)"고 말한다. 즉, 유나 무라고 하는 근본적인 대립개념조차 절대적인 입장에서 보면 상대적이라는 것이다. 장자에 의하면 대소, 장단, 전후, 좌우, 광협, 심천 또는 시비, 선악, 빈부, 귀천, 영욕, 화복, 미추 등의 구별은 인간의 분별판단에 기초한 인위적인 것이며 본래는 무차별하다는 것이다. 노자도 유가의 인위적인 분별을 반대하면서 오히려 무용하다고 여겨진 것이 유용할 수 있음을 많이 언급하고 있었지만, 장자처럼 만물제동(萬物齊同)의 절대적인 입장에서 초극하려고 까지는 이르지 않았다.

또한 무위자연의 사상에서도 노자와 장자는 그 이해를 달리하였다고 하겠다. 노자는 "도는 항상 아무것도 하지 않지만 하지 않음이 없다"거나, "내가 아무것도 하지 않아야 인민은 저절로 교화된다."라고 하여, 아무것도 하지 않음[무위]이 결코 단순히 소극적인 무위가 아니라 오히려 능동적인 무위인 것이다. 즉, 인위적으로 그리고 억지로, 일부로 하지 않는 것이 오히려 더 좋은 결과를 낳을 수 있다는 논리이다. 반면에 장자의 무위자연에는 노자에게 보이는 현실 사회와 인간에 대한 현실적인 관심이 완전히 빠져 있다고 해도 좋을 것이다. 노자가 정치와 사회의 현실에 어느 정도 관심을 가지고 있었던 데 대해, 장자는 개인의 안심입명(安心立命)에만 몰두했다. 노자가 혼란한 세상을 구하기 위해 무위자연에 처할 것을 가르쳤던 반면, 장자는 속세를 초탈하여 유유자적하고자 했다.

공자와 묵자는 직접 사회 개혁에 뛰어들어 대를 쪼개듯이 문제를 해결하려 했고, 노자와 장자는 문제들이 자연적으로 치유되고 미화되기를 바랐다. 가령 병이 났을 때 어떤 의사는 과감하게 수술을 해서 낫게도 하지만, 어떤 의사는 자연적인 치유를 권장하기도 한다. 병이 낫기를 바라는 마음은 똑같지만 그 처방은 달라질 수 있는 것이다. 그런데 노자나 장자 모두 사회적 상황에 대하여 비판적이고 반체제적인 입장에 서서 다 함께 무위자연의 삶을 주장하면서도, 노자는 장자에 비해 보다 현실적이고 보다 사회적이며 보다 정치적인 데 반하여, 장자는 한층 비현실적이고 비사회적이고 비정치적이어서 오히려 관념적이고 소극적이고 도피적인 경향을 강하게 띠고 있다.

양자의 이러한 차이는 노자의 사상적인 흐름 속에서, 예를 들면 한대(漢代) 말기의 태평도(太平道), 오두미도(五斗米道)라고 하는 혁신적인 농민전쟁의 평등사상이 나타났고, 장자 사상의 흐름 속에서는 한제국 멸망 후 죽림칠현(竹林七賢)에서 볼 수 있듯이 비판적이지만 도피적이고 고답적인 일군의 지식인이 발생한 데서 대표적·전형적으로 드러났다고 한다(藏原惟人, 183쪽).

앞에서도 밝힌 바 있지만, 펑우란은 장자의 철학을 노자의 철학을 한 차원 발전시킨 도가의 마지막 단계로 이해했다. 다시 그 내용을 인용해 보자.

제1단계는 주로 양주 사상이며, 제2단계는 대부분 《노자》에 표현된 사상이며, 제3단계는 대부분 《장자》에 표현되어 있다. … 도가철학의 출발점은 생명을 보존하고 상해를 피하는 것이다. 이를 위해 양주는 은둔의 방법을 썼다. … 그러나 세상사는 너무도 복잡하므로 아무리 잘 숨어 산다 하더라도 피할 수 없는 위험이 따르는 것이며 은둔방법이 통용되지 않는 시대가 있었다. 노자에 나타난 대부분의 사상은 우주 내 사물의 근원이 되는 도를 밝히려는 것이다. 사물은 변화하지만 그 변화의 근원이 되는 도는 불변하다. 이 도를 이해하고 도에 따라 행동하면 모든 것이 순조롭다. 이것이 도가발전의 2단계다. … 특히 장주의 삶과 죽음을 하나로 보는 관점[死生齊一觀]과 사물과 나를 서로 잊어버리는 관점[物我雙忘觀]은 보다 고차적인 견지에서 삶과 죽음, 그리고 사물과 나를 보았다는 것을 뜻한다. 우리는 사물을 보다 높은 차원에서 통찰함으로써 현재의 세계를 초탈할 수 있다. 이것도 일종의 은둔이지만 현실사회에서 산림에로가 아니라 현실에서 고차원의 세계로의 은둔이다. 이것이 원시도가사상 발전의 최종단계이다.

물론 장자에 대해 허무주의적이라거나 회의주의적이라는 평가도 있다. 하지만 세상사와 정치에 대한 그의 통렬한 비평은 역설적으로 그에게도 격렬한 시비의 관념이 있었음을 보여주는 것이라 하겠다. 아예 세상사에 대한 관심이 없었다면 구태여 비웃거나 비판할 필요조차 없었을 것이기 때문이다. 장자의 인순(因循, 말미암아 따른다)은 무위자연의 또 다른 표현이며, 모든 대립상과 차별상을 있는 그대로 긍정하고 받아들이는 삶의 태도이다. 그러나 단순한 현실순응이 아니라 부자유한 현실로부터 절대자유로의 초월은 현실을 외면하는 것이 아니고 현실 속을 돌파해 나가는, 현실을 있는 그대로 안고 뛰어넘는 포월(包越)의 논리라고 해야 할 것이다(안병주, 앞의 책, 10쪽).

최영갑도 장자는 결코 현실도피주의자가 아니라고 보았다(2014, 115~117쪽 참조). 무위자연을 주장했기 때문에 현실을 도피한 철학자로 생각하는 사람들이 많은 것 같은데 장자는 오히려 매우 현세주의적 사상을 설파한 인물이라는 것이다. 현실의 문제를 회피하거나 도피하는 것이 아니라 인간의 삶을 불행하게 만든 원인과 인간을 구속하는 모든 것으로부터의 자유를 간절하게 갈망한 것이라는 것이다. 장자가 현실을 도피하고 싶어서 우화나 꿈 이야기를 한 것이라고 생각하지는 않으며, 오히려 객관적으로 세상을 바라보고 냉철한 통찰을 하기 위해 우화나 꿈을 이용했을 것이라고 본다.

현실에서 고차원 세계로의 은둔, 내 안의 절대 자유 추구⋯. 장자는 삶의 관점과 태도를 바꾸면 우리가 좀 더 자유로워질 수 있다고 가르친다. 모두가 바라고 추구하는 방식만이 아니라 자기만의 방식도 있다고 한다. 그 어떤 것도 무너뜨릴 수 없는 내 안의 자유.

4. 노장사상의 교육적 의의 찾기

노장사상은 초세적(超世的)·달관적인 인생관과 처세관을 지니고 있음이 분명하다. 그러므로 현실적 기반을 중시하는 제도적 교육에 접목시키는 것이 쉬운 일은 아니다. 그럼에도 노장사상의 지혜는 삶에 대한 안목의 전환을 통해 현대 교육에 대안적 관점을 제공할 수 있으리라는 생각과 함께, 몇 가지 교육적 의의를 찾을 수 있을 것 같다.

자연과의 공존 중시

노장사상은 인간중심적인 세계관에서 벗어나 자연의 전체질서라는 틀에서 파악하라고 권고한다. 인간이 결단코 우주의 중심이 아니라고 한다. 인간의 비극은 도(道)의 자발적인 과정과 유기적인 연관을 벗어나 자신의 의지를 고집하면서 불거지기 시작했다는 것이다. 그래서 인간이 자연의 과정에 개입하고 재단하는 것을 금기시한다. 세계의 중심은 인간 너머에 있다는 것, 그리하여 인간이 만물의 척도라는 오만을 버리라고 충고해마지 않는다.

도가에서 말하는 천지(天地)란 자연을 일러 말함이요, 자연이 하는 일을 무위(無爲)라 한다. 그 무위를 천무불복(天無不覆) 지무불재(地無不載)라고 하기도 한다. 하늘은 무엇이든지 다 같이 덮어 준다. 땅은 무엇이든지 다 같이 실어준다. 사람과 다람쥐, 나비가 숨 쉬는 바람은 다 같다. 딛고 있는 흙도 다 같고 마시는 물도 다 같다. 그런데 유독 인간만이 잘난 척하며 내 땅, 네 땅 하며 평수를 재고 오두방정을 떨며 출세를 위해 아우성친다.

그러니 노자는 사람은 귀하고 벌레는 천하다고 하지 말라고 한다. 만물이 다 하나라고 생각하라는 것이 노자의 포일(抱一)이다. 어미가 새끼를 안듯이 만물을 품에 안으라고.

장자는 인간의 눈으로 자연을 보지 않고 자연의 눈으로 인간을 응시한다. 인간은 만물의 척도가 아니다! 인간사회는 자신이 세계의 중심임을 내세우는 수천수만의 에고(ego)의 각축장이 되어 버렸다. 이해가 서로 다르고 득실이 상충하는 곳에 일치된 합의를 기대하기 무망하다고.

자연보호의 수준으로 머물러서는 안 된다. 자연이 훼손되면 결국 인간의 삶이 황폐해지기 때문에 보호해 주는 그런 차원에 머물러서는 안 된다. 함께 공존해야 한다. 자연의 망가짐은 이미 손댈 수 없을 만큼 심각한 지경에 와있다. 개발과 보존의 아슬아슬한 줄타기를 멈춰야 한다. 도대체 누구를 위한 개발이고 발전인가? 삶터를 빼앗겨 버린 수많은 인간의 친구들이 구조요청을 보낸 지 이미 오래다. 그들의 권리를 인정해 주어야 한다. 이 자연세계는 인간의 독점물이 아니다.

무위자연 · 허정무욕(虛靜無欲) · 겸하유약(謙下柔弱)의 겸손한 삶 중시

노장사상은 구체적인 삶의 처세술로서 겸손과 유약함, 꾸미지 않는 삶을 살라고 강조한다. 그것이 오히려 자연의 이치를 거스르지 않고 잘사는 길이라고 한다.

한기언은 노자 사상의 의의를 교육사상적 측면에서 다음과 같이 정리했다(1978, 28~29쪽).

노자는 사람이 버리고 돌아다보지 않는 것, 부정하고 있는 것에 대해서 가치를 찾아내고, 그 의의와 효용성을 강조하였다. … 노자는 실로 '위대한 無의 발견자'이며 약한 자와 갖지 못한 자들을 편들었던 것이다. 그는 우리들의 가치판단은 모두 상대적인 것이라고 하였다. 미추 · 선악 · 화복 · 강약 · 난이 · 고저가 그것이다. 그러므로 "禍, 그 곁에는 복이 기대어 섰고, 福 속에는 화가 숨어있다"(禍兮福之所陪 福兮禍之所伏)는 것으로 호연(浩然)한 자연을 믿는 낙천적인 사고방식에 그의 근본이 있었던 것 같다. 노자가 진실로 추구한 것은 '자연'이었으며, 일체의 허식이나 작위(作爲)를 내던진 '소박(素朴)' 그 자체였다. … 무위자연을 존중하는 노자가 가장 중시한 글자는 소박하다는 뜻을 지닌 '박(樸)'이었는데, 그는 도원향적(桃源鄕的) 小國을 사랑했다.

그가 이상실현의 방법으로 생각한 것은, '무위자연', '허정무욕(虛靜無欲)', '겸하유약(謙下柔弱)'이라는 '無의 術'이었으니, 이것은 처세술이요 정치술이요 교육방법인 인간형성의 術이었다. 실로 '무위자연'이란 무슨 일에도 作爲를 하지 말라, 무리를 하지 말라는 것이며, 지족안분(知足安分)이요 부쟁(不爭)의 가르침이었다. 만족할 줄 알면 욕됨이 없고, 그칠 줄 알면 위태하지 않다는 가르침이다. 그는 수양인(修養人)을 항상 영아(嬰兒)에 비유하였다. 노자의 인격 교육 목표는 첫째가 영아요, 둘째는 '어리석음(愚)'으로 성인의 愚였다.

겸손한 삶, 꾸미지 않는 삶, 낮은 삶의 자세가 도의 정신이고 노장이 가르치는 인생의 처세의 요체이다. 쓸데없이 다투지도 않고 잘났다고 나서지도 말고 나의 것만을 내세우지 않는 삶이야말로 결국은 잘 사는 것이라고 한다. 물처럼 사는 삶이 최상의 선이라고 한다.

노자가 공자에게 한 충고는 노자 24장에 나오는 내용으로, '자기를 드러내는 사람은 어둡고[自見者不明] 제 주장만 옳다고 하는 사람은 남의 뜻을 얻지 못하며[自是者不彰] 제 자랑만 늘어놓는 사람에게는 제 몫의 공마저도 없고[自伐者無功] 자기만 잘났다고 으쓱대는 사람은 오래가지 못한다[自矜者不長]는 삶의 철학에 기반한 가르침이라 하겠다.

필자가 길지는 않지만 지금까지의 삶을 통해 나름대로 직접 확인한 것이 있다. 그것은 바로는 진정 성공했다고 여겨지는 사람들(물론, 필자의 기준이기는 하나)에게서 공통적으로 찾을 수 있었던 장점은 우직함과 꾸미지 않는 소박함, 겸손함이었다. 그렇지 않았다면 끝까지 그 성공을 지켜내지 못했을 것이라 여겨지기도 하지만, 그들은 모두 평범한 동네 아저씨들처럼 소박했고 겸손했다. 물론 필자의 경험은 한계가 있음이 자명하긴 하나, 시대적·사회적 환경에 관계없이 진정 길러내야 하는 인재상을 한마디로 표현하라면, '겸손한 능력인'이 아닐까 싶다.

삶의 전체성을 중시함

노장철학이 제시하는 삶의 전체성 조망은 또 하나의 귀한 아이디어라고 여기고 싶다. 새옹지마의 고사에 나오는 지혜로운 노인의 삶의 관점은 모든 것에서 일희일비하지 않는 마음 지킴의 큰 지혜라고 여겨진다.

화와 복, 생과 사를 어떻게 이해하고 받아들이느냐 하는 문제는 인간의 평정심 유지와도 직결된다. 노자와 장자처럼 결국은 도의 자화(自化)로 여기고, 도의 이치를 깨닫고 순응하는 경지에까지 이르러야 해결될 수 있는 문제일지도 모른다.

그러므로 진정 도를 깨닫는 사람은 삶을 기뻐하거나 죽음을 싫어하지 않으며, 작은 것을 탓하거나 성공을 과시하지도 않고, 억지로 일을 꾸미지도 않는다. 물고기가 물속에 있을 때 아무런 저항 없이 편안하게 살아가듯이, 사람 역시 도 가운데 행할 때 아무런 문제없이 스스로 유유자적하며 살아갈 수 있다.

그러나 그러한 경지에 이르지 못하더라도 조금만 삶을 진지하게 검토해 보면 공감할 수 있는 부분이 있는 것 같다. 삶에는 내가 통제할 수 없는 부분들이 너무나 많다. 그것을 억지로 해결하려고 한다고 해결될 수는 없다. 맑은 날이 있으면 흐린 날도 있지 않은가? 죽음이 두렵다고 해서 피해 갈 수는 없는 것이다. 그러나 필요 이상으로 염려하거나 앞서서 초조함으로 안달 댈 필요는 없지 않은가? 너무 집착하지 않고 낙담하지 않고 덤덤히 살아가는 것이 삶의 지혜이고 평정심을 잃지 않는 첩경이 아닌가?

삶을 전체적으로 조망해 볼 수 있는 내적인 지혜가 필요한 것 같다. 지나치게 과거에 머물지도 않고, 그렇다고 현재의 삶을 미래에 저당 잡히지 않고, 조그만 사건들에 너무 연연하지 말고 눈앞의 이익에 휘둘리지도 않고, 불행을 피하려고 지나치게 집착하지 않고, 든든한 바위처럼 큰 요동 없이 살아낼 수는 없을까?

내면을 다지는 자유로움의 추구

노장사상에서 가장 인상적으로 받아들여지는 것이 내면적인 자유로움의 추구인 것 같다. 내 안의 자유, 세상의 어떤 것에도 빼앗기지 않을 자유.

장자에 의하면 세상 사람들이 그토록 갖고자 취하고자 하는 세상의 부귀현달은 대단히 성공한 것처럼 보이나 썩은 고깃덩이를 빼앗기지 않으려는 투쟁이요, 가진 자에게 더럽게 비위를 맞추어야 얻을 수 있는 것이며, 오히려 귀한 생명까지 버려야 얻을 수 있는 것이라 본다.

물론 장자와 같이 세상의 부귀현달 자체를 거부할 생각은 없다. 아니 그럴만한 경지가 못된다. 필자는 자신이 맡은 분야에서의 어느 정도의 성공을 바라는 것이 인지상정이요, 노력의 동인이 된다고 여기고 있다. 그러나 성공과 출세에 목메어 인간으로서 누려야 하는 자유로움을 포기하고 윗사람의 비위를 맞추고 불합리한 관행에 복종하면서 살아남아야 하는 것이라면 얘기가 다르다. 반면에, 자신의 의지대로 하고 싶은 일을 자유롭게 선택해서 하다 보면, 어느 정도 성과를 거두게 되고 그것을 성공이나 성취라고 한다면 그것이야말로 바람직한 결과일 것이다. 즉, 내 삶의 주인이 되는 것이 자유로움의 기준이 될 것이다.

사실 자유라고 하면 내·외부적으로 구속당함이 없는 상태로 자신의 의지대로 무언가를 할 수 있음을 의미한다. 그런 면에서 자유로움은 자율(自律)과 가장 가까운 쪽에 있다. 그 반대가 부자유스러움이요 타율(他律)이다. 부자유란 반드시 외부적인 제재와 간섭, 통제만이 아니라 사회적 통념이나 부모의 기대 등이 인간의 내면을 통제하는 기제로 작용하게 되어 스스로를 억누르게 되는 것도 해당된다. 오히려 내면적 통제가 더 근본적인 자유로움의 구속이 된다고 하겠다.

물론 대부분의 사람들은 부자유스럽게 살아가면서도 어차피 다 그렇게 사는 것이라고 여기면서, 교과서처럼 길들여지고 있다고 생각한다. 서머힐학교의 A. S. Neill이 다음과 같이 지적한 바 있다(김은산 역, 1991, 107쪽).

이 세상에는 잘 다듬어지고, 규제되고, 훈련되고, 억압된 부자유스러운 어린이가 많이 있다. 바로 길 건너 우리 읍내에도 그런 어린이가 살고 있다. 그는 재미없는 학교의 따분한 책상 앞에 앉아 있다. 그러다가 나중에는 더욱 따분한 사무실의 책상이나 공장의 작업대 앞에 앉아 있게 된다. 그는 남의 말을 잘 듣고, 권위에 쉽게 복종하며, 남의 비판을 겁내 지나치리만큼 정상적이고 인습적이며 예의 바른 생활을 하려고 한다. 그는 가르침을 받은 것은 무엇이나 아무 의심 없이 거의 그대로 받아들인다. 그러고는 자신의 모든 콤플렉스와 공포와 좌절 등을 자기 자녀들에게 물려준다.

마음이 주인이 되는 자유로움은 하루아침에 우연히 길러지는 것이 아니고 어릴 때부터의 체험을 통해서 뿌리를 내릴 수 있는 것 같다. 인간으로서 존중받고 미숙하지만 그 선택을 지지받고 홀로 무언가를 해낼 때까지 조바심내지 않고 기다려 주는 풍토 속에서만 키워질 수 있을 것 같다. 쉽지 않은 일이다. 더욱이 성공을 위해 끝없이 경쟁을 조장하고 튀지 못하도록 규제를 미화하는 작위적인 제도권교육과 우리 사회 속에서는 엄두도 못 낼 일이다. 배우는 근본 목적이 남을 무조건 이겨서 출세하는 것이 아니고, 남처럼 비슷하게 살아서 군중의 일원이 되는 것은 더더욱 아니며, 내면을 살찌우고 자신이 주인이 되는 삶을 살기 위한 일인데도 말이다.

무엇부터 바꾸어야 하나? 인식이 변하지 않는 한 제도의 개혁은 의미가 없다. 자유를 누려보지 못한 사람에게 자유는 또 다른 짐이 되기 마련이다.

1. 노장사상의 형성 배경에 대해 정리해 보자.

2. 노자의 주장들을 정리해 보고, 자유롭게 토의해 보자.

3. 장자의 주장들을 정리해 보고, 자유롭게 토의해 보자.

4. 노자와 장자 사상의 유사점과 차이점에 대해 생각해 보자.

5. 노장사상의 교육적 의의를 자유롭게 토의해 보자.

6. 다음 사항들을 간략히 정리해 보자.
   ① 노자의 도(道)   ② 무위자연(無爲自然)
   ③ 상선약수(上善若水)   ④ 물화(物化)
   ⑤ 천균(天均)   ⑥ 무용의 유용성
   ⑦ 심재(心齋)와 좌망(坐忘)

5장

불교(佛敎)사상

불교란 한마디로 인간의 자아를 회복함으로써 오염되지 않는 마음의 지평을 열고자 하는 사상체계이다. 인간의 삶은 덧없는 것이요 고통스러운 것이며, 이러한 존재양상은 모든 것이 상대적이며 인과율(因果律)에 의해 결정된다는 것을 모르는 무지와 지나친 애착에서 비롯된다. 그러므로 인간의 주체적인 자각과 수행을 통하여 참된 자아를 회복함으로써 오염되지 않고 행복한 마음의 지평을 열고자 한다(본문 중에서).

1. 불교사상의 기본 이해

불교가 이민족의 침입이 많았던 인도에서 발생함

인도라는 나라는 빈번하게 왕조가 교체될 정도로 이민족의 침입이 많았다.

모헨조다로와 하라파를 중심으로 문명을 이룩했던 인더스 문명은 아리아인들의 침입으로 인해 파괴되었다. 아리아인은 인더스 문명을 무너뜨리고 그 자리에 자신들의 왕국을 세우고, 피지배인들을 강력하게 지배하기 위해 그들만의 독특한 신분제를 만들었는데 이 신분제는 지금까지 내려져 오는 카스트 제도이다.

카스트는 브라만(제사의식을 거행하는 사제계층), 크샤트리아(정치·군사를 담당하는 왕족과 무사계층), 바이샤(농공상에 종사하는 평민으로 납세의 의무를 가짐), 그리고 수드라(피정복인 노예계층)의 4계층으로 구성된다. 정복민인 아리아인들은 주로 브라만, 크샤트리아, 바이샤를 구성하고 원주민들을 노예계층인 수드라로 편입시켰던 것이다. 인간의 불평등성을 전제로 귀속시키려는 카스트제도야말로 사람들에게 고통을 낳는 억압 장치임에 틀림없다.

인도사상의 염세적(厭世的) / 내향적이고 신비주의적 특성을 반영함

모든 존재를 고통과 번뇌에 가득 찬 것으로 보려는 입장이야말로 인도 사상의 기본 핵심이라 할 수 있다.

"뼈와 가죽과 힘줄과 골수(骨髓)와 살과 종자와 피와 점액(粘液)과 눈물과 눈곱과 대소변과 담즙(膽汁)으로 이뤄져 악취를 풍기는, 핵(核)도 없는 몸집을 가지고 우리가 과연 그 어떤 기쁨을 누리며 살아갈 수가 있단 말입니까?"

몸과 마음을 무기력하게 만드는 열대성 기후 때문인지, 이민족의 계속된 침입과 통치에 따른 불안감 때문인지, 좀 더 성숙된 인간의 정신에 나타나는 무상(無常)에 대한 초연함 때문인지 알지 못한다. 다만 인도 정신이 지닌 내향적인 사고에 바탕을 둔 신비주의적 성격은 그들에게 감각적인 외부세계의 모든 것을 가볍게 여기도록 했을 것이라고 추측할 수 있을 뿐이다.

조금 구체적으로 인도인들의 염세주의적이고 내향적이며 신비주의적 경향은 인도인들의 삶의 가치관, 특히 현세의 고통스러운 삶의 현실을 벗어나 해탈에 이르고자 하는 철학적인 경향성과 관련이 있다고 할 수 있다. 인도인들은 이 세상 자체를 마야(māyā), 즉 속임수, 환상, 허깨비, 신기루 등 실재하는 것이 아니라고 보았다. 이 세상은 다양하고 그 안의 것들은 자꾸만 변해가며 이 다양성으로 특징 지워지는 이 세계는 진짜로 있는 것이 아니라는 것이다. 그러므로 현세의 삶은 가짜요 고통을 낳을 수밖에 없으므로 이것을 벗어나 참된 세계를 추구하게 되었던 것이다.

인도인들은 전통적으로 인간이 마땅히 추구해야 할 4가지 가치를 말해왔는데, 욕망(kāma), 부(artha), 의무(dharma), 그리고 해탈(mokṣa)이 그것이다. 이들 네 가지 가치는 모두 인간존재 자체가 필연적으로 지니고 있는 욕구에 바탕을 두고 있는 것이다. 욕망이란 인간의 본능적인 성적 즐거움과 만족을 추구하는 것이며, 부란 행복한 삶의 조건이 되는 물질적 풍요를 의미하며, 의무란 사회적 동물로서의 인간의 삶에 없어서는 안 될 계급에 따른 윤리적인 질서를 가리키며, 해탈이란 인간이 유한한 삶을 넘어서서 영원한 삶을 향유하려는 종교적 갈망에 바탕을 둔 것이다. 이 중 인도철학의 지배적 관심사는 무엇보다도 해탈의 추구에 있다고 본다. 즉, 어떻게 하면 인간이 고통스럽고 유한하며 속박된 삶을 초월하여 절대적이고 영원한 자유를 얻을 수 있는가 하는 것이 인도인의 철학적 사유의 배후에 깔려있는 최대의 관심사라고 하겠다(길희성, 2004, 11~12쪽 참조). 인도인들은 이처럼 유한한 삶은 환상과 같은 허상의 세계이며 고통을 야기하는 것이므로 이것을 벗어나 참된 세계를 추구하려고 해탈을 중시했던 것이다.

심재룡은 해탈은 윤회에 대한 인식이 확산된 이후 상정된 목표로서 인도철학의 지배적 관심사로, 윤회하는 현실적 삶의 괴로움으로부터 벗어남을 의미하며, 인도인들이 공통으로 추구하던 이 해탈이라는 목표로 인해 인도철학이 종교적 색채를 지니게 되었다고 보았다. 그리고 여기에서 인도철학에 염세주의적 경향이 보이고 있지만 그 출발점에서만 그러할 뿐, 마지막까지 그러한 것은 아님에 주의해야 한다고 지적한다. 즉 우리가 겪는 불행이 삶을 근시안적으로 보는 데서 일어나므로 역으로 삶에 대한 근본적 태도를 고침으로써 불행[괴로움]이 소멸된 상태에 이를 수 있다는 희망의 메시지를 전해주는 것이기도 하다는 것이다. 때로는 이러한 비판적 염세주의가 무비판인 낙천주의보다 오히려 삶을 건전한 방향으로 이끌 수 있다고 할 수 있다는 것이다(2002, 28쪽).

현세적인 삶은 허상이요 가짜이며, 윤회하는 현실적 삶은 고통스러울 수밖에 없으므로 이러한 삶을 벗어나 해탈을 이루려고 하는 인도인들의 삶의 경향은 인도철학의 염세적이고 내향적이며, 신비주의적 특성을 낳았다고 볼 수 있다.

고통을 벗어난 마음의 평화를 추구함

불교사상이라고 하지만 매우 다양하고 복잡하게 전개되었다. 인도의 경우에도 원시불교(原始佛敎), 소승(부파)불교(小乘(部派)佛敎), 대승불교(大乘佛敎), 밀교(密敎) 등으로 전개되었다.

중국불교, 한국불교, 일본불교가 제각기 다른 특색을 지니고 있으며, 스리랑카, 태국, 베트남 등 동남아제국의 불교 역시 제각기 다른 특색을 지닌다.

그러므로 불교를 이해하기 위해서는 불타(佛陀)를 중심으로 한 원시불교를 이해하는 것이 핵심이라 하겠다. 불교는 삶의 고통에서 벗어나 열반의 세계에 이르기 위한 싯다르타(B.C. 466~B.C. 386으로 추정됨)의 깨달음과 가르침에서 기원한다.

불교는 모든 위대한 사상체계가 그렇듯이 '인간의 마음'을 닦고 다스리는데 일차적인 관심을 두고 있다.

법구경(法句經)에서 "모든 악행을 짓지 않고 모든 선행을 받들어 행하며 그 뜻을 스스로 정결케 함이 바로 불교다(諸惡莫作 諸善奉行 自淨其意 是諸佛敎)"라고 밝혔듯이, **"고정되지 않고 감정에 오염되지 않는 마음의 지평을 열고자 하는 사상체계"**라고 할 수 있겠다.

고타마 싯다르타 이해

고타마 싯다르타(Gautama Siddhartha)는 처음에 석가모니(Sakya-muni, 석가족 Sakyas 출신의 현인이란 뜻)로 알려지다가 나중에 '깨달은 사람'이란 뜻의 붓다(Buddha)로 불리었다.

석가모니는 29세에 수행을 시작하여 35세에 깨달음, 도를 이루었으며, 80세에 입적하였다고 전하여지며 그의 가르침을 초전법륜(初傳法輪)이라 한다.

싯다르타의 이름과 관련하여 어원적으로 볼 때 부처(Budhata)는 Budha(覺)와 ta(者, 것)의 합성어로 '깨달은 사람'을 의미한다고 할 수 있다.

그리고 싯다르타(Siddhartha)는 Siddha(성취)와 artha(목적)의 합성어로 '목적을 이룬다' 함을 함축하는 의미한다.

또한 석가모니(釋迦牟尼: Sakiyamuni)란 Sakiya(종족, 가족성을 의미) 종족, 집안의 muni(聖人)이란 뜻을 나타낸다.

고타마 싯다르타의 삶과 깨달음

싯다르타는 기원전 563년경 네팔과 인도 동북부의 국경지대인 베나레스에 인접한 가비라위(지금은 네팔의 타라이 지방으로 추정됨)에서 태어났다. 무사계급이었던 샤카국의 성주로서 부와 권력을 자랑하던 정반왕(淨飯王)과 마야부인의 아들이었다. 그에 관한 이야기는 많으나 대부분 증명할 수 없다.

그의 출생과 관련하여 이름답게 전해 내려오는 이야기가 있다(한기언, 1978, 33~34쪽 재인용).

불타의 입태(入胎)에 있어서는 흰 코끼리가 모후(母后)의 태내에 들어갔다는 설이 있다. 불타가 태중에 있었던 동안에는 모후는 근심 걱정을 잊었고, 환위심(幻僞心)이 생기지 않았으며, 고요한 곳을 즐겼다고 하며, 심정이 맑고 욕상(慾想)이 없었고, 오계(五戒)를 지녔고 범행청정(梵行清淨)하였다고 한다. 이리하여 달이 차고 모후는 성 밖의 룸비니 동산에서 조용히 거닐었고, 꽃피는 나뭇가지에 몸을 기댔을 때, 불타는 쉽사리 오른편 옆구리로부터 탄생하였고, 몸이 청정하고 광명에 빛났으며, 일곱 발자국을 거닐고 "나는 무상의 지(智)를 위하여, 세상의 행복을 위하여 태어났노라. 이리하여 이것이 나의 최후의 生이로다"라고 하였다는 것이다. 탄생에 있어서는 차고 더운 두 가지 물이 자연히 솟아나서 석존(釋尊)의 몸에 떨어지고 아기와 모후가 목욕할 수 있게 하였으며, 야차(夜叉, 인도 신화 및 불교에 나오는 귀신 중의 하나로 지옥에서 형벌을 집행한다고 함)가 지켰으며, 만다라화(曼陀羅化, 연꽃의 일종)를 뿌렸으며, 정거천(淨居天, 천상 중 가장 높은 곳으로 가장 깨끗하고 가장 큰 과보를 지닌 성자들만이 태어나는 곳이라고 함)도 기뻐하였으며, 대지가 진동하고 미풍은 천의를 떨어뜨렸고, 우물물은 자연히 솟아났고 나무들은 일시에 꽃이 피었다고 한다. 부처탄생의 신화적 수사이다.

전하는 바로는 어느 성자가 정반왕에게 아들이 위대한 지도자가 될 것이라고 예언했다고 한다. 이 말을 듣고 왕은 매우 기뻐했지만, 곧 군사적 지도자가 아닌 영적 지도자라는 사실을 알게 되었다. 그는 영적 삶이 현실과 너무나 동떨어져 있으며 가문에도 아무런 도움도 되지 않는다고 생각하여 어린 아들이 영적 생각에 빠지지 않도록 철저하게 보호하기 시작했다고 한다.

세월이 흘러 싯다르타는 아버지가 원하는 대로 콜리성의 공주 아쇼다라와 결혼하여 아들 라훌라를 낳았다.

그는 호화롭고 특권을 누리는 삶에도 불구하고 행복하지 않았다. 영적으로 예민했던 그는 좀 더 크고 심오한 문제들에 대해 깊이 생각했다. 그는 29세에 왕궁을 벗어나 사문(四門)을 활보하며, 늙은 노인, 매우 아픈 병자, 이에 막 죽은 사람을 우연히 보게 되었다. 그리고 삶이란 늙고 병들어 결국 죽음에 이르는 것이란 사실을 깨닫고 삶의 의미가 무엇인지 혼란스러웠다. 그때 그가 보고 느꼈던 세상의 고통스러운 실상은 다음과 같은 것이었다(천병준, 앞의 책, 160쪽 재인용).

"어느 한 농부가 밭을 갈고 있다. 그는 농부의 쟁기에 찍혀서 허리가 잘려져 꿈틀대는 벌레를 보았다. 싯다르타는 생각한다. 저러한 벌레도 살기 위해 몸이 끊어지면서 저렇게 몸부림치고 있구나! 그리고 그 순간 어디서 날아 왔는지 참새가 꿈틀대는 그 벌레를 물고 푸른 하늘로 사라진다. 다시 매 같은 사나운 날짐승이 그 참새를 덮쳐서 창공을 회전한다. 싯다르타는 허공을 향해 눈을 돌렸다. 그다음 눈앞에 펼쳐진 광경이 농부의 채찍에 시달리는 소를 목격했다. 그 소는 가죽과 뼈만 앙상하였고, 등과 배는 거의 맞붙어 있어서 몹시 고통스러워 보였다. 연달아 소를 때리는 농부의 두 손은 바쁘게 움직이고, 이마에는 삶의 고통으로 연륜의 주름살이 깊이 패어있었다. 싯다르타는 허공을 향해 한숨을 쉬고는, 아! 어째서 현상의 생명체는 다른 생명체를 저렇게 괴롭히며 살아가는가? 이 세상에 살아 있는 모든 생명의 실상들이 고뇌 없이 평등하고 평화롭게 살아가는 길은 영영 없을까?"(『대방광장엄경』)

싯다르타는 드디어 가족과 풍요로운 삶을 버리고 고행의 길을 가기로 결심했다. 사람들은 이 사건을 '위대한 포기(Great Renunciation)'라고 부른다. 그런데 싯다르타의 출가 결정과 관련하여, 그럴 수밖에 없는 상황이었다고 보는 견해도 있다.[2] 어쨌든 정반왕은 영적으로 민감했던 싯다르타를 잡아두기 위해 일찍 결혼시켰으나, 싯다르타는 대

---

2 싯다르타가 29세되던 무렵, 샤카국은 국경을 흐르는 로하니강 수리권을 놓고 이웃한 콜리아국과 큰 마찰을 빚어, 상가(saṅgha, 집회 혹은 공동체)에서 콜리아국에 선전 포고할 것을 결의하였다. 그러나 싯다르타는 전쟁이 문제를 해결할 수 없다고 하여 상가의 결의에 완강하게 반대하고 자기의 주장을 굽히지 않았다. 이 때문에 싯다르타는 세 가지 선택의 기로에 서게 되었다. 군에 들어가 전쟁에 참가하거나, 또는 일족의 사회적 배척과 재산 몰수를 감당하거나, 아니면 추방당하는 것이었다. 그러나 그는 제3의 또 다른 길인 출가의 길을 택하였다. 당시에는 가족에 대한 부양의 책임이 어느 정도 이루어지면 구도를 위한 출가수행이 하나의 관습이었다. 싯다르타는 그의 명상적 기질과 아울러 인생고(人生苦)에 대한 문제를 탐구하고 있던 참이라서, 그 사건을 도화선으로 마침내 출가를 단행하게 되었다(B. R 암베르 카르, 『붓다와 그 가르침』, 박희준 역, (민족사, 1994), 30~39쪽: 강의숙, 2004, 98쪽 재인용).

를 이을 아들 라훌라를 얻었기 때문에 큰 부담을 덜고 출가를 결심할수 있었다고 한다.

출가한 싯다르타는 삶의 의미를 찾아 수년간 세상을 떠돌았다. 바르가바 근처에 가 그곳에서 고행하는 수도사들의 모습을 관찰하였다. 많은 수행자들을 만나고, 다양한 가르침도 받으면서 죽을 정도로 금식하고 극단적 빈곤을 경험하는 등 이전에 누렸던 풍요로운 삶과는 완전히 상반된 삶을 살았지만 삶의 의미에 대한 해답을 찾지 못했다. 그는 고행을 버리고 강에서 목욕하고 목녀(牧女)가 공양한 젖죽에 의하여 기력을 충족하였다고 한다. 즉, 싯다르타는 고행을 위한 고행에 빠지거나 쾌락을 위한 쾌락에 빠지지 않는, 즉 양극단을 피하는 중도의 자세를 취하였다고 볼 수 있겠다. 또한 스스로 오욕(五慾)을 버리고 보리수(菩提樹) 밑에 단좌(端坐)하여 사유하였다.

그러던 어느 날 그는 비하르주 가야 마을에서 보리수 아래 앉아 수행하던 중 큰 깨달음[정각(正覺), Great Enlightenment]을 얻었다. 이때 마왕과 고투하였으며, 마침내 불타는 마왕을 항복시키고 정각(正覺)을 이루었는데, 초야에 전생(前生), 제2야에 육도(六道), 제3야에 십이연기(十二緣起)를 생각했다고 한다. 정각의 내용은 중도(中道)·팔성도(八聖道)·연기(緣起)·사성체(四聖諦) 등의 원리였다(한기언, 앞의 책, 34쪽).

그리하여 업보로 인한 윤회의 고리를 끊을 수 있는 깨달음[열반 涅槃, nirvana]으로 가는 길, 즉 붓다의 가르침이 시작되었다. 그것을 간략히 정리하면 다음과 같이 설명할 수 있을 것 같다(펑우란, 정인재 역, 2004, 306쪽).

인간의 모든 고뇌는 나의 존재가 사물의 본성을 알지 못함으로써 생긴다고 한다.

우주의 모든 사물은 마음이 잠깐 나타난 것으로서 혼란스럽고 또 일시적이다. 그런데도 나의 존재는 끊임없이 사물에 집착하고 열망한다. 이 근본적인 무지를 무명(無明), Avidya이라고 하니 무명에서 생에 대한 집착과 열망이 생기며 이 때문에 개체는 영원한 윤회에 얽매이게 되어 결코 그것을 벗어날 수 없게 된다. 윤회의 고리를 벗어날 수 있는 유일한 희망은 무명을 깨닫는[覺] 것에까지 전환시켜 올려놓는 데 있다. '깨달음'이란 산스크리스트어로 'Bodhi 菩提'라고 한다. 불교 종파의 모든 교리와 실천은 보리에 도달하려는 노력이다. 이 노력으로부터 나의 존재가 수많은 환생을 거치는 동안에 사물에 집착하거나 멸망하지 않고도 업을 쌓을 수 있다. 그 결과 이 업을 소유한 나는 생사의 수레바퀴인 윤회로부터 벗어나게 되는데 바로 이 경지를 '열반(Nirvana)'이라 한다.

붓다의 '진심 어린 가르침'이 그렇게 시작되었으며, 그의 가르침은 후에 중국에 전래되고 중국화 된 불교로 발전하게 되었다.

2. 원시불교 형성 배경

정치·경제·사회의 격변기에 형성

인도의 제교파시대(諸敎派時代, 대략 600~300 B.C.에 해당된다)는 정치·경제·사회·사상 등 각 부분에서 격심한 변화를 보이던 전환기였다.

정치적으로 아직 하나의 거대한 통일국가를 이룩하지 못한 채, 군소 국가들이 세력을 다투고 있었다(Magadha, Kosala, Avanti, Vamsa 같은 국가들이 끊임없이 전쟁을 하며 상호 대립하던 시기였다). 불타의 Sākya國도 항상 인접국의 공략의 대상이 되었음은 물론이다. 문화의 중심무대 자체가 인더스강 상류의 판잡지방에서 갠지스강 중부로 옮겨온 시기였다.

갠지스강 상류는 기온이 농업에 적합할 뿐 아니라 토질 또한 비옥하여 농산물이 풍족하게 되고, 농업의 발달은 마침내 중소도시에서의 상공업의 발달을 가져오게 되었다. 이 같은 정치·경제의 변화에 따라 통치권은 왕족이 행사하게 되고, 경제적 실권은 부상(富商)이 행사하게 된다. 이에 따라 제정일치(祭政一致)의 풍토 속에서 모든 권력을 독차지하고 있었던 브라만(Brahmanism) 승려들은 두 가지 실권을 잃고 날로 무력한 존재로 전락하게 되었으며 카스트제도가 도전받게 되었다.

혼란한 사상계의 전개와 불타의 등장

원주민[Dravida munda족]들과 Aryan족 사이에서 생긴 혼혈이 막대하게 증가되었다. 그들은 기존 종교에 입각한 전통을 전혀 받아들이려 하지 않고, 경제적 부요에 따라 도덕적으로 타락한 생활을 하고 있었다.

여기에 수많은 신흥사상가가 나와 자기 나름의 사상을 제시하였다. 심지어 노예계층에서도 사상가가 나와 신사상을 주장했다. 쾌락주의를 내세우는가 하면 고행주의를 주장하고, 혹은 운명론을, 혹은 유물론을, 혹은 도덕부정론을 외치며 기존의 Brahmanism을 불신 혹은 배척하였다.

기성의 Brahmanism은 지나치게 형식에 치우쳐 있었으며 그 시대를 이끌어갈 사상적 기능을 상실했다. 지나친 형식만능의 타성, 미신적 요소가 너무 많았다. 불타가 일찍이 신앙을 빙자로 살아가는 브라만 승려들을 가리켜, "성스러운 말을 팔아 무위도식하는 사기꾼이요, 돈을 벌기 위해 일부러 굶주리고 있는 점쟁이들"이라고 신랄하게 비난했다. 우파니샤드 철학 역시 격변하는 사회를 이끌기엔 너무도 고답적인 형이상학에 지나지 않았다.

이러한 때에 불타가 등장한다.

불타는 우선 기존사상과 신흥사상을 종합·지향하려는 철학을 마련했다[즉 Upanishads의 변전설(轉變說)과 Carvāka의 유물론적 요소설을]. 그것을 바탕으로 당시 인간들에게 새로운 삶의 길을 제시한다. 즉, 지나친 고행주의와 쾌락주의를 벗어나 중도의 삶을 지향하라고.

당시 인간들에게 '고통과 고뇌를 극복할 수 있으며, 그것을 극복한 뒤에 찾아오는 환희와 희망을' 심어주었다. 따라서 전환기로서의 시대가 요구하는 시대정신을 올바로 파악하고 그 시대의 요구에 하나의 건전한 답을 준 사상가가 불타이다.

힌두교의 『우파니샤드』 이해

붓다는 본래 힌두교 가정에서 태어나 성장했으므로, 그의 사상을 이해하기 위해서는 힌두교에 대해서 알아야 한다. 특히 『우파니샤드(Upanṣad)』의 사상을 이해해야 한다. 인도인들이 중시하고 있는 인도철학의 세 가지 고전(古典)은 『베다(Veda)』, 『우파니샤드(Upanṣad)』, 『바가바드 기타(Bhāgavad Gitā)』를 들 수 있다. 이 세 가지 고전은 인도철학의 발전의 흐름을 반영하고 있다고 하겠다.

심재룡과 길희성의 설명을 기반으로(앞의 책, 29~66쪽: 앞의 책, 16~42쪽), 다음과 같이 인도사상의 발전을 간략화 시킬 수 있을 것 같다.

• 먼저 인도반도를 정복한 아리안족들이 비, 바람, 천둥 등 자연현상의 배후에 여러 신들이 주재한다고 생각했던 다신교(多神敎) 시대의 경향을 반영한 것이 『베다』라고 하면, 다신교적 경향성을

벗어나 철학적 일원론으로 발전한 것이 바로 『우파니샤드』라고 하겠다. B.C. 15~7C가 베다 시대였다면, B.C. 6~5C는 우파니샤드 시대라 할 수 있다. 베다는 원래 신에 대한 예배와 제사의식을 목적으로 만들어졌으며 제의적(祭儀的) 전통이 베다시기의 특성이라고 할 수 있다. 제사의 만능화와 이를 주관하는 사제집단인 바라문 계급의 권한 강화 등이 두드러지게 나타났다.

• 그러다가 우파니샤드 시대로 넘어오면서 브라흐만과 아트만의 개념이 형성된다. 베다 시대에는 수많은 신들이 있어 이들이 궁극적인 실재를 드러낸다고 보았지만, 우파니샤드 시대에 오면 브라흐만(Brahman)이 우주를 생겨나게 하는 궁극적 실재라는 형이상학적 개념으로 이해하게 된다. 즉 베다의 인격적 신은 브라흐만이라는 원리로서의 신에 통합되었다고 하겠다. 또한 우주와 인간의 본질의 동일성을 전제하면서 우주의 궁극적 실재와 인간의 본질, 즉 자아와의 근원적인 동일성을 전제로, 그러한 근원적 상태로의 복귀를 추구하게 된다.

• 이는 종래의 외향적인 우주론적 사변으로부터 내향적(內向的)인 인간의 자기성찰로의 전환을 의미하는 것으로 커다란 공헌이었다. 사회적으로 이러한 전환은 바라문계급의 종교적 권위에 대한 반발로, 즉 제사를 매개로 하는 종교생활에 회의를 품고 자기 자신의 영원한 자아를 찾음으로써 우주의 궁극적인 실재(實在)에 직접적으로 접하고자 하는 노력이었다.

• 인간의 근원적인 자아, 참자아를 아트만(ātman)이라고 하는데, 이는 깨어 있는 상태나 꿈의 상태, 깊은 수면 상태의 자아가 아닌 희열의 상태로 자아가 아무런 방해 없이 드러나는 순수의식의 경지라고 할 수 있다. 이 상태는 요가와 같은 정신적 훈련을 통해

얻을 수 있는 신비적 체험의 세계이며, 아무런 방해 없이 드러나는 이러한 절대적 주체는 우리의 인식행위의 배후에서 그것을 지켜보는 증인과 같은 것이므로 우리의 일상적 인식의 대상이 될 수 없고 단지 직관에 의해 자명한 것으로밖에 알려질 수 없는 '스스로 밝게 빛나는 것'이라고 한다. 따라서 설명이나 정의를 내리는 것은 불가능하다. 오로지 부정적인 방법으로 '무엇도 아니고 무엇도 아니다(neti-neti)'라는 식으로밖에 말해질 수 있다고 한다. 이 자아는 차별성이나 개별성을 용납하지 않는 브라흐만으로서 모든 존재의 공통된 본질을 이루는 것이라고 한다. 한마디로 브라흐만은 우주의 아트만이고, 아트만은 인간에 내재하는 브라흐만인 것이다. 그리고 이 범아일여(梵我一如)의 진리를 깨닫는 것이 우파니샤드에서 말하는 최고의 지식인 것이다.

불교를 이해하기 위하여 다시 우파니샤드의 주장으로 돌아가 보자. 그것을 간략화 시키면 다음의 〈표 3〉과 같다.

〈표 3〉 Brahmanism의 주요 사상과 내용

주요 개념	내용
범아일여 (梵我一如)	우주의 근본원리 브라흐만(梵)과 개인의 본체인 아트만(Ātman, 我), 두 가지가 동일하다는 《우파니샤드》의 사상이다.
업(業)과 윤회(輪回)	내세의 운명은 현세의 삶을 그가 어떻게 살아왔는지에 따라 좌우된다. 선을 행한 자는 선인으로 태어날 것이고, 악을 행한 자는 악인으로 태어날 것이다.
해탈(解脫)	- 모든 인간은 끝없는 환생의 고리에서 벗어나기 위한 일에 힘써야 한다. - 이를 위해서는 우리의 모든 탐욕적 행동을 멈추고 삶에 대한 욕망을 극복해야 한다. 그러나 이러한 금욕만으로는 충분치 못하며 해탈을 위해서는 지식과 달관이 다시 곁들여져야 하는데, 오직 무상(無常)의 의미를 깨달은 자만이 그러한 경지에 들어설 수 있다. - 브라만이 곧 아트만이라는 일치의 깨달음에 이르러야 해탈이 가능하다.

힌두교는 과거와 현재의 행위에 근거하여 다음 생에 환생한다는 업(Karma)의 법칙을 가르친다. 인도 국기의 바퀴는 업을 상징한다. 카르마(업보, Karma)의 법칙에 의하면 얼마나 좋은 환생을 하는가는 (즉, 특권을 가진 사회적 계급(caste)으로의 환생이냐 아니면 낮은 카스트로의 환생이냐 혹은 동물로서의 환생이냐) 前生에서 이룩한 공덕의 정도에 따라 자동적으로 결정된다. 그것은 마치 가벼운 영혼은 위로 올라가고 무거운 영혼은 밑으로 가라앉는 것과 마찬가지였다.

그런데, 아트만이 브라흐만이라는 범아일여의 진리를 깨닫는 것이 바로 개인의 해탈과 관련이 있다는 것이다. 이러한 진리를 깨우치게 되면 외적인 두려움과 욕망으로부터 해방될 수 있고, 모든 업(業)으로부터 자유로워져 더 이상 환생하지 않고 브라흐만 자체로서 영원한 삶을 얻게 된다는 것이다.

하지만 붓다는 과거의 행실에 의해 끝없이 반복되는 환생의 고리, 즉 업으로 인해 운명이 결정된다는 관념과 이를 바탕으로 한 카스트 제도에 의견을 달리했다. 뿐만 아니라, 브라흐만으로서 아트만이 존재한다는 것 자체를 부정한다. 붓다는 모든 것은 인(因)과 연(緣)이라는 관계성 속에서 생성되는 것이며, 이러한 관계성을 제대로 깨닫게 되고, 올바른 수행을 통해서 노력하게 되면 누구나 지고지선(至高至善)의 경지에 이를 수 있다는 희망의 메시지를 제시한다.

불교란 한마디로 인간의 자아를 회복함으로써 오염되지 않는 마음의 지평을 열고자 하는 사상체계이다. 인간의 삶은 덧없는 것이요 고통스러운 것이며, 이러한 존재양상은 모든 것이 상대적이며 인과율(因果律)에 의해 결정된다는 것을 모르는 무지와 지나친 애착에서 비롯된다. 그러므로 인간의 주체적인 자각과 수행을 통하여 참된 자아를 회복함으로써 오염되지 않고 행복한 마음의 지평을 열고자 한다.

3. 불교 사상

불교사상의 개관

불교사상은 매우 심원하여 쉽게 이해하기가 어려운 것이 사실이다. 향후의 논리전개를 위해 간략하게 몇 가지로 먼저 정리해 볼 필요가 있다.

- 인간은 누구나 부처가 될 수 있는 불성(佛性)을 지니고 태어난다. 그러나 그것을 깨닫지 못하는 인간의 삶은 고통스러울 수밖에 없다.(苦의 자각)
- 고통스러운 삶을 살게 되는 이유는 무엇보다도 이 세상의 현상에 대한 관계성을 깨닫지 못한 데에서 발생하게 된다. 모든 것은 운명적으로 결정되는 것이 아니라, 인(因)과 연(緣)의 결과로, 즉, 존재는 서로 의존하여, 무수한 원인과 조건의 상호 유기적인 관계 아래서 성립됨으로 무상하며 언제나 생멸 변화한다. 그러므로 그것을 영원한 것처럼, 실재하는 것처럼 믿는 것은 어리석은 것이다. 모든 것이 공(空)하다는 것이다. 주재자로서 참된 내가 있다고 여기면서, 남과 나를 비교하거나 내 것에 집착하는 것도 모두 어리석은 일이다.(緣起, 中道, 三法印)
- 고통을 벗어나서 참된 해탈과 열반의 상태에 이르기 위해서는 고통을 낳는 무지(無知)와 집착(執着)에서 벗어나 팔정도(八正道)의 수행이 필요하며, 크게 보아 계(械)·정(定)·혜(慧)의 3가지 수행이 요구된다. 계는 계율을 지키는 것이며, 정이란 산란한 마음을 한곳에 집중시키는 것이요, 혜는 사물을 있는 그대로 볼 수 있는 마음의 지혜를 키우는 것이라고 할 수 있다. 특히, 선(禪)불교의

경우는 경전에 의지하지 않고 마음의 본성을 직시함으로써 깨달음에 이르고자 하는 마음의 지혜 수련에 중점을 두고 있다고 할 수 있다.(四聖諦와 八正道)

• 그런데, 인간의 마음이라고 하는 것도 고정된 실체라고 볼 수 없다. 마치 하늘에 떠 있다 사라지는 뭉게구름처럼, 우리들의 생각, 감정, 충동 등도 떠올랐다가 잠시 머물다가 사라져버리고 마는 것이다. 그럼에도 그것이 실재하는 냥 붙들고 집착하면서 욕심과 번뇌를 낳고 결국은 잘못된 삶을 만들게 되는 것이다. 그러므로 수행을 통해 마음이 그 어느 것에도 머물거나 집착하지 않는 자유롭고 유연한 사고방식을 지닐 수 있을 때 내 속에 있는 마음의 본성[佛性]을 깨닫고 영원한 평화의 경지를 이룰 수 있다는 것이다.(禪의 마음수련)

1) 힌두교 사상의 부정 : 형이상학

무아(無我, anātman) : 자아의 부정, "아트만 같은 것은 없다"

우파니샤드의 중심 주제를 쉽게 한마디(아트만은 브라흐만이다)로 요약할 수 있으며, 참된 자아인 아트만이 존재한다는 주장이라고 요약할 수 있다.

그러나 초기 불교철학의 핵심 주장은 그 반대이다. 그것은 아트만의 부정어로서 무아(無我, anātman)다. 즉, "아트만 같은 것은 없다."는 것이다. 불교는 객관세계에서 주재적인 존재를 부정할 뿐 아니라, 주관세계의 핵심을 이루는 영혼의 존재마저 부정한다. 그것을 다음의 불교의 삼법인(三法印 혹은 四法印)을 통해 구체적으로 확인할 수 있다.

불교의 삼법인(三法印 혹은 四法印)

삼법인이란 세 가지의 확인된 진리 또는 세 가지 진리의 성격, 특성이라는 뜻으로, 제법무아(諸法無我), 제행무상(諸行無常), 일체개고(一切皆苦)를 말한다. 여기에 열반적정(涅槃寂靜)을 포함시켜 사법인이라고도 한다. 불타의 사상을 뒷사람들이 정리한 것이다.

① **諸行無常** - 여기서 제행(諸行)이란 변화하는 존재로서 현상세계의 모습을 의미한다. 이 세상의 모든 것은 한순간도 정지하지 않는다. 우리는 언어가 지시하는 대상이 시간 속에 변하지 않고 그대로 머물러 있다고 항상 착각하며 산다. 실체가 불변하게 보인다는 말은 자기모순이며 망상에 불과하다. 모든 것이 생성과 파괴를 가져오는 생멸(生滅)의 변화를 지속하고 있다. 인간의 생로병사(生老病死)는 막을 수 없는 것으로 무상(無常)하며, 고로 괴로운 것이다. 변화하는 인간의 삶은 '춘일계명(春日鷄鳴) 추일견곡(秋日犬哭)'과 같은 시구처럼 비관적이며 무상한 것이다.

인간의 젊었을 때의 아름다운 얼굴도 어느새 쭈글쭈글해지고, 힘 있고 자신 있던 패기마저 시들해지기 마련이다. 영원할 것 같던 사랑도 믿음도 어느새 변해 버리고, 심지어 미움과 원망의 회한으로 남기도 한다. 무엇이 영원하단 말인가?

제행무상은 한마디로 시간적으로 이루어지는 연기(緣起)의 관계성을 모른 채, 반성이 없는 삶에의 집착을 경계하는 가르침인 것이다.

② **諸法無我** - 제법무아란 일체의 대상 속에는 참된 주재자로서 我, 실체적인 내가 있을 수 없다는 것이다. 제행무상이 시간상에서 모든 것이 생성과 파괴를 가져오는 생멸의 무상한 변화양상을 설명한다면, 제법무아는 공간상에서 고찰하고 있다고 볼 수 있다. 우리들은

마냥 나라고 하는 존재가 영원하다고 믿고, 내가 소유한 것은 마냥 내 것이라고 착각하며 살고 있다.

나의 몸이 참된 나인가? 아니면 나라고 생각하는 것이 나일까? 오늘 아침에 먹은 음식은 나인가? 우리가 가장 믿을 수 있는 신체마저도 자체의 변화로 인해 영원한 自我라고 말할 수 없다. 인간과 사물을 실재(Reality)입장에서 보더라도 순간순간 작용하고 변화해가는 존재요소에 불과하다. 모든 대상은 조건적, 상호적, 상대적으로 즉, 상의적(相依的)으로 존재할 뿐, 상주불변(常住不變)한다는 실체의 개념은 하나의 관념에 불과한 것이다.

나라고 하는 것은 우주 전체의 공존 속에 있는 하나의 과정일 뿐이다. 이 변화의 흐름 속에 자아도 예외가 아니다. 나라고 생각하는 내 몸은 끊임없이 생겨나는 세포와 소멸하는 세포의 연속선상에서 어느 지점에 불과하다. 무아(無我)라는 말은 인간의 주체를 부정하는 것이 아니고, 자아에 따른 고정관념, 즉 나는 영원히 존재한다는 실체와 나의 소유관념을 부정하는 것이다(천병준, 앞의 책, 167~168쪽 참조). 이러한 것을 깨닫지 못한 채 내가 남보다 우월하다[勝]거나 못하다[劣]고 여기는 것은 모두 잘못된 유아견(有我見)일 따름인 것이다.

참된 자아가 있다는 주장을 반박한 것이다.

자아에 대한 인식과 집착이 잘못된 삶을 만듦

우리들이 일반적으로 갖고 있는 가정, 즉 우리에게 내적인 자아 — 일생 동안(그리고 이생을 넘어서까지) 동일성을 유지하는 내적 자아 — 가 있다고 하는 생각이 고통의 궁극적인 원인이다. 이러한 자아에 대한 관념이 나와 다른 사람들 사이의 경계선을 만든다. 경계선이란 본래적인 것이 아니고, 우연적이며 임의적이란 것을 깨닫지 못하게 하고, 우리로 하여금 "나"에게 그리고 내게 속한 것에 너무 심각하게 집착하게끔 한다.

그리고 나에 대한 집착은 우리를 욕망으로 이끈다. 일단 우리가 "나"라는 자아를 중요한 존재로 인식하게 되면, 우리는 아주 쉽게 이기주의에 빠질 수 있으며 나 자신을 위한 것들을 얻는 데 온통 신경을 쏟게 된다고 할 수 있다.

2) 핵심적 주제 고(苦)의 문제

법구경의 핵심적인 주제는 고(苦)의 문제다. 그것은 고통의 원인에 대한 진단을 하고 있으며, 그 원인 중 하나가 바르지 못한 형이상학에 있다고 한다. 그 잘못된 형이상학은 각각 분리된 자아를 너무 진지하게 받아들이며 우연히 생긴 생각과 경험의 다발을 마치 하나의 실체처럼 취급한다. 좀 더 직접적으로 이야기하면 쾌락에 대한 욕망과 탐닉이 고통을 일으킨다. 삼법인의 세 번째는 모든 것이 고통스럽다고 한다.

③ 一切皆苦 - 일체개고란 모든 것이 다 괴롭고 고통스럽다는 것이다. 제법무아이며 제행무상인 고로 괴로울 수밖에 없는 것이다.

인간의 육체적, 감각적인 고통[苦苦]이나 파괴와 손실에 의한 번뇌와 노쇠, 실망의 정신적인 고통[壞苦], 그리고 무상하기 때문에 느끼는 괴로움으로 유한한 시간 속에 던져진 존재의 어쩔 수 없는 실존적인 고뇌[行苦] 등 깨닫지 못한 미망(迷妄)의 존재양상이 모두 괴로운 것이요 고통스러운 것이다. 다시 말해 낳고[生苦], 늙고[老苦], 병들고 [病苦], 죽는 고통[死苦]은 물론이요 사랑하는 이와 헤어져야 하는 괴로움[愛別離苦], 싫어하는 이와 계속 만나야 하는 괴로움[怨憎會苦], 반복해서 희구하나 얻지 못하는 괴로움[雖復希求而不得苦], 그리고 육신을 가지고 있으므로 이루지 못하는 고통[取五蘊苦] 등이 있다. 모두가 고통이다.

일체개고는 우리가 깨닫지 못한다면 인간의 지각, 감각기관 대상의 전체적 작용이 옹색하거나 지나쳐서 집착 없이 자연스럽게 나타나지 못하고, 영원치 않은 것에 연연하고 집착하게 된다는 것이다. 그러므로 모든 것이 고통스럽다는 것이다.

우리가 고통에 대해 크게 공감하지 못하는 것은 고통에 길들여져 있고 습관에 의해 무디어져 있기 때문이라고 한다.

고(苦)에 대한 자각과 해결책 모색

고통에 대한 이해와 해결책을 제시한 것이 사성제(四聖諦)로 부처의 가장 중요한 가르침이요 정수라 할 수 있다.

사성제(四聖諦)

사성제(四聖諦)란 4가지 성스러운 진리라고 할 수 있는데, 고성제(苦聖諦), 집성제(集聖諦), 멸성제(滅聖諦), 도성제(道聖諦)를 이름이다. 불타가 해탈(解脫)한 직후 처음으로 설법한 초전법륜(初轉法輪)의 내용으로 소박하나마 보다 본원적 성격을 지닌다.

① 苦聖諦 - 중생의 삶이 곧 괴로움이다. 諸法無我, 諸行無常이므로 일체의 행위가 苦이다. 고성체는 집성체의 결과이며, 미혹됨, 어리석음[迷]의 결과를 나타낸다.

② 集聖諦 - 이러한 괴로움은 애착에 의해서 생겨난다. 집성체는

구 분	내 용	비 고
고(苦)	인간존재의 실상이 다 고통으로 가득 차 있다.	집(集)의 결과
집(集)	모든 괴로움은 무지(無知)와 갈애(渴愛) 때문이다.	고(苦)의 원인
멸(滅)	갈애가 남김없이 없어진 열반에 이른다.	도(道)의 결과
도(道)	8정도(正道)를 통해 괴로움의 소멸에 이를 수 있다.	멸(滅)의 방법

미혹됨(迷)의 원인을 나타내는데, 12연기(緣起)를 통해서 볼 때 苦의 원인은 **무명(無明)**과 **갈애(渴愛)**라고 할 수 있다.

③ **滅聖諦** − 깨달음을 통해 무지와 집착에서 벗어나면 괴로움이 다 없어진다. 멸성체는 도성체의 결과를 나타낸다.

④ **道聖諦** − 깨달음에 이를 수 있는 방법과 원인으로서, 八正道에 의하여 멸성체를 이루게 된다.

불교는 인생을 고해(苦海)로 여기고 이 괴로움을 극복하기 위한 방법으로서 팔정도(八正道)를 제시하고 있다. 감각적 쾌락이나 극도의 고행이라는 극단을 피하는 중도(中道)의 길을 추구하는 것이기도 하다.

八正道는 정견(正見), 정사유(正思惟), 정어(正語), 정업(正業), 정명(正命), 정정진(正精進), 정념(正念), 정정(正定)이다.

이를 크게 3부분으로 나눌 수 있다.

㉠ 正見: 올바른 견해, 연기의 상의성(相依性)을 이해하고 불편부당(不偏不黨)한 중도의 진리를 직관하는 관점.

㉡ 正思惟: 올바른 사유, 극단을 피하는 욕망을 초탈하는 오염되지 않는 청정한 사유.

ⓒ 正語: 바른말을 의미하며 망어[妄語, 남을 속이는 말], 양어[兩語, 이간질 시키는 말], 기어[綺語, 교묘한 현혹의 말] 등을 하지 않음.

ⓔ 正業: 올바른 행위. 방일(放逸)하지 않는 행위, 탐·진·치(貪·嗔·痴)를 버리는 행위. 구체적으로는 살생을 삼가고[不死生], 도둑질 하지 않고[不偸盜], 음행하지 않고[不邪淫], 거짓말을 일삼지 않고[不妄語], 술 취하지 않는[不飮酒] 등의 행위.

ⓜ 正命: 올바른 생활, 자기의 생명을 보존하는 바른 생활, 즉 남에게 해를 끼치지 않는 생활.

ⓗ 正精進: 올바른 노력, 악한 마음상태가 일어나는 것을 방지하기 위한 나날의 새로운 노력, 끝까지 밀고 나가는 노력.

ⓢ 正念: 바르게 생각하는 것으로, 자신에게 일어나고 사라지는 신체 의 활동이나 마음의 사고, 산란한 마음 등에 세심한 주의를 기울이 는 노력.

ⓞ 正定: 완전한 집중, 선(禪), 일심경지(一心境性).

팔정도는 삶의 고통을 야기하는 무수한 번뇌를 끊고 해탈과 열반에 이르기 위한 수행방법으로 크게 계, 정, 혜의 3학으로 구성된다. 이

〈표 5〉 팔정도 정리

구 분	8 정도	비 고
혜(慧)	① 올바른 견해[正見]	번뇌를 없애고 진리를 깨달음
	② 올바른 사고[正思惟]	
계(械)	③ 올바른 말[正語]	계율을 통해 행위와 언어에서 몸을 보호함
	④ 올바른 행위[正業]	
	⑤ 올바른 생활[正命]	
정(定)	⑥ 올바른 노력[正精進]	마음의 동요를 그치고 평안한 경지를 얻음
	⑦ 올바른 관찰[正念]	
	⑧ 올바른 집중[正定]	

중 계(戒)란 불교의 계율을 지키는 것이며, 정(定)이란 산란한 마음을 한곳에 집중시키는 것이요, 혜(慧)는 사물을 사물대로 보게 하는 마음의 지혜라고 할 수 있다. 모두 중요하며, 특히 정(定)과 혜(慧)가 중시된다.

붓다 입멸 200여 년 뒤에 등장하여 불교 교리에 대한 연구 해석을 중시하던 부파불교(部波佛敎)의 하나인 설일체유부(說一切有部)는 깨달음의 경지인 '열반적정'에 대해서 열반의 의미나 열반에 이르는 수행 단계를 상세히 묘사했다. 그리고 『초전법륜경』에 서술된 붓다의 수행 모습을 모델로 하여, 팔정도의 계(戒)·정(定)·혜(慧) 三學의 수행에 의해 '고'의 근본 원인인 번뇌를 모두 끊을 수 있다고 했다. 다시 말해서 수행자는 먼저 계율을 지키고 선정에 들어 사성제의 의미를 반복적으로 이해·학습함으로써 지혜를 얻을 수 있다는 것이다(강의숙, 앞의 책, 122쪽).

그리고 이 지혜의 힘에 의하여 번뇌가 하나씩 끊어지는 것이다. 모든 번뇌가 끊어진 마음의 상태가 열반이며, 이 경지에 달한 수행자를 아라한(arahan, 阿羅漢)이라 부른다. 그런데 수행자가 이르러야 할 궁극적인 깨달음의 경지로서 아라한과 붓다의 경지는 분명히 구별되고 있다. 아라한이 되는 길은 단지 번뇌를 끊는 수행의 길이지만, 붓다가 되는 길은 아라한의 경지에 이른 뒤에 중생에 대한 자비심을 가진 보살이 되어 무수히 이타행(利他行)을 실천하는 것이다. 소승적 수행과 대승적 수행이라 할 수 있다(같은 책, 122~123쪽). 즉, 아라한이 되는 것은 자신의 깨달음만을 추구하는 소승적 수행이라면, 붓다가 되는 길은 이 경지에 이른 뒤에 중생에 대한 자비심으로 하화중생(下化衆生) 하는 대승적인 수행인 것이다.

3) 인과관계적 사유 방식[연기(緣起) 사상]

고(苦)를 일정한 원인에 의한 결과라는 생각은 근원적으로 인과관계를 믿는 사고요, 불교의 이론이 기초하는 근본입장이다. 이런 형이상학은 힌두교철학의 형이상학과는 정반대다. 우파니샤드가 세상을 심오하게 하나의 통일체로 보는 반면에 불교의 철학은 세상을 인과 관계와 그 외의 다른 연관 관계로 얽혀 있는 조각들의 소용돌이로 본다.

연기(緣起)는 인연연기(因緣緣起)의 약자로서, 因은 직접적 원인, 緣은 간접적인 원인으로서 조건을 뜻한다. 모든 현상의 변화는 각각 이러한 인과 연의 화합에 의한 결과요, 단독적으로 우연히 이루어지는 변화는 절대로 없다는 것이다. 예컨대, 꽃이 피는 것은 씨앗이라는 인(因)이 햇빛·공기·물 등의 연(緣)을 만나 나타나는 것이다. 나아가 부처가 되는 것은 자기 속에 있는 불성(佛性)이 인(因)이 되고 수행이라는 연(緣)을 통해 이루어지는 것이다.

연기(緣起)라는 어원은 '말미암아 일어난다는 것'으로 '더불어 일어나는 것'이다. 이 세상의 모든 존재들은 단독으로 존재할 수 없고 다른 것과 더불어 존재하며 홀로 생성되는 것이 아니라 여러 조건 속에서 생성되는 것이다. 공간적으로 존재할 수 있는 조건을 상의성이라 하고, 시간적으로 존재할 수 있는 조건을 계기성이라고 한다. 천차만별의 존재들은 상의성과 계기성에 의해 자유자재하게 살아간다. 이것을 일컬어 법계(法界)라고 한다(천병준, 앞의 책, 163~164쪽 참조). 불교에서 연기법은 이처럼 우주와 인생의 현상적인 움직임을 시간적·공간적·논리적 관계로 고찰하려는 하나의 시도라고 할 수 있다. 즉, 생성·윤회하는 현상계의 존재양상을 설명할 때, 모든 것이 '相依해

生起(dependent origination)한다'는 관계성의 논리로서 존재양상의 윤회를 설명한다.

한 가지 주의해야 할 것은 이때의 상의성(相依性)이란 다만 물질적 현상에 국한하여 적용되는 것이 아니라 개인의 정신적 현상에도 적용되고, 나아가 사회현상 상호 간에도 적용된다. 그리고 직접적인 원인(因)과 간접적인 원인(緣)을 생각하는 데서 단순히 결정론이나 기계적 사고와 다르다. 즉 因이 나쁘더라도 緣여하에 따라 좋은 결과를 초래할 수 있다는 발전관의 사고가 포함되어 있는 것이다. 열반(涅槃)이나 극락정토(極樂淨土)의 이상도 이러한 발전관의 사고에 기초하는 것이다.

12연기는 무명(無明) – 행(行) – 식(識) – 명색(名色) – 육입(六入) – 촉(觸) – 수(受), – 애(愛) – 취(取) – 유(有) – 생(生) – 노사(老死)이다.

12연기를 이해함에 '무명(無明)에 연유(緣由)하여 行이 있으며(行 is conditioned by 無明)' 하는 식으로, 즉 無明 → 行 → 識 → 色 … → 老死 식으로 접근할 수도 있다.(설명적 방법). 이렇게 순서대로 이해하는 방식을 순관연기(順觀緣起)라고 하며 인간고뇌의 실상을 인식하기 위한 것이라고 볼 수 있다.

그런가 하면 거꾸로 파악하는 역관연기(逆觀緣起) 방식이 있다. 노사가 있게 된 것은 무엇 때문인가? 그것은 생 때문이겠고, 생이 있게 된 것은 무엇인가? 하는 식의 추리적 방법이 또 있을 수 있다. 고뇌로부터의 해탈을 위한 방식이다. 불타가 실제로 해탈을 하게 된 것은 현실의 고뇌를 관찰하고 그 원인을 캐고 들었기 때문이다. 그러므로 역관연기(逆觀緣起) 방식이 앞의 방법보다 앞선다고 하겠다.

그런데, 고뇌의 원인을 전체적으로 파악하기 위해서는, 과거, 현재, 미래로 나누어 파악할 필요가 있다. 즉, 無明과 行을 과거의 두

가지 원인으로, 識, 名色, 六入, 觸, 受는 현재의 다섯 가지 결과로, 그리고 愛, 取, 有는 현재의 세 가지 원인으로, 生, 老死를 미래의 두 가지 결과로 이해하는 것이다.

설일체유부는 혹(惑)·업(業)·고(苦)의 입장에서 12연기설을 해석하여, 과거의 행위가 원인이 되어 현재의 삶을 가져오고, 현재의 행위가 원인이 되어 미래의 삶을 가져온다고 하는 관점을 취하고 있다(강의숙, 앞의 책, 120~121쪽 참조). 즉, 미혹된 삶이 업을 만들고 결국은 고통에 이르게 한다는 논리를 기반으로 12연기설을 해석한 것이다.

이러한 관점에서 볼 때, 과거의 무지와 잘못된 경향성이 오늘날 우리의 의식과 감각기관, 감수 작용 등을 왜곡시켜서 올바른 판단을 흐리게 하고, 감각기관과 감수 작용을 유혹과 미혹에 쉽게 빠져들게 만든 것이다. 그리고 현재의 목마른 듯한 애착과 격정, 그것에 의한 결과가 미래의 우리의 생을 절망의 상태로 만드는 것이다.

〈표 6〉 12연기 정리

과거의 원인	1. 무명(無明) : 무지, 지혜 없음
	2. 행(行) : 행위, 인간의 경향성
현재의 결과	3. 식(識) : 의식, 판단
	4. 명색(명色) : 의식의 대상
	5. 육입(六入) : 여섯 가지 감각기관
	6. 촉(觸) : 접촉
	7. 수(受) : 감각에 의해 받아들이는 감수 작용
현재의 원인	8. 애(愛) : 목마른 듯한 집착
	9. 취(取) : 강한 취사
	10. 유(有) : 애, 취에 의한 결과적 존재
미래의 결과	11. 생(生) : 유에 의한 새로운 양상
	12. 노·사(老·死) : 절망의 상태

12연기 중 無明과 愛가 모든 괴로움을 잉태하는 요인임을 알 수 있다. 無明이 지성적 동기라면, 愛는 감성적 동기라고 할 수 있겠다. 결국 12연기는 苦란 갈애(渴愛)와 무명(無明)에서 발생한다는 것을 보여주는 것이다.

연기는 극단에 빠지지 않고 인과관계 전체를 관찰할 수 있는 관점을 제시해 준다. 모든 인간의 존재양상은 과거와 현재, 그리고 미래를 통해서, 관계성에 의해 만들어지는 것이다. 우리가 무지하지 않다면 잘못된 경향성에 빠지지 않을 수 있으며, 목이 마르고 타는 것과 같은 애착을 벗어날 수 있다면 실제로 비윤리적인 관계의 美色을 취하지 않을 수 있으므로, 잘못된 업을 짓지 않을 수 있는 것이다.

모든 존재양상은 관계적인 것이다. 연기는 서로 상호 간에 조건을 가지고 있으며, 이 조건은 상대성이며, 바로 이 상대성을 깨달았을 때 연기적 관계를 초극할 수 있는 것이다. 그리고 바로 이러한 관점에서 연기는 중도사상(中道思想), 중관사상(中觀思想)과 맥을 같이 한다.

4) 중도(中道)사상

中道[中觀]사상은 나가르쥬나(龍樹, 150~250)에 의해서 체계화되는데, 『반야경(般若經)』에서 새롭게 찾아낸 것이라고 한다. 반야사상(般若思想)은 空의 사상이요 中道의 사상이요 緣起의 사상이다.

나가르쥬나의 철학은 연기를 고찰하는 데서 출발하여, 연기(緣起)의 사상으로부터 공(空) 사상을 도출해 내었다. 불교에서 '공'은 눈으로 볼 수 있고 느낄 수 있는 현상론적인 측면에서 고찰되는 것이다. 현상하는 존재는 서로 의존하여, 무수한 원인과 조건의 상호 유기적인 관계 아래서 성립됨으로 무상하여 언제나 생멸 변화한다. 그러므로 그것을 영원한 것처럼 실재하는 것처럼 믿는 것은 어리석은 것이다.

모든 것이 공하다고 말하는 것은 현상하는 모든 것이 고정된 실체가 아니라 연기법에 따라 나타나기 때문인 것이다. 사물은 실재하는 것이 아니라 다만 관계성에 의해서 성립하는 것이므로 실재성을 믿는 것은 환상에 지나지 않는 것이다. 실재가 아니므로 공(空)인 것이다.

범부들이 세계의 실제모습이 공이라는 것을 깨닫지 못하는 것은 우리가 소통하고 있는 언어와 언어가 지시하는 개념과 밀접한 관계가 있다고 지적한다. 즉 우리가 사용하고 있는 언어는 사물을 실재적으로 보게 하는 경향이 있고, 이 언어가 빚어내는 오류로 말미암아 사물이 각각 독립되고 고정된 의식을 갖게 되며, 실재하는 것처럼 말하고 있다.

중도사상은 다음과 같은 팔불중도론(八不中道論)으로 표현할 수 있다.

不生亦不滅 不常亦不斷 不一亦不異 不來亦不去

생멸(生滅), 상단(常斷), 일이(一異), 거래(來去)는 인간의 8가지 인식범주이며, 모든 지식이란 이 8범주로 엮어짐을 알 수 있다. 그런데 여기서 유생고멸(由生故滅), 유멸고생(由滅故生)이다. 생의 멸, 멸의 생이지 생, 멸 자체는 실체적으로 존재하지 않는 것이라는 것이다. 생성하고 소멸하는 것, 지속함과 끊어짐, 같음과 다름, 가고 오는 것은 상대적이고 관계적인 개념일 뿐 절대적인 것이 아니라는 것이다.

이러한 상의성(相依性)을 무시한 채 개체와 개체의 현상만을 보아서는 안 된다.

나의 키가 작다는 것도 크다는 것이 있다는 것이요 남들의 키와 비교한 판단에서 비롯된 것이다. 마찬가지로 나의 재산이 적어 가난하다는 것도 남들은 재산이 많아서 부자요 풍족하다는 상대적이요 비교적인 관점에서 비롯되는 것이다. 그러나 큼이 없다면 작음도 없을 것이요, 많다는 것이 없다면 작다는 것도 없는 것인데, 우리는 늘 상생적 관계를 깨닫지 못한 채 무슨 절대적 기준이 실제로 존재하는 양 더 많이 갖기 위해서, 남보다 크고 매력적이기 위해서 늘 아등바등 살고 있는 것이다. 즉 모든 것은 상생의 관계성인 것이다.

중도는 연기이다. 연기란 상호 간에 뗄 수 없는 상생적(相生的)인 조건을 가지고 있고, 이 조건은 상의성이며, 이 상의성을 깨달았을 때 인생의 존재양상인 연기적 관계를 깨달을 수 있다. 그리고 집착을 벗어나 그 연쇄적, 관계적 고리를 끊고[滅] 번뇌를 일으키지 않을 수 있는 것이며, 삶의 고해에서 벗어날 수 있는 것이다.

5) 인간의 마음

대승불교의 대표적인 사상은 모든 것을 공으로 보고 중도의 진리를 찾고자 하는 중관학파(中觀學波)와 존재하는 것은 오직 마음뿐이라고 여기는 유식학파(唯識學派)로 대별할 수 있다. 유식학파는 존재하는 것은 오직 마음뿐이고 외적 사물은 존재하지 않는다는 유심론(唯心論)을 근본으로 하고 있다.

불교에서 보는 인간의 마음관은 유식학파의 팔식설(八識說)에 근거하고 있다. 우리의 마음이 8가지 구조로 되어 있다는 주장인데, 지금까지 동서양을 통틀어 마음에 대한 연구 중 가장 깊이 있는 것으로 알려지고 있다. 정재걸의 연구를 중심으로 간략히 정리하고자 한다 (2001, 40~41쪽).

- 팔식설에 의하면 인간의 의식은 **전오식**(前五識 – 흔히 오감, 오온이라고 하는 눈으로 보고, 귀로 듣고, 코로 냄새 맡고, 혀로 맛보고, 피부로 느끼는 마음), **의식**(意識 – 우리의 일상적인 사고과정을 말한다. 즉, 생각하고 판단하고 추론하는 마음), **말나식**(末那識 – 자기중심적인 사고로 프로이트의 무의식 이론 중 이드〈id〉의 특징과 같은 마음), 그리고 마지막으로 우리 마음의 가장 깊숙한 곳에 **아뢰야식**(阿賴耶識)이 있다는 것이다.

- 아뢰야식은 장식(藏識)이라고도 하는데, 우리의 모든 말과 행동, 생각이 저장되는 장소이다. 가령 내가 지금 어떤 생각을 하는 순간, 그 생각은 씨앗이 되어 나의 아뢰야식에 저장된다. 행동이나 말도 마찬가지다. 팔식설의 핵심은 바로 아뢰야식에 있다. 아뢰야식은 불교의 수행자들이 참선이나 요가를 통해 발견했다고 한다. 아뢰야식은 인간의 가장 심층적인 의식이고, 모든 생명의 기초가 된다고 한다. 왜냐하면 아뢰야식은 현행의 생각만 저장되는 것이 아니라 생명체가 지금까지 무수한 윤회를 거치면서 생각하고 말하고 행동한 모든 것이 씨앗으로 간직되고 있기 때문이다.

- 아뢰야식에 저장되는 경험이 모두 씨앗의 형태로 저장된다는 것은 그것이 현행에 다시 영향을 미치기 때문이다. 즉, 내가 행한 행동은 그 즉시 나의 아뢰야식 속에 저장되었다가 나의 다음 행동에 영향을 미친다. 그래서 지금 나의 모습은 전생을 포함한 나의 생각과 말의 결과이고, 미래의 모습은 지금 나의 생각과 행동과 말에 의해 결정된다. 이것이 바로 업보(業報)인 것이다. 선행을 계속한 사람은 그 사람의 생각과 말과 행동, 그리고 전체적인 모습에서 드러난다고 하겠다.

4. 불교의 중국 전래와 선(禪)불교

불교의 중국 전래와 발전

불교가 인도에서 중국으로 전파된 정확한 연대는 역사가들 사이에서도 해결되지 않은 상태로 남아 있다고 한다. 그러나 중국에서 불교는 아마도 기원 1세기 반경에 발흥된 것으로 추측된다(펑우란, 앞의 책, 303쪽). 양계초는 불교의 중국 전래과정과 중국불교의 특성 등에 관하여 설명한 바 있는데, 양계초의 설명을 정리해 보면 다음과 같다(261~277쪽 참조).

① 동한 명제(明帝) 영평(永平) 10년에 서인도의 섭마(攝摩)·축법란(竺法蘭) 두 대사가 조서(詔書)에 의하여 경전을 가지고 와서, 여기서 불교가 비로소 동으로 들어오게 되었다. 그러나 중국민족은 종교와 미신에 대한 관념이 매우 희박하여 이것을 받아들이지 못하였다. 그런데 환제 때에 비로소 임금 자신이 믿게 되어 흥평(興平) 간에는 민간에도 점점 믿는 자가 생기게 되었다. 위(魏) 가평 2년에 담마하라(曇摩訶羅)가 처음으로 계율을 가지고 와서 불교가 점차 모습을 갖추게 되었다. 그러나 당시는 도가의 말이 극성하여 전국을 뒤덮었던 시대였으므로 그 위치를 빼앗지 못하였다.

② 그러나 위·진에 비로소 불교가 하나의 학으로 면목을 이루게 되었다. 동진(東晋)에 이르러서 위인이 배출되었는데, 도안(道安)·혜원(慧遠)·축도잠(竺道潛)·법현(法顯) 등은 더욱 뚜렷한 자들이었다. 그러다가 북방에 한 대사가 나와서 중국 불교사 중 하나의 새로운 기원이 되었다. 말하자면 구마라습(鳩摩羅什)이다. 그는 인도사람으로 전진(前秦)의 왕 부견(符堅)이 인도변방을 칠 때 장안(長安)으로 잡혀 와

많은 불교경전을 한문으로 번역하였다. 그는 법리에 정통하고 또 漢語에도 익숙하였는데, 그의 공덕은 하나가 아니다. 그중 가장 큰 것은 대승교(大乘敎)를 전한 것이다.

③ 대승불교는 중국에 들어와 더욱 발전하게 되었다. 법상(法相)·천태(天台)·화엄(華嚴)을 교하삼가(敎下三家)라 하고, 선종은 교외별전(敎外別傳)이라고 하는데, 이 네 종파는 모두 대승상법(大乘上法)으로서 각각 독특한 점이 있다.

선종(禪宗) 역사는 영산(靈山)의 모임에서 서로 전한 것으로, 석존(釋尊)이 꽃을 집어 보이니, 가섭(迦葉)이 미소를 지었다는 정법안장(正法眼藏)을 여기서 주고받았다. 그 후 가섭존자는 의발(衣鉢)을 아란(阿難)에게 전해 주었다. 중간에 마명·용수·천친 등 27대를 거쳐 서로 전하였는데, 한 자도 기록하지 않고 곧 달마선사(達摩禪師)에 이르렀으며, 가섭에서 달마까지 인도의 28祖가 된다.

④ 달마가 27조의 명을 이어 동쪽으로 중국에 건너와서 양 무제(梁武帝) 보통(普通) 7년에 비로소 광동(廣東)에 이르렀다가 뒤에 숭산(嵩山)에 들어가 면벽(面壁)한 지 10년 만에 비로소 설법을 전할 사람을 얻어 설법을 전하고서는 드디어 입멸하였다. 그러므로 달마도 또한 중국 선종의 시조(始祖)라고 한다. 2조가 혜가(慧可)요, 3조는 승찬(僧璨)이요, 4조는 도신(道信)이니 모두 인도 사조(師祖)의 예에 의하여 설법을 하지 않고 책을 저술하지도 않고 오직 발(鉢)을 전할 사람을 구해 얻으면 곧 자신은 입적하였다.

5조인 홍인(弘忍)에 이어 6조인 혜능(慧能)은 글 한 자도 알지 못하는 우매한 사람으로 의발을 받았다. 후에 신수(神秀)가 다시 6조의 대사가 되어 대법을 깨달아 이에 선종은 남북 두 파로 갈렸다. 남은 혜능(慧能)이요, 북은 신수(神秀)였다. 6조 이후에는 발이 그쳐서 전하지 않았다. 그 후 운문(雲門)·법안(法眼)·조동(曹洞)·규앙(潙仰)·임제(臨濟)의 5종이 더 부연되어, 송명 이래로 더욱 확대되어 천하에 풍미하였다.

양계초는 중국의 불학의 특색으로 다음 네 가지를 들었다. ① 당(唐) 이후로 인도에는 불학이 없어졌으며, 그 전통은 모두 중국에 있었다.[3] ② 여러 나라에 전한 불학은 모두 소승이지만 오직 중국만이 대승을 전하였다. ③ 중국의 여러 종파는 대부분이 중국에서 스스로 창시한 것이지, 인도가 버린 나머지를 답습한 것은 아니다. 중국에서 가장 불교학계에 공적이 있었고, 세력이 있었던 것은 교하삼가(敎下三家)의 법상(法相)·천태(天台)·화엄(華嚴)과 교외별전(敎外別傳)의 선종만 한 것이 없다. 대개 대승의 교의는 인도에서 싹터서 중국에서 크게 성장하였다. 그러므로 대법(大法)을 구하는 자는 마땅히 인도에서 구하지 말고 중국에서 구해야 한다. ④ 중국의 불학은 종교와 철학을 겸유한 장점이 있다. 불교철학은 또 중국 고유의 철학을 서로 보좌하

---

3 양계초에 의하면(273~274), 석가가 입멸한 후 5세기에 이르러서 外道가 빈번히 일어나 大法은 끊이지 않고 실오라기같이 겨우 명맥만 유지하였다. 6세기 말에 이르러서 마명(馬鳴)이 있었고, 7세기에 용수(龍樹)·제바(提婆)가 있었고, 9세기에는 무착(無着)·세친(世親)이 있었고, 11세기에 청변호법(淸辨護法)이 있었고, 12, 3세기에 戒賢·智光이 있었으니, 그 참다운 불교라고 할 만한 것은 5백 년간에 지나지 않는다. 현장이 西遊함으로부터 戒賢·智光 등 여러 論師들을 두루 편력하여 법을 받아서 돌아왔다. 이리하여 천여 년의 心法은 모두 중국에 돌아갔다. 이후로부터 인도의 교도는 논쟁에만 종사하고 포교에는 게을리하였다. 바라문의 모든 외도(外道)의 유력자가 다시 일어나서 날로 더욱 공격하였다. 그러나 불도들은 분열되지 않고, 곧 조화를 생각하였다. 그리하여 차차 바라문의 교리를 채용하여 밀주(密呪)를 외고 가지(加持)를 행하여 교를 열어 원기가 모두 소멸하였다. 15세기에 이르러서 불교의 모국인 인도에서는 불타의 자취라고는 하나도 없었다. 이후 다신 회교(回敎)에 유린당하고, 세 번째로 그리스도교에 침식을 당하여 불학은 드디어 영원히 자취를 감추어 버리고 말았다고 한다.

기에 가장 적당하다. 중국 선진(先秦)의 철학은 실제에 관한 논의는 풍부하지만, '불가사의(不可思議)'에 있어서는 결핍하다. 불학이 중국에 들어오면서부터 서로 돕고 보충한 후에 중국철학은 곧 이채를 띠게 되었다. 송·명(宋明) 이후에 학문이 다시 부흥한 것은 실로 수·당(隨唐) 간 불교발흥의 선물인 것이다.

양계초의 주장에는 객관적인 내용에 근거하고 있기는 하나, 인도에서 전래되었던 불교가 중국에 와서 뿌리를 내리고 꽃을 피웠으며 중국의 철학으로 발전했음을 밝히려는 의도가 두드러지게 나타난다고 하겠다. 중국불교에 대한 그의 높은 자긍심을 엿볼 수 있다.

선(禪)의 마음 – 언어를 넘어선 불꽃과 섬광의 통찰

선불교 자체는 중국의 것이 아니라 인도에서 전래된 것으로 전설적인 창시자는 달마(達磨)이다. 그러나 선(禪)은 중국에서 크게 발전하게 되며, 그것은 오히려 '중국적'이라고 하는 표현이 적절할 것 같다. 특히 내재적 요인으로 노장(老莊)의 사상과 관련성을 지니면서 발전하게 된다.

불교는 중국에서 특이한 종파, 언어를 통하지 않는, 아니 언어를 버리고 그것에서 탈피하는 선(禪)을 탄생시킨다. 이 움직임은 5세기 말에서 6세기 초『능가경』을 연구하던 조그만 모임에서 발원했다. 거기서 사람들은 **불어심위종(佛語心爲宗)**, "즉 부처의 가르침 가운데 핵심은 마음"이라는 구절을 발견한다.

불교 가르침의 종착점은 다름 아닌 마음인데, 그 방법은 실지 체험을 통해 해탈로 이르게 하는 것 아닌가. 그런데 합리적 사고와 정치한 논증, 치밀한 심리분석과 고원한 형이상학은 우리를 궁극의 구원으로 이끌지 못한다는 자각에서, 또는 논설을 기획하거나 강경을 종합하려는 자세를 버리고 직접적인 실천을 극단적으로 중시하는 쪽으로 나아갔다.

이때까지 불교의 역사는 다양한 변화가 있었지만 언어를 통해, 즉 경전을 통해 접근한 점에서 정통적이었다. 그런데 선은 그 최후의 보루마저 돌아보지 않는 획기적인 파격을 감행했다. 경전의 가르침을 등불 삼아 진리를 찾는 것은 '모래를 쪄서 밥을 짓고', '기왓장을 갈아 거울을 만드는 것'처럼 어리석은 일이라는 것이다. 진리란 말을 통한 정보 혹은 명제로 존재하는 것이 아니며, 물건을 건네받듯이 만들어 가질 수 있는 것이 아니요, 마음의 깨달음을 통해서만 얻을 수 있다는 것이다.

임제종은 선불교의 마음을 다음과 같이 설명한다. '아무것에도 얽매이지 마라. 그저 그 자리에서 일어나 앞으로 나아가라. 그리고 자유를 얻으라.'

선종은 언어를 드러내지 않으며, 문자를 내세워 저술하지도 않고 직지본심(直指本心)으로 천부의 성선(性善)을 깨달아 성불(成佛)하는 것을 교의로 삼아, 불교의 형식을 일변케 하였다. 이 종파의 기본 교리는 "문자를 내세워 그것에 의존하지 말라. 문자에 의거하여 전수하는 경전 밖에 별도로 전하는 진리가 있다. 사람의 마음에 곧바로 호소하라. 그리고 본성을 깨달아 부처가 되라(不立文字 敎外別傳 直指人心 見性成佛)"이다.

선불교의 마음은 판단하지 않고 제3의 눈과 귀로 보고 듣는 것이다.

중국의 선종(禪宗)은 내재적인 요인에서 볼 때 도가와의 상호접촉으로 인하여 발전되었다고 할 수 있다. 핑우란의 지적처럼(앞의 책, 265쪽), 불교는 도교를 제도화하고 조직화하는 데 많은 자극을 주었다. 기원후 3~4세기에 유명한 도사들은 대개 불교의 승려들과 친한 친교를 맺고 있었다. 그 학자들은 대개 불경에 정통해 있었고, 또 승려들도 도가의 저서에 특히 『장자』를 깊이 이해하고 있었다. 그들이 함께 만났을 때는 '청담(淸談, 속되지 않은 맑고 고생한 이야기)'을 하였다. 그들의 화제가 '아닌 것도 아니다[非非]'에 관한 주제에 이르렀을 때는 말을 중단하고 미소로써 뜻이 서로 통하였다. 그러한 상황에서 '선(禪)'의 정신을 찾을 수 있다고 한다. 펑우란은 선종과 도가의 유사성은 진리파악의 접근 방식과 그 방법에 의해 도달한 최후의 경지에서 찾을 수 있다고 다음과 같이 말했다(같은 책, 308).

> 도가의 '도(道)'는 어떤 이름도 붙일 수 없고 불가의 '진여(眞如)' 또한 그 무엇으로도 기술될 수 없다. 불가와 도가의 유사성은 양자의 진리파악의 접근방식과 그 방법에 의하여 도달한 최후의 경지에 있다. … 일체를 부정하는 그 부정까지 포함하여 일체가 부정될 때 장자의 철학에서 본 것과 똑같은 경지에 도달하게 되는데 그 경지에서 자기가 모든 것을 잊었다는 사실까지 포함하여 모든 것을 잊는다. 이 경지를 장자는 '좌망(坐忘)'이라고 표현했는데, 불가의 용어로 말하면 이것은 '열반'에 해당된다.

이처럼, 선은 불교의 한 종파로서 불가와 도가의 철학을 가장 정교하고 가장 미묘하게 결합한 것이다. 도가와의 내재적 관련성을 확인해 볼 수 있는 것이다. 그런가 하면 선불교는 후대 신유학(新儒學)의 성립과 발전에 깊은 영향을 주게 된다. 선유학은 선불교의 연장선에서 발전된 것이다.

혜능(慧能)의 선불교

중국의 선종은 6조 혜능에 와서부터 황금기를 구가하게 된다. 혜능의 전설은 임종의 순간에 있는 5조 홍인의 승계자를 뽑는 극적인 장면을 중심으로 이루어져 있다. 5조 홍인은 자신의 의발(衣鉢, 가사와 바리때, 죽을 때 후계자에게 전함)을 전수하기 위해 제자들에게 게송(偈頌)을 읊으라고 시켰다. 명망이 높고 가장 확실한 예상 후보자는 수도원의 최고 승인 신수(神秀, Shen-hsiu)였다. 다음의 게에 그의 철학이 제시되었다.

몸은 보리수	身是菩提樹
마음은 맑은 거울	心如明鏡臺
언제나 우리는 그것 닦아	時時勤拂拭
먼지가 끼지 않게 하라	莫使有塵埃

그런데, 신수의 게는 홍인이 보기에는 마음이 차지 않은 한계가 있었다.

그때, 교육도 받지 못했고 수도원에서 머슴살이를 하던 혜능은 거기에 맞먹는 게를 올렸다.

보리가 본래 나무가 아니며	菩提本無樹
거울 또한 돈대가 아니네	明鏡亦無臺
불성은 언제나 청정하니	佛性常淸淨
본래 아무것도 없는데	本來無一物
어디서 티끌이 생긴단 말이냐?	何處有塵埃

전설에 의하면 혜능은 이 경쟁에서 이겼고 마침내 6대조가 되었다.

신수가 불성(佛性)을 강조하였다면 혜능은 무(無)를 강조하였다. 선종에서 흔히 말하는 두 문구가 있다. 그 하나는 "그 마음이 바로 곧 부처이다[卽心卽佛]."이며 또 하나는 "아무런 마음도 없고 아무런 부처도 없다[無心無佛]."이다. 신수의 주장은 전자의 표현이요, 혜능의 주장은 후자의 표현이라고 하겠다(펑우란, 321).

황준연은 혜능의 사상 노선, 사상 특성을 두 가지로 설명했다. 첫째가 '정혜일체(定慧一體)'사상으로 깨우침의 과정에 정(定)과 혜(慧)가 필요하다는 것이며, 둘째는 '무념(無念)'·'무상(無相)'·'무주(無住)'사상이라고 했다. 무념이란 선도 악도 취하지 않고 성불을 꿈꾸지 않는 즉, 잡념을 일으키지 않음이고, 무상이란 대상을 마음에 잡아두지 않음이며, 무주란 마음이 어떤 것에도 묶이지 않음이라고 한다(앞의 책, 322~323쪽). 마음이 그 어느 것에도 머물거나 집착하지 않는, 자유롭고 유연한 사고방식을 의미한다고 하겠다.

혜능의 문하에서 열 사람의 대가들이 출현하고 5가와 7종이 법맥을 구성하면서 중국 불교의 황금기를 구가하게 된다. 모두가 문자에 얽매이지 않는 깨우침을 중시하면서 발전하게 된다. 사실 진리는 언어로 표현하는 것이 불가능할지 모른다. 그것에 대해 다른 이름으로 부르거나 정의를 내리는 순간 언어의 한계로 인해 그 본래의 의미에 제한을 가하는 결과를 낳을 수 있기 때문이다. 계속해서 혜능의 이야기를 이어가 보자.

> 두 승(僧)이 깃발에 대해서 논쟁을 벌이고 있다. 한 승이 말하기를 "깃발이 움직이고 있다"고 했다. 다른 승은 "바람이 움직이고 있다"고 했다. 六祖 혜능이 우연히 그 옆을 지나가다가 말하기를, "바람도 아니고 깃발도 아니고 마음이 움직이고 있다"고 했다.

누구도 이것을 문자 그대로 진리라고 받아들이지 않을 것이다. 어느 면에서는 세 사람 모두가 맞았다. 진리는 관점에 따라 다른 것이고 그런 의미에서 마음이 움직이는 것이다. 대상에 고정되어 판단하지 않는 것이다. 원래부터 정해진 세계관은 존재하지 않는 것이다. 한

가지 관점에서만 주장해서는 안 된다. 또한 눈앞에 있는 대상에 머물러 생각이 제한받아서는 안 된다. 생각과 감정이 고정되지 않고 자유롭게 흐르도록 해야 한다. 마음이 묶여서는 안 된다.

중국 선불교를 이해할 때, 자주 등장하는 예화가 있다.

승려 두 명이 여느 때와 마찬가지로 마을에서 음식 시주를 받았다. 우기였으므로 거리가 온통 진흙탕이었다. 한 매력적인 여인이 값비싼 비단옷을 망칠까 염려하여 길을 건너지 못하고 있었다. 그때 한 승려가 망설임 없이 도와주겠다고 나섰다. 여인이 승낙하자 그는 여인을 번쩍 안아서 길 건너편에 내려주었다. 그러자 다른 승려가 몹시 언짢아했다. 그리고 사찰로 돌아가는 내내 잔소리를 늘어놓았다. "여인과 접촉하는 것이 엄격히 금지되어 있다는 걸 잘 알지 않는가. 우리는 여인의 근처에도 가서는 안 되네. 특히 아름다운 여인은 더더욱 안 되지. 절대 손을 대서는 안 돼." 사찰 입구에 도착하자 첫 번째 승려가 온화하게 웃으며 말했다. "이보게. 난 몇 시간 전에 그 여인을 잠깐 들었다 났을 뿐이네. 하지만 자네는 아직도 그 여인을 마음에 품고 있지 않은가."

혜능이 말한 무상, 대상을 마음에 잡아두지 않음의 의미일 것이다. 중요한 것은 마음이다. 이미 내려놓은 사람은 거칠 것도 무거울 것도 없다. 마음속에 간직해야 할 대상이 없다면 그것에 집착을 해야 될 이유도 없는 것이다. 내려놓지 못하면 영원히 생각의 짐에 눌려서 원망하고 불평하고 탄식하는 것이다.

우리에게 남는 것은 생각과 감정의 흐름이다. 우리의 삶이 잘못되는 것은 생각과 감정이 계속 진행되어 그것 자체가 생명력을 띠는 경우다. 말하자면 우리가 생각과 감정을 갖는 것이 아니라 거꾸로 그것들이 우리를 지배하는 경우다. 우리가 사물과 사람들에게 애착심을 갖고 있는데, 이것이 욕망의 중심을 이루는 집착이다.

선의 주된 특징들은 유연한 여유와 심각성을 띠지 않은 행동과 사고가 지닌 즉흥성이다. 오히려 마음이 없다는 주장은 어떤 특별한 심적인 실체나 그것이 우리의 삶에서 자리 잡고 활동한다는 경솔한 가정을 거부하는 것으로 받아들여야 한다.

물론 마음이라는 것이 생각, 감정, 충동 등을 의미한다면 우리는 마음을 가지고 있다고 말할 수 있다. 문제는 실제에서 우리 모두는 우리가 마음을 가지고 있다는 주장을 자연스럽고 끈덕지게 고집한다는 데 있다.

일단 우리가 생각, 감정, 충동을 자유로이 움직이는 것으로 볼 수 있게 된다면 우리는 그것들을 심각하게 받아들이지 않을 수 있는 좀 더 유리한 입장에서 서게 된다. 이것은 우리가 생각, 감정, 충동의 대상에 집착한다든지 일정한 사고의 패턴이나 삶의 패턴에 고착되는 것을 피하는 데 도움이 된다. 사실상 우리의 본성은 무정형(無定形)적이며 유동적이다. 일정 대상에 집착하고 사고나 삶의 패턴에 고착되는 것을 오히려 편하다고 느낀다면 사실은 우리가 속고 있는 것이다.

욕망 속에서 산다는 것은 끊임없이 앞을 내다보면서 장래를 생각한다는 것이다. 그러나 일단 이러한 걱정과 염려의 층이 제거되면 우리는 아무런 감정도 없는 중립적인 상태에 놓이는 것이 아니라, 오히려 우리는 좋은 느낌을 가지게 될 것이다. 우리의 마음은 훨씬 덜 번잡해지며, 다른 사람들과 삶에 대해서 더 개방적이 될 것이다.

끊임없이 선종의 문헌에서 볼 수 있는 한 가지 사상이 있는데 다름 아니라, 매 순간마다의 세상은 아름다운데 우리는 욕망으로 가득 찬 눈으로 미래만을 내다보기 때문에 그 아름다움을 못 본다는 것이다(그리고 그 현실에 있는 작은 것들 속에 담겨 있는 대부분을 이해하지 못한다는 것이다).

그렇게도 중요하게 여겼던 확고한 자아를 포기하고 욕망을 포기해서 얻게 되는 최종의 결과는 애타는 갈망, 걱정, 염려가 없는 마음이다. 그 마음은 "통상적인" 인간 삶의 특성 중 많은 것이 깨끗이 비워진 마음이다. 이 마음에 기쁨을 위한 여지가 남게 된다. 법구경은 "침묵의 기쁨"에 대해서 깨우침의 궁극적인 보상인 니르바나(Nirvana)라는 말로 표현할 수 없는 마음의 상태다. 그 마음은(죽음 이후에도 지속되는데) 한 가지 특성이 있는데 기쁨과 희열이 바로 그것이다. 인간의 언어적 범주에서는 그것을 표현할 방법이 없는데 법구경 2장에서는 그것은 "최고의 평안과 무한한 기쁨"이라고 표현된다.

상념(想念)과 선정(禪定)[4]

불교의 입문서라고 할 수 있는 대승기신론(大乘起信論)에서는 교육의 출발을 중생심(衆生心)이라 하고, 또 이를 '큰 수레[大乘]'라고 하고 있다. 큰 수레란 물론 '작은 수레[小乘]'와 대비되는 말로, 자신만의 깨달음이 아니라 여러 중생들과 함께 깨닫게 한다는 의미이다.

이 수레는 깨달음의 세계, 해탈의 세계로 가는데, 이 깨달음으로 가는 수레는 두 측면으로 구성되어 있다는 것이다. 그 한 가지는 **진여(眞如)**이다. 진여는 다른 말로 **불성(佛性)**이라고도 한다. 즉 '모든 생명체는 부처가 될 씨앗을 가지고 있다'고 할 때의 씨앗이 불성인 것이다.

중생심의 또 다른 측면은 **생멸(生滅)**이다. 생멸이란 우리 마음이 끊임없이 상념(想念)에 시달리는 측면을 지칭하는 것이다. 모든 생명체는 생로병사라는 과정을 끊임없이 반복한다. 그리고 우리의 마음은

---

4 상념(想念)과 선정(禪定)은 정재걸의 「만두모형의 교육관」(한국교육신문사, 2001)의 내용을 참고로 하였다.

뭉게구름처럼 피어나고[生], 그 생각이 한동안 머물며[駐], 다른 생각으로 변했다가[異], 사라지는[滅] 과정을 끊임없이 반복하게 된다. 생멸이란 바로 우리 마음이 피어지고 사라지는 측면을 나타낸 것이다.

상념은 깨닫지 못함에서 피어난다. 깨닫지 못함을 무명이라고 한다. 즉, 무명에서 우리의 온갖 상념이 나타나는 것이다. 상념 중에서 가장 근본적인 상념을 **업식(業識)**이라고 한다. 우리는 생전 처음 만난 사람인데 전에 어디선가 꼭 만난 것 같은 느낌을 가질 때가 있다. 혹은 처음 간 곳인데 전에 꼭 한번 와본 것 같은 느낌이 들 때가 있다. 불교에서는 이를 전생의 업으로 설명한다. 전생에 함께 만났거나 살았던 사람이나 장소라는 것이다. 업식은 이처럼 전생의 업에 의해 발생하는 상념이며, 따라서 가장 근원적인 상념인 것이다.

업식 다음에 생기는 상념이 **전식(轉識)**인데, 한마디로 '나'라고 하는 상념이다. 기실 우리는 나라고 하는 변하지 않는 존재가 있는 것으로 여기고 남과 견주어 우월감이나 열등의식을 느끼기도 하며, 외모에 집착하기 일쑤이다. 그러나 나라고 하는 항상적인 존재가 있는 것일까? 내 몸은 나일까? 아니면 나라고 생각하는 것이 나일까? 그러나 나라고 생각하는 내 몸은 끊임없이 생겨나는 세포와 소멸하는 세포의 연속선상에서 어느 지점에 불과하다.

전식에 이어 나타나는 상념이 **현식(現識)**으로 인식 대상에 상념이다. 즉, 나와 구별되는 어떤 인식 대상이 있다는 상념이 바로 현식인 것이다.

현식 다음에 나타나는 상념이 **지식(智識)**이다. 지식은 인식 대상을 서로 구별하려는 상념이다. 저 앞에 있는 나무가 이 앞에 있는 나무와는 서로 다르다든지, 같은 나무라 해도 이것이 줄기이고 저것은 잎이라든가 하는 식으로, 인식 대상을 서로 구별하는 상념이 지식인 것이다.

지식에서 한발 더 나아간 상념이 **상속식(相續識)**이다. 상속식은 특정한 인식 대상에 대한 상념이 지속되는 것을 말한다. 어느 한 사람에 대한 생각이 계속되는 경우에 해당한다고 하겠다.

그리고 이러한 상속식이 계속되다 보면 그 상속식의 대상을 소유하려는 생각, 집착하려는 마음이 나타나는데, 이를 **집취식(執取識)**이라고 부른다. 집취식이 계속되면 우리의 삶은 번뇌의 지옥이 되는 것이다. 인간의 모든 번뇌는 그러므로 상념에서 비롯된다.

우리가 번뇌로부터 벗어나려면 이러한 상념을 끊어버려야 한다. 집취식에 이어 상속식을 끊어버리고 다시 지식을, 그리고 현식, 전식 마침내 업식까지 끊어버리면 우리는 깨달음의 경지에 도달할 수 있다.

앞의 세 가지, 즉 업식, 전식, 현식을 '가는 상념[細念]'이라 하고 뒤의 세 가지 즉, 지식, 상속식, 집취식을 '굵은 상념[麤念]'이라고 부른다. 뒤의 세 가지는 비교적 쉽게 찾고 깨달을 수 있으나, 가는 상념을 찾기란 쉽지 않다고 하겠다.

상념을 제거하기 위한 일반적인 수행의 방법을 바로 선정이라고 한다. **선정(禪定)**은 마음을 버리는 것이다. 즉 고요히 앉아 생각을 한군데 집중했다가 그 집중된 생각마저 끊어 버리는 것이다. 벽을 마주하고 9년간이나 앉아 있거나[面壁九年], 밤이고 낮이고 일절 눕지 않은 채 수행하는 것[長坐不臥]은 모두 상념을 끊어버리기 위해서인 것이다.

이러한 성정을 통해 모든 상념을 제거하면 마음은 거울처럼 맑아지고 우주 삼라만상의 진리가 있는 대로 마음에 드러나게 된다. 마치 숲속에 있는 호수에 바람이 불면 물결이 일어 주위의 모습이 드러나

지 않지만, 바람이 그쳐 수면이 거울처럼 잔잔해지면 나무와 풀과 하늘의 별이 그대로 비치는 것과 같다.

선(禪)문답과 교육

불교에서의 선문답은 먼저 깨우친 스승과 깨우침의 과정에 있는 제자 사이의 새로운 인식의 수립을 위한 교육의 과정으로 원초적인 파괴와 해체, 그리고 충돌의 과정이라 하겠다.[5]

선에서는 인식대상에 대해 사유하는, 표상이라는 앎의 중재과정 없이 곧바로 사유하는 것이 진리에 접근하는 유일한 통로라고 가정한다. 이것은 사와 견의 대립으로 압축된다.

'사(思)'는 '사유(思惟)', '사량(思量)', '사려(思慮)', '분별지(分別知)', '지해(知解)', '의(擬)', '견문각지(見聞覺知)' 등과 동일한 코드로 사용되는 것들인데, 사유하는 자와 대상을 주관[能]과 객관[所]으로 구분하여 이원적으로 차별화 시켜 놓고 대상적으로 파악하는 사유방식이다. 즉 이것은 철저하게 '~에 대한 앎'이다.

반면에 '견(見)'은 개념화하는 과정을 생략한 채 있는 그대로 사유하는 방식이다. 표상적인 앎의 과정을 거치지 않는 바로 봄[直-見]이다. 이러한 사유방식은 '~로서의 앎'이다. 개념적 사유과정을 거치지 않는 무매개성의 사유가 오직 진리의 실상을 간취할 수 있는 길이다.

> 즉, 경전의 자구에 의지하지 않고(不立文字), 직접 인간의 마음을 직시함으로써(直指人心), 그리고 자기본연의 천성을 깨달아 부처가 되는(見性成佛) 가르침을 중시하게 됨

---

5 선문답에 관한 내용은 서명석의 "선문답의 탈근대 교육적 독해"(한국정신문화연구원 박사논문, 1999)를 참조로 작성함.

선에서 '사유함'은 '우리들이 빠져있는 개념적 사유를 끊임없이 버려 나아가며[破邪]', '진리의 실체를 곧바로 드러내는데[顯正]' 있다. 선의 사유하는 과정이란 개념화하기 이전의 '순수의식'으로 나아가는 것이며 그때마다 가지고 있던 재래적인 인식의 틀을 던져버리고 새로운 인식의 틀로 바꾸어 놓는 것이다. 그러므로 선은 '표상적으로 사유하지 않음'을 사유함의 원칙으로 하여, 이전의 그 '어떤 인식 틀[相]' 속에 안주하지도 않은 채 이전과의 별도의 단속적(斷續的)인 새로운 상향적 세계로 자신을 고양시킨다.

그리고 이 과정에서 스승은 배우는 자들의 내면세계로 마중 가서 그들이 새로운 세계로 날아오르도록 자극을 주고 이끌어 주는 사람이라 하겠다. 선문답의 대화는 세계관의 충돌이라는 기본 구도를 갖고 있다. 각 개인은 각자 세계를 내다보는 지평의 차이가 엄연히 존재하기 마련이다. 그러므로 스승과 제자의 대화는 둘 간의 긴장, 흥분과 몸싸움을 필연적으로 가져올 수밖에 없는 것이다. 선에서의 대화는 타일러 주고 자세히 설명해 주는 안온한 방식이 아니며, 원초적으로 파괴와 해체를 통한 새로운 구축으로 가려는 격렬한 몸짓이다.

바야흐로 도약하여 할 때 스승의 도움은 아무리 미약하다 하더라도 큰 도움이 된다. 스승은 돈오(頓悟)함을 돕기 위하여 몽둥이[棒] 또는 고함[喝]의 방법을 쓴다. 이러한 방법은 획득점을 위한 일시적 적극적 노력을 의미하는 것이 아니라 전통적 인습을 과감히 타파할 때, 지금까지의 모든 문제가 더 이상 문젯거리가 되지 않는다. 그런 뜻에서 오히려 해결 방법이 생긴다. 그래서 이 도를 무엇에도 걸림이 없는 도 '불애지도(不礙之道)'라고 한다(풍우란, 327~328쪽). 여기서 선사, 즉 스승은 '~안의 자기'를 버리게 하고, '~로 향한 자기'를 갖도록 유도한다. 배우는 자의 입장에서 탈자(脫自)-현성(現成)하는 자기만이 선사에게 긍정된다.

선승들이 지향하는 것은 말로써 사물을 생각하려 하는 사려 분별의 방법에서 완전히 벗어나 천지자연을 마주 대하여 전적으로 생멸활동 그 자체가 되는 것이었다. 이 같은 특색도 참으로 중국적인 것이라 생각되며, 그러한 사고방식을 추적해가다 보면 그 근본에 장자가 있는 것이다(하치야 구니오, 앞의 책, 154쪽).

진여의 훈습과 수행방법[6]

마음에 영향을 미치는 것을 흔히 훈습이라고 부른다. 우리가 끊임없이 상념에 시달리는 것은 무명, 즉 깨닫지 못함이 끊임없이 우리 마음에 영향을 미치기 때문이다. 그러나 무명만이 훈습하는 것은 아니다.

우리 마음속에 불성이 있고 그것을 진여라고 부른다고 했듯이, 우리 마음속의 진여도 끊임없이 우리 마음을 훈습한다. 정신없이 바쁘게 살아가다가 문득 '내가 이렇게 살아도 되는 것인가' 혹은 '산다는 것이 정말 무엇인가'라는 생각이 드는 것은 바로 이 진여가 훈습하기 때문이다.

진여의 훈습에는 두 가지가 있다. 하나는 자신의 마음속의 진여가 훈습하는 것이고, 또 한 가지는 다른 사람의 진여가 훈습하는 것이다. 전자를 진여자체상(眞如自體相) 훈습이라고 부르고, 후자를 진여용(眞如用)훈습이라고 부른다. 불교에서는 전자가 인(因), 즉 내적 원인이 되고 후자가 연(緣), 즉 외적 계기가 되어 깨달음에 이를 수 있다고

---

6 진여의 훈습과 수행 부분은 조화태·정재걸의 「교육사」(한국방송대학교출판부, 1999) 41~44쪽을 참조하였다.

한다.

진여용 훈습은 베푸는 일[布施], 격려하는 말[愛語], 바른 행동으로 이끄는 일[利行], 학습자의 수준에서 함께 하는 것[同事]을 통해 이루어진다. 이를 사섭(四攝)이라고도 하며, 또 이를 교사의 자세라고 부른다. 그리고 이러한 교사의 자세에 대해 학생의 자세로 찬탄(讚嘆), 권청(勸請), 수희(隨喜)가 있다. 찬탄이란 스승의 말씀에 대해 놀라고 감탄하는 자세요, 권청은 스승의 말씀에 대해 다 많은 가르침을 청하는 것이고, 수희는 스승이 기뻐하면 함께 기뻐한다는 것이다.

참으로 가르침을 주고 배우는 스승과 제자 간의 아름답고도 마땅히 그래야만 하는 자세를 보여주는 것이라 하겠다.

승려가 되어 깨달음에 이르기 위한 수행에는 6가지가 있으며, 이를 육바라밀(六波羅蜜)이라고 한다. 팔정도가 인간 내면의 '생각'이라는 면에 중점을 두고 있는 것이라면, 육바라밀은 외적인 '행동'에 중점을 두는 것이다. 불교 사상은 인간을 내적으로만 파악하는 것이 아니라, '생각과 행동'의 관계, 그 연속성과 일체성을 중요시하고 있다. 진심으로 마음속에서 생각한 것이라면, 그것은 바깥에 형태로 나타날 수밖에 없다(강의숙, 앞의 책, 109쪽). 육바라밀은 보시(布施), 지계(持戒), 인욕(忍辱), 정진(精進), 선정(選定), 지혜(智慧)를 말하는데, 보시는 지식이나 재물을 베푸는 것이고 지계는 계율을 지키는 것이다. 인욕은 어려움과 고통을 참고 견디는 것이며, 정진은 꾸준히 나아가는 것이다. 그리고 선정은 상념을 끊어버리는 수행방법이며, 지혜는 우주 삼라만상의 본질을 통찰하는 수행방법이다.

이 중에서 역시 수행의 핵심은 선정과 지혜이다. 선정과 지혜는 동전의 양면과 같아서, 마음속의 모든 상념을 끊어 버리면 우주 삼라만상의 본질을 통찰할 수 있는 것이다.

5. 불교 사상의 교육적 의의 찾기

불교사상은 근대화로 촉발된 인류의 정신적 위기에 가장 적절한 처방전을 제시해 줄 수 있는 유산이라고 여겨진다. 한형조의 다음 주장(2001, 267~268쪽)은 매우 공감이 간다.

근대 이후 진보의 위대한 약속이 발전시킨 산업화와 개발의 과정에서 잉태된 개인과 사회, 문명의 여러 문제들이 산적해 있다. 나는 그 두 축을 인간의 '소외'와 생태의 '환경'으로 축약할 수 있다고 생각한다. 불교는 그 도저한 정신주의적 전통으로 인한 전근대성으로 근대 이후의 탈근대적 전망과 가장 잘 손잡을 수 있는 자원 가운데 하나이다.

필자는 불교사상의 우수성과 그 교육적 의의를 다음과 같이 크게 세 가지로 나누어 설명하고자 한다.

상대적 관계성의 세상 이해

불교사상의 가장 의미 있는 것 중 하나는 인간과 세상을 보는 상대적이고 관계적인[상의적(相衣的)] 접근이라고 여겨진다. 모든 것이 상대적이요 관계적인 것인데 우리는 하나의 뚜렷이 구별되는 실체가 있는 양 판단하고 있다는 것이다. 크고, 적고, 오고, 가고, 같고, 다르고, 태어나고 사라지는 모든 존재양상은 절대적인 기준을 가진 것이 아니라 상대적인 성격의 것임에도 우리는 나누고 구분하고 비교하고 자리매김하는데 정신이 없다는 것이다.

불교의 철학은 세상을 인과 관계와 그 외의 다른 연관 관계로 얽혀 있는 조각들의 소용돌이로 본다. 즉 모든 것은 상생의 관계성인 것이다. 모든 것이 '相依해 生起(dependent origination)한다'는 관계성의 논리로서 존재양상의 윤회를 설명한다. 중도는 연기이다. 연기란 상호 간에 뗄 수 없는 상생적(相生的) 조건을 가지고 있고, 이 조건은 상대성이며, 이 상대성을 깨달았을 때 인생의 존재양상인 연기적 관계를 깨달을 수 있다. 그리고 집착을 벗어나 그 연쇄적, 관계적 고리를 끊고 번뇌를 일으키지 않을 수 있는 것이며, 삶의 고해에서 벗어날 수 있는 것이다.

세상과 우리의 인생을 보는 관점이 상대적이며 관계적으로 변화할 수 있다면, 우리는 전체적이고 균형 잡힌 안목을 취할 수 있을 것 같다. 상대성을 파악할 때 필요 없는 경계선 만들기에서 벗어날 수 있을 것 같다. 절대적 기준이 있고 명확한 경계선이 있는 것처럼, 남과 비교하면서 더 매력적이고 더 많이 갖고, 더 우월하기 위해 분투하는 것이 삶의 전부인 것처럼 살지 않을 수 있을 것이다. 많이 가져도 늘 가난해질 수 있으며, 적게 가져도 부자처럼 살 수 있을 것이다. 그래서 마음먹기 나름이다.

관계성을 파악할 때, 운명론, 숙명론적 사고방식에서 벗어나 자신의 삶을 의미 있게 바꿀 수 있을 것이다. 과거의 잘못된 사고와 경향성이 오늘날의 나를 만들었다고 할지라도, 현재를 개선한다면 미래를 새롭게 열 수 있을 것이다. 습성을 바꾸고 행위를 바꾸고 사고패턴을 바꾸고, 나아가 관계맺음을 개선해 간다면, 이전과는 전혀 다른 복된 미래를 만들어 낼 수 있을 것이다. 그래서 주체적이요 발전적인 것이다.

만남과 비형식적 교육의 가능성 제시

선불교가 제시하는 선문답의 방식은 교육이 형식교육의 개념 틀에서 벗어난 또 다른 가능성을 보여준다고 여겨진다. 선문답은 스승과 제자의 만남을 통해 한 차원 높은 사고의 도약을 모색하고 있다.

스승은 배우는 자들의 내면세계로 마중 가서 그들이 새로운 세계로 날아오르도록 자극을 주고 이끌어 주는 사람이라 하겠다. 선문답의 대화는 세계관의 충돌이라는 기본 구도를 갖고 있다. 각 개인은 각자 세계를 내다보는 지평의 차이가 엄연히 존재하기 마련이다. 그러므로 스승과 제자의 대화는 둘 간의 긴장, 흥분과 몸싸움을 필연적으로 가져올 수밖에 없는 것이다. 선에서의 대화는 타일러 주고 자세히 설명해 주는 안온한 방식이 아니며, 원초적으로 파괴와 해체를 통한 새로운 구축으로 가려는 격렬한 몸짓이다. 여기서 선사, 즉 스승은 '~안의 자기'를 버리게 하고, '~로 향한 자기'를 갖도록 유도한다. 기존의 틀에서 벗어나 세상을 새롭게 인식하도록 지평의 수준을 끌어올리고자 한다.

정말 중요한 것은 교과서를 통해서 가르쳐질 수 없다. 스승이 알고 있는 지식체계를 이해하기 쉽게 설명해 줄 수는 있을 것이다. 그러나 기껏해야 그때까지 의미 있다고 여겨진 과거의 지식체계일 뿐이다. 즉, 스승이 살던 시대의 기존 패러다임이 제자들이 사는 시대에도 가치 있고 의미 있게 작동되는 한이다. 그런 점에서 지식이란 학생의 삶과는 괴리된 관념 덩어리일 수 있다. 그리고 그 관념 덩어리들은 스승들만이 독점할 수 있는 시대도 아니다.

정말 중요한 것은 삶을 보는 안목이요 스스로 의미 있는 삶을 계획하고 도전할 수 있도록 격려해 주는 일 등이라 하겠다. 이를 생활지도니 코칭이니 어떤 명칭을 붙여도 관계없다. 스승은 손님처럼 제자를 맞이해서 그들의 안목과 지평을 고양시켜주는 것에 자신의 역할을 해야 한다. 물론 스승 편에서도 항상 자기점검과 준비가 필요한 것은 당연하다. 스승들 스스로도 자신의 짧은 경험의 한계, 사고 판단의 불완전성을 인정하고 열린 마음으로 제자들을 만날 준비가 되어야 한다. 그럴 때만 제자들의 고민을 이해할 수 있고, 그들의 체험의 한계 속에 감추어진 성장의 욕구도 발견할 수 있을 것이다.

마음이해와 사고의 유연성 중시

필자는 불교가 가진 가장 소중한 자원이 인간 마음에 대한 깊이 있는 이해라고 판단하고 있다. 불교만큼 인간의 마음을 깊이 있게 직시하는 사상체계는 찾아보기 어렵다. 불교의 팔식설(八識說)은 항상 놀라움을 주는 이론이다.

불교는 철저히 마음을 문제 삼는다. 불교는 인간의 자아를 회복함으로써 오염되지 않는 마음의 지평을 열고자 하는 사상체계이다.

선의 주된 주장 중 하나는 우리들에게 유연한 마음가짐을 지니도록 강조하는 점이다. 세상은 여전히 있는 그대로 아름다운데 다만 우리의 마음이 옹색하고 집착하기 때문에 제대로 보지 못할 뿐이라고 한다. 마음속에 자리 잡고 있는 것들은 생각을 넘어 행동으로 삶으로 표출되고 어느 순간 우리의 삶의 수레를 뜻하지 않는 방향으로 돌리기도 한다. 마음을 없애는 것, 비우는 것은 어떤 특별한 심적인 실체나 그것이 우리의 삶에서 자리 잡고 활동한다는 경솔한 가정을 거부하는 것으로 받아들여야 한다.

마음이란 실체가 없다. 있다 하더라도 그것은 고정되지 않은 생각, 충동, 의식들의 흐름과 같은 꾸러미, 덩어리들에 지나지 않는다. 어느 순간 생겨나서 잠시 머무르다 사라지고 마는 구름과 같은 것들이다. 다만 우리가 마음의 흐름과 특성을 모른 채 잠깐 있다가 사라지는 것에 천착하기 때문에 문제가 발생하는 것이다.

일단 우리가 생각, 감정, 충동을 자유로이 움직이는 것으로 볼 수 있게 된다면 우리는 그것들을 심각하게 받아들이지 않을 수 있는 좀 더 유리한 입장에서 서게 된다. 이것은 우리가 생각, 감정, 충동의 대상에 집착한다든지 일정한 사고의 패턴이나 삶의 패턴에 고착되는 것을 피하는 데 도움이 된다. 사실상 우리의 본성은 무정형(無定形)적이며 유동적이다. 일정 대상에 집착하고 사고나 삶의 패턴에 고착되는 것을 오히려 편하다고 느낀다면 사실은 우리가 속고 있는 것이다.

혜능이 말하는 '무념(無念)'·'무상(無相)'·'무주(無住)'사상이라는 것을 기억해 보자. 무념이란 선도 악도 취하지 않고 성불도 꿈꾸지 않는 즉, 쓸데없는 잡념을 일으키지 않음이고, 무상이란 대상을 마음에 잡아두지 않음이며, 무주란 마음이 어떤 것에도 묶이지 않는 것이다. 마음이 그 어느 것에도 머물거나 집착하지 않는 자유롭고 유연한 사고방식을 의미한다고 하겠다. 물론 우리는 생각하지 않고는 살 수 없다. 그러나 무수한 생각들이 마음에 고착되도록 할 필요는 없다. 염려, 근심, 두려움 등 대부분의 것은 실체를 가진 것은 아니다. 우리가 그것들에 종속될수록 실체가 되고 기형적인 괴물이 되어 우리의 삶을 파괴할지도 모른다.

1. 불교사상의 이해 부분을 정리해 보자.

2. 힌두교와 불교사상의 차이점에 대하여 자유롭게 토의해 보자.

3. 중국의 선불교(禪佛敎)에 대해 정리해 보자.

4. 불교사상 중 연기(緣起)사상과 중도(中道)사상을 정리하고, 자유롭게 토의해 보자.

5. 불교에서 말하는 인간의 마음 관에 대해 자유롭게 토의해 보자.

6. 불교사상의 교육적 의의에 대해 자유롭게 토의해 보자.

7. 다음 사항들을 간략히 정리해 보자.
   ① 제행무상(諸行無常)   ② 제법무아(諸法無我)
   ③ 사성제(四聖諦)   ④ 선문답
   ⑤ 상념(想念)   ⑥ 선정(禪定)
   ⑧ 팔정도(八正道)   ⑨ 혜능

| 1장 | 왜 동양철학인가?

『논어』
『맹자』
『대학』
『장자』

권순우 편역, 『한권으로 읽는 중국의 사상』, 송원, 2006.

김수청, 『동양 철학 산책』, 신지서원, 2007.

김성률, 『(한 권으로 읽는)동양철학사 산책: 동양의 모든 철학과 철학자들을 만나다』, 평단문화사, 2009.

김용옥, 『東洋學 어떻게 할 것인가』, 도서출판 통나무, 1986.

김정환 역, 『페스탈로찌의 숨은이의 저녁노을』, 박영사, 2000.

김종의, 『마음으로 읽는 동양의 정신세계』, 신지서원, 2001.

나준식 옮김, 『맹자』, 새벽이슬, 2010.

노태준 譯解, 『新譯 道德經』, 홍신문화사, 2004.

毛禮銳, 『中國敎育史簡編』, 敎育科學出版社, 1984.

백도근 편저, 『(원전과 함께 읽는) 동양철학입문』, 이문출판사, 2003.

심재룡, 『동양철학의 이해 – 인도 및 불교철학 –』, 집문당, 2002.

梁啓超, 한무희 역, 『중국학술사상 변천의 대세』, 삼성출판사, 1992.

＿＿＿, 『先秦政治思想史』, 東大圖書有限公司, 1980.

王鳳喈 編著, 『中國敎育史』, 國立編譯館出版, 1991.

錢 穆, 차주환 역, 『中國文化史導論/ 中國文史哲論』, 을서문화사, 1985.

전일균 역, 『페스탈로찌 아포리즘 인간, 삶, 교육』, 내일을 여는 책, 1997.

최동희 외, 『철학개론』, 고려대학교 출판부, 1981.

최승호, 「동양 철학의 정신」, 『동양철학의 이해』, 소강, 2004.

최영갑, 『(한 권으로 읽는) 동양철학이야기』, 지식갤러리, 2014.

최정묵, 『동양철학의 기초적 이해』, 심지, 2004.

한기언, 『동양사상과 교육 – 동양교육철학의 탐구』, 법문사, 1978.

한형조, 『왜 동양철학인가』, 문학동네, 2001.

황준연, 『신편 중국철학사』, 심산출판사, 2009.

馮友蘭, 정인재 역, 『중국철학사』, 형설출판사, 2004.

MacHovec, Frank J., 김규태 역, 『Light from the East(한 권으로 읽는) 동양
　　　　철학』, 지와 사랑, 2012.

플라톤, 강철웅 역, 『Symposion(향연)』, 이제이북스, 2014.

藏原惟人, 김교빈 외 역, 『중국고대철학의 세계』, 한울아카데미, 1991.

| 2장 |　　중국철학의 뿌리 제자백가(諸子百家)

『논어』

『맹자』

『묵자』

『노자』

『장자』

강신주, 『철학의 시대 : 춘추전국시대와 제자백가』, 사계, 2011.

권순우 편역, 『한권으로 읽는 중국의 사상』, 송원, 2006.

김영수 역해, 『제자백가』, 동서문화사, 2009.

김용섭, 「제자백가 사상의 이해」, 『동양철학의 이해』, 소강, 2004.

노태준 譯解, 『新譯 道德經』, 홍신문화사, 2004.

毛禮銳, 『中國敎育史簡編』, 敎育科學出版社, 1984.

梁啓超, 한무희 역, 『중국학술사상 변천의 대세』, 삼성출판사, 1992.

＿＿＿, 『先秦政治思想史』, 東大圖書有限公司, 1980.

王鳳喈 編著, 『中國敎育史』, 國立編譯館出版, 1991.

장재훈, 『제자백가를 격파하라』, 마리북스, 2011.

장형근, 『중국사상의 뿌리』, 살림, 2004.

錢　穆, 차주환 역, 『中國文化史導論/ 中國文史哲論』, 을서문화사, 1985.

전일균 역, 『페스탈로찌 아포리즘 인간, 삶, 교육』, 내일을 여는 책, 1997.

정　철 편역, 『(제자백가의 숲에서) 나를 힐링하라』, 오늘, 2015.

진순신, 『제자백가』, 솔, 2002.

최동희 외, 『철학개론』, 고려대학교 출판부, 1981.

최승호, 「동양 철학의 정신」, 『동양철학의 이해』, 소강, 2004.

송영배, 신영근 외, 『제자백가의 다양한 철학흐름』, 사회평론, 2009.

이성규, 「춘추전국시대」, 『개관 동양사』, 동양사학회 편, 지식산업사, 1983.

천병준, 『강좌동양철학사상』, 한국학술정보(주), 2007.

최승호, 「동양 철학의 정신」, 『동양철학의 이해』, 소강, 2004.

최영갑, 『한 권으로 읽는 동양철학 이야기』, (사)한국물가정보, 2014.

최정묵, 『동양철학의 기초적 이해』, 심지, 2004.

한기언, 『동양사상과 교육 – 동양교육철학의 탐구』, 법문사, 1978.

馮友蘭, 정인재 역, 『중국철학사』, 형설출판사, 2004.

하치야 구니오, 한예원 역, 『중국 사상이란 무엇인가』, 학고재, 1999.

藏原惟人, 김교빈 외 역, 『중국고대철학의 세계』, 한울아카데미, 1991.

[네이버 지식백과] 제자백가 일람표 (중국사상의 뿌리, 2004. 2. 10., ㈜살림출
　　　판사)제자백가 일람표

| 3장 |　　유학(儒學)사상

『논어』

『맹자』

『대학』

『중용』

『순자』

고요한, 『몸과 배움의 철학』, 학지사, 2008.

권순우 편역, 『한권으로 읽는 중국의 사상』, 송원, 2006.

금장태, 「의리사상과 선비정신」, 『한국사상의 심층연구』, 우석, 1983.

_____, 『한국유교의 이해』, 한국학술정보(주), 2001.

김경일, 『공자가 죽어야 나라가 산다』, 바다출판사, 1999.

김정환, 『교육철학』, 박영사, 1989.

_____, 「다시 교육의 본질을 생각한다」, 『처음처럼』 5-6월호 통권 제7호, 내일을 여는 책, 1998.

김제란, 『쉽게 익히는 동양철학 이야기』, 한국학술정보, 2021.

김태오, 『실사구시의 교육철학』, 양서원, 2005.

나준식 옮김, 『맹자』, 새벽이슬, 2010.

변원종·최정묵, 『주자의 철학사상』, 문경, 2002.

서명석, 『성리학의 수양치료』, 책의숲, 2018.

성균관대유학과 교재편찬위원회, 『유학원론』, 성균관대출판부, 1984.

성기산 옮김, 『위대한 교사들』, 문음사, 1998.

신득렬, 『교육사상사』, 학지사, 2000.

신창호, 『「대학」(大學)의 교육론 산책』, 내일을 여는 책, 2001.

梁啓超, 한무희 역, 『중국학술사상 변천의 대세』, 삼성출판사, 1992.

윤사순·고익진, 『한국의 사상』, 열음사, 1985.

이남곡, 『논어 : 삶에서 실천하는 고전의 지혜』, 휴, 2017.

이승원, 『한국교육사상의 전개와 발전』, 보고사, 2002.

이우영 편역, 『중용·시경·서경』, 아이템북스, 2015.

이혜경, 『맹자, 진정한 보수주의자 길』, 그린비, 2008.

임태승, 『유가사유의 기원』, 학고방, 2004.

조화태·정재걸, 『교육사』, 한국방송대학교출판부, 1999.

주영흠 외, 『교육철학 및 교육사 -사유와 실천-』, 신정, 2010.

천병준, 『강좌동양철학사상』, 한국학술정보(주), 2007.

최승호, 「동양 철학의 정신」, 『동양철학의 이해』, 소강, 2004.

최영갑, 『한 권으로 읽는 동양철학 이야기』, (사)한국물가정보, 2014.

최영찬, 『동양철학과 문자학 : 유가철학 주요개념의 형성과 변천』, 아카넷, 2003.

한국교육학회 교육사연구회편, 『교육사상가평전 : 동양편』, 교육연구사, 1987.

한기언, 『동양사상과 교육 - 동양교육철학의 탐구』, 법문사, 1978.

한형조, 『왜 동양철학인가』, (주)문학동네, 2001.

황준연, 『신편 중국철학사』, 심산출판사, 2009.

馮友蘭, 정인재 역, 『중국철학사』, 형설출판사, 2004.

하치야 구니오, 한예원 역, 『중국 사상이란 무엇인가』, 학고재, 1999.

藏原惟人, 김교빈 외 역, 『중국고대철학의 세계』, 한울아카데미, 1991.

| 4장 | 노장(老莊)사상

『노자』

『장자』

권순우 편역, 『한권으로 읽는 중국의 사상』, 송원, 2006.

김득만, 「도가 철학의 이해」, 『동양철학의 이해』, 소강, 2004.

김수청, 『동양 철학 산책』, 신지서원, 2007.

김용섭, 「제자백가 사상의 이해」, 『동양철학의 이해』, 소강, 2004.

김정봉 편역, 『치자(治者)와 현대인을 위한 노자의 도덕경』, 내일을 여는 책, 2018.

김홍호, 『노자·노자익 강해』, 사색출판사, 2016.

노태준 譯解, 『新譯 道德經』, 홍신문화사, 2004.

백도근 편저, 『(원전과 함께 읽는) 동양철학입문』, 이문출판사, 2003.

신득렬, 『교육사상사』, 학지사, 2000.

안병주·전호근 共譯, 『譯註 莊子1』, 전통문화연구회, 2003.

梁啓超, 이계주 역, 『중국고전입문』, 삼성미술문화재단, 1973.

_____, 한무희 역, 『중국학술사상 변천의 대세』, 삼성출판사, 1992.

윤재근, 『인물로 읽는 장자』, 나들목, 2004.

이종우, 『흐름으로 읽는 동양철학』, 보고사, 2003.

장세근, 『노장철학』, 철학과 현실사, 2002.

장스완(張石萬), 『(생각을 키우는) 동양철학 이야기 : 이솝우화를 넘어서는 동양의 지혜』, 유아이북스, 2016.

錢 穆, 차주환 역, 「莊周」, 『중국문사철론』, 을서문화사, 1985.

조민환, 『노장철학으로 동아시아 문화를 읽는다 : 있음은 없음에서 나온다』, 한길사, 2002.

차이비밍, 이한님 역, 『장자를 읽어야 할 시간』 2, 마일스톤, 2018.

천병준, 『강좌동양철학사상』, 한국학술정보(주), 2007.

최영갑, 『한 권으로 읽는 동양철학 이야기』, (사)한국물가정보, 2014.

한국교육학회 교육사연구회편, 『교육사상가평전 : 동양편』, 교육연구사, 1987.

한기언, 『동양사상과 교육 – 동양교육철학의 탐구』, 법문사, 1978.

한상영, 『도덕경 : 삶의 경계를 넘는 통찰』, 지식공감, 2012.

한형조, 『왜 동양철학인가』, (주)문학동네, 2001.

황준연, 『신편 중국철학사』, 심산출판사, 2009.

A. S. Neill, 김은산 역, 『시험도 숙제도 없는 자율학교 서머힐』, 양서원, 1991.

馮友蘭, 박성규 역, 『완역판 중국철학사 상』, 까치글방, 1999.

馮友蘭, 정인재 역, 『중국철학사』, 형설출판사, 2004.

하치야 구니오, 한예원 역, 『중국 사상이란 무엇인가』, 학고재, 1999.

藏原惟人, 김교빈 외 역, 『중국고대철학의 세계』, 한울아카데미, 1991.

| 5장 | 불교(佛敎)사상

강의숙, 「불교 철학의 이해」, 『동양철학의 이해』, 소강, 2004.

권순우 편역, 『한권으로 읽는 중국의 사상』, 송원, 2006.

고익진, 「원효사상의 화쟁적 성격」, 『한국의 사상』, 열음사, 1985.

길희성, 『인도철학사』, 민음사, 2005.

김동엽, 「불교의 교육사상」, 『교육의 철학적 이해』, 한국교육철학회편, 배영사, 1971.

김득만, 「도가 철학의 이해」, 『동양철학의 이해』, 소강, 2004.

김수청, 『동양 철학 산책』, 신지서원, 2007.

김영진, 『중국 근대불교학의 탄생』, 산지니, 2017.

김용섭, 「제자백가 사상의 이해」, 『동양철학의 이해』, 소강, 2004.

김정환, 『교육의 철학과 과제』, 박영사, 1982.

_____, 『교육철학』, 박영사, 1989.

서명석, 「선문답의 탈근대 교육적 독해」, 한국정신문화연구원 박사논문, 1999.

성균관대유학과 교재편찬위원회, 『유학원론』, 성균관대출판부, 1984.

심재룡, 『동양철학의 이해 – 인도 및 불교철학 –』, 집문당, 2002.

梁啓超, 한무희 역, 『중국학술사상 변천의 대세』, 삼성출판사, 1992.

이승원, 『한국교육사상의 전개와 발전』, 보고사, 2002.

정재걸, 『만두모형의 교육관』, 한국교육신문사, 2001.

조화태·정재걸, 『교육사』, 한국방송대학교출판부, 1999.

주영흠·이승원·심승환, 『교육철학 및 교육사 –사유와 실천』, 신정, 2010.

천병준, 『강좌동양철학사상』, 한국학술정보(주), 2007.

최승호, 「동양 철학의 정신」, 『동양철학의 이해』, 소강, 2004.

최정묵, 『동양철학의 기초적 이해』, 심지, 2004.

한국철학회 편, 『한국철학사』 上, 1987.

한기언, 『동양사상과 교육 – 동양교육철학의 탐구』, 법문사, 1978.

한형조, 『왜 동양철학인가』, (주)문학동네, 2001.

황준연, 『신편 중국철학사』, 심산출판사, 2009.

홍익희, 『(문명으로 읽는) 종교이야기:기독교, 유대교, 이슬람교, 불교, 힌두교 탄생의 역사』, 행성비, 2019.

조엘 쿠퍼만, 최유신 역, 『동양철학입문 – 서양철학자가 본 동양의 고전–』, 철학과 현실사, 2005.

B. R 암베르 카르, 박희준 역, 『붓다와 그 가르침』, 민족사, 1994.

Sue Hamilton, 고길환 역, 『인도철학입문』, 동문사, 2005.

馮友蘭, 박성규 역, 『완역판 중국철학사』 상, 까치글방, 1999.

馮友蘭, 정인재 역, 『중국철학사』, 형설출판사, 2004.

하치야 구니오, 한예원 역, 『중국 사상이란 무엇인가』, 학고재, 1999.

藏原惟人, 김교빈 외 역, 『중국고대철학의 세계』, 한울아카데미, 1991.

이승원(李昇遠)

국립 철도고등학교 졸업
고려대학교 교육학과 졸업(문학사, 부전공 : 철학)
서울대학교 대학원 교육학과 석사과정 졸업(교육학 석사학위)
고려대학교 대학원 교육학과 박사(교육철학·교육사 분야)
서라벌대학 유아교육과 교수(1995~1998)
현, 백석대학교 사회복지학부 교수(1999~현재)
현, 한국교육철학회 상임 이사(2021. 3~현재)

동양철학과 교육

2023년 7월 28일 초판 1쇄 펴냄

지은이 이승원
펴낸이 김흥국
펴낸곳 보고사

책임편집 이소희
표지디자인 김규범

등록 1990년 12월 13일 제6-0429호
주소 경기도 파주시 회동길 337-15 보고사
전화 031-955-9797
팩스 02-922-6990
메일 bogosabooks@naver.com
http://www.bogosabooks.co.kr

ISBN 979-11-6587-539-8 93150
ⓒ 이승원, 2023

정가 16,000원